Holger Hommel, Jahrgang 1960, hat so ziemlich alle Länder dieser Erde bereist, will aber nicht von sich behaupten, die Welt auch wirklich zu begreifen. Obwohl oder gerade weil er so manches nicht versteht, bricht er mit großer Begeisterung immer wieder auf, lässt sich in fremde Welten fallen und schreibt darüber. Das Reisen ist sein Ecstacy, die Neugier sein Antrieb, das Schreiben seine Sortiertherapie.

Vielen gilt er als Asienexperte. Ihn selbst begleiten die Zweifel auch in den Fernen Osten. Seiner Sehnsucht nach dem geliebten Kontinent tut dies allerdings keinen Abbruch. Asien ist seine Leidenschaft.

Vergisst ein Schwabe über diese Passion hinweg aber seine Heimat? Nein, im Gegenteil: Hommel nutzt die geographische Distanz sogar zur liebevollen Betrachtung seines Ursprungs, denn nur, wer seine Wurzeln kennt, wird auch die Quellen anderer Kulturen entdecken.

Holger Hommel schreibt als regelmäßiger Kolumnist für die Wochenzeitung ›Sonntag aktuell‹.

1. Auflage

www.conbook-verlag.de

Einbandgestaltung, Satz und Layout: David Janik
Einbandbild: ©shutterstock.de/jaymast, Illustration Rikscha ©giz - Fotolia.com
Druck und Verarbeitung: Bercker Graphischer Betrieb GmbH & Co. KG, Kevelaer

Printed in Germany

ISBN 978-3-934918-81-8

HOLGER HOMMEL

WITWENTRÖSTER UND LILA PUDEL

ASIATISCHE MOMENTE

»Es kommt niemals ein Pilger nach Hause, ohne ein Vorurteil weniger und eine neue Idee mehr zu haben.«

Thomas Morus (1478-1535), englischer Staatskanzler

»Reisen ist tödlich für Vorurteile.«

Mark Twain (1835-1910), amerikanischer Schriftsteller

»Was ist Reisen? Ein Ortswechsel? Keineswegs! Beim Reisen wechselt man seine Meinungen und Vorurteile.«

Anatole France (1844-1924), französischer Literaturnobelpreisträger

»Denn wer sich bewegt, fortbewegt Richtung Fremde, der riskiert, dass seine Urteile und Vorurteile auf der Strecke bleiben und Erfahrungen über ihn kommen, die ihn reicher machen, geistreicher allemal, ja ihn irgendwann dazu überreden, den anderen – was für ein Scheißwort – zu tolerieren, zu dulden. Nun ja, angesichts der wild wuchernden Hirnlosigkeit auf Erden wäre das ein Fortschritt.«

Andreas Altmann, deutscher Schriftsteller

INHALT

INHALT

MAL GANZ VORNEWEG

DAHEIM / DEUTSCHLAND

Juni 2010

Um was geht es eigentlich? Als ob man das immer so genau wissen würde. Wohin will man? Warum geht man überhaupt? Wieso reisen so viele Menschen? Was sucht, was findet man? Ist das, was man findet, den Aufwand wert gewesen? Wenn man aufbricht, warum liegt das Ziel einer Reise für so viele Seelen unbedingt immer und immer wieder in Asien?

Also kurzum: Um was geht es eigentlich?

Im vorliegenden Buch auf jeden Fall um »*Asiatische Momente*«, um Geschichten und Anekdoten, um Erlebtes und

Erlittenes, um Gehörtes und Unerhörtes, um Gerüchte und deren Bestätigungen, um Behauptungen, Widersprüche und um die Wahrheit. Ja, um diese spezielle asiatische Wahrheit, deren Kern doch wahrscheinlich weiter von jeder europäischen Interpretation des Begriffes entfernt ist als die Erde vom übernächsten Sonnensystem. Und es geht auch sonst noch um alles Mögliche und Unmögliche aus einem uns Europäern immer noch sehr fernen Kontinent. Es geht ganz klar um Asien – was immer klar in diesem Zusammenhang bedeuten mag. Wer die reine Klarheit sucht, kann in Asien leicht verzweifeln. Was ist die asiatische Wahrheit? Gibt es die überhaupt?

Zweifel begleiten jede Zeile dieses Buches, Freude und Liebe zu Asien aber auch.

Was in Delhi gilt, hat meistens in Shanghai keinerlei Bedeutung. Die Diskrepanzen zwischen Indien und China sind offensichtlich, doch auch schon innerhalb der chinesischen Kulturgrenzen verlaufen drastische Bruchlinien. Sicher gibt es einige Gemeinsamkeiten zwischen der Weltmetropole am Yangzi und einer den meisten von uns völlig unbekannten chinesischen Parallelhauptstadt Taipeh, trotzdem ist es sicher so, dass die *Unterschiede* zwischen den beiden Städten viel stärker ins Auge springen. Dubai passt dann schon gar nicht mehr in eine gesamtasiatische Harmonievorstellung, und das bei Touristen so beliebte Bali tickt eh ganz anders als die im Buch beschriebenen Großstädte. Wohin sich Saigon in der nächsten Zukunft entwickeln wird, weiß niemand so recht, schon gar nicht die vietnamesische Regierung. Nur eines scheint sicher festzustehen: bloß weg mit dieser aufgezwungenen und auch lyrisch völlig unbrauchbaren Stadtbenennung »*Ho Chi Minh City*«. Oder doch nicht? Bei der Intonation dieses falschen Namens am falschen Platz könnten die Saigoner das ungeliebte »Hanoi« ihrer nördlichen Stadtkonkurrenten wenigstens von Zeit zu Zeit einmal mit vollster Überzeugung in den Mund nehmen. Denkt man sich als Schwabe. Nichtschwäbische Leser müssen das jetzt nicht verstehen.

Die Dinge bewegen sich, viel schneller als in Europa, und trotzdem braucht man viel Geduld in Asien. Gerade diese Gegensätze zwischen irrwitzigem Tempo und ruhigster Gelassenheit, zwischen radikaler Modernität und althergebrachter Tradition, zwischen geld- und machtfixierter, fast neurotischer Dauerbeschäftigung jedes Einzelnen mit dem Reichtumsziel auf der einen Seite und die trotzdem überall zu findende ganz bewusste Abkehr von den Zwängen des Jetzt und Heute auf der anderen Seite, diese diametralen Unterschiede sind das Salz in der asiatischen Suppe.

Aber es geht in diesem Buch nicht nur um Asien, es geht auch um die schöne Kunst des Schauens, um das große Geheimnis des richtigen Reisens. Um all die Fragezeichen rund ums Fortgehen. Schon wieder die gleichen Worte, nur dieses Mal allgemeiner. Wieso? Warum? Wohin? Vor allem aber geht es um die Gretchenfrage aller Asienreisenden, aller Aufbrechenden. Wie reist man durch Asien, damit man Reisefreude und Genuss mit Erkenntniszuwachs und Erfahrung kombinieren kann?

Eine Frage beschäftigt alle, die so gerne Richtung Osten aufbrechen. Bekommt man in Asien eigentlich irgendein Suchtmittel in das Essen gerührt oder warum gibt es so viele Menschen, die immer wieder nach Asien zurückkommen müssen, die sich lieber hoffnungslos verschulden würden, als auf die Reise in den geliebten Kontinent zu verzichten. Warum zerstören so viele Europäer ihre eigentlich gar nicht so schlechte Umweltbilanz, in dem sie in kerosinverschlingenden Großraumflugzeugen sitzen und sich – ökologisch betrachtet – unvernünftig viele Flugkilometer von der Heimat entfernen, nur um die asiatische Atmosphäre zu schnuppern. Muss das Ziel unseres Reisens so fern, so weit, so exotisch sein? Können wir anders nicht bestehen?

Was macht diese besondere Anziehungskraft von Asien aus? Die Geografie, die Geschichte, die Menschen, der Alltag – oder alles zusammen? Die manchmal schier gar unglaublich schönen Hotels und die besten Küchen der Welt versüßen das Reisen, der Grund allein für den großen Aufbruch können sie nicht sein. Oder etwa doch?

Das Ziel steht für den Asienliebhaber ja von Anfang einer Reiseplanung an unverrückbar da, irgendein Land im so abenteuerlichen, aber auch so reisefreundlichen Kontinent, vielleicht auch mehrere, allein, wie reist man richtig? Welche Verkehrsmittel taugen für viel Erfahrung? Wo liegt, wo findet man Asien? Im Zug auf dem Weg ins Himalaja? Im Wassermelonentransporter in Sanur? Im eiskalten Taxi im heißen Saigon? Im chinesischen Linienbus zur alten Universität? Im Transrapid durch Shanghai? In der Sonnenbrandrikscha in Makassar? Oder doch am besten zu Fuß und ganz allein?

Man findet Asien wohl überall! Man muss eigentlich gar nicht suchen. Das Abenteuer lauert beim Essen, beim Friseur oder der Massage, beim Überqueren einer Straße oder auch bei der Suche nach dem örtlichen Hauptpostamt.

Man kann natürlich mit Stadtplan, Reiseführer und ganz viel angelesener Ahnung bewaffnet losmarschieren. Oder aber man geht einfach allein zu Fuß los, ohne Wissen, ohne Plan und ohne jede Idee, was der liebe lange Tag so alles bringen mag. Ziel- und orientierungslos durch die Gegend tapsen, schnüffeln und immer wieder auch einfach herumlungern. Genau dabei entstehen Geschichten und Reportagen, die ein bisschen verstehen lassen, ohne alles erklären zu wollen oder gar zu können. Asiatische Momentaufnahmen, skurrile Begegnungen und viele kleine Alltagsabenteuer. Ohne Richtung herumlaufen, schauen, schnuppern, hören, stehen bleiben und einfach neugierig sein, das ist das Privileg des wahren Reisenden. Den Anspruch verlieren dürfen, alles verstehen zu müssen, nach einer Reise nicht rufen zu wollen: »Ich weiß es!«

Der Schreibende muss danach auch keine allgemeingültigen Wahrheiten herausposaunen. Er darf ruhig ein wenig fabulieren. Manchmal auch seitenlang das eigentliche Thema vergessen und sich in epischer Breite über etwas freuen, ärgern oder einfach vom schieren Nichtverstehen schreiben. Erzählen, ohne zu belehren. Die folgenden Seiten sollen unterhalten, manchmal amüsieren, vielleicht auch nur spannend und interessant sein. Man darf abends beim Lesen im Bett gerne einschlafen. Schön wäre es, wenn man am nächsten Tag mit Freude weiterlesen möchte. Wenn das Lesen Spaß macht, ist schon viel erreicht. Wenn noch der Respekt und die Liebe zum asiatischen Kontinent herauszulesen sind, dann ist das Wichtigste bestimmt geschafft.

Asien ist wunderbar! Man darf das ruhig wörtlich nehmen.

Leonberg, im Juni 2010
Holger Hommel

»Wenn man gemütlich zu Hause sitzt, sinnt man auf Abenteuer. Hat man Abenteuer zu bestehen, wünscht man sich, man säße gemütlich zu Hause.«

Thornton Wilder (1897-1975)

MASSAGEENGEL UND GELBE FRANGIPANI

PHUKET TOWN / THAILAND

18. Dezember

Statt eines Vorwortes.

Wer immer auch von sich glaubt, Asien zu kennen, wird sich davor hüten, einfache Deutungen für diesen unerklärbaren Kontinent abzugeben. Wenn man als vermeintlicher Asienexperte gerufen wird, um irgendwelche neuesten Entwicklungen zu erläutern, dann scheut der Wissende die Proklamation einer festgemauerten Erkenntnis wie der Teufel das Weihwasser. Eine begründete Prognose für zukünftige asiatische Entwicklungen abzugeben, gleicht schlicht einem Lotteriespiel, schon die Frage nach der Form des Kontinents und welche Nationen eigentlich dazugehören, stürzt selbst die profundesten Asienkenner in unruhige Verlegenheit. Wenn der allseits anerkannte Prof. Dr. der gesamtasiatischen Universalwissenschaften einmal mutig seinen Elfenbeinturm verlässt, dann wird er vorsichtshalber meist sehr schweigsam. Asien zu verstehen ist wahrlich nicht einfach und die Gefahr, sich mit schnellen Erklärungen den Mund zu verbrennen, ist offensichtlich groß. Man kann manchmal ganz schön danebenliegen. Mehr, als dem renommierten Kenner lieb ist.

Trotzdem will ich Behauptungen wagen.

Wo soll man die asiatische Wahrheit denn suchen? Was verbindet den Kontinent, was trennt ihn? Kann man Asien überhaupt erklären? Gibt es asiatische Phänomene, die allgemeine Gültigkeit besitzen? Wie kommt man als Außenstehender, als Fremder, als quasi Sprachloser der asiatischen Seele am nächsten? Es ist durchaus ein wenig verwegen, und nichtsdestotrotz stelle ich eine erste Behauptung auf, die den neugierigen Reisenden auf der Suche nach der asiatischen Wirklichkeit ein wenig risikofreudiger machen sollte. Es ist eine gewagte These, sie stimmt gewiss nicht immer und überall, aber wer in Asien nicht ein wenig wagt, dem wird dieser Teil der Welt für immer verschlossen bleiben. Es sind dauernd irgendwelche Türen, Tore oder Pforten, durch die man in fremde Welten gelangt. Lieber die erste Tür eines geheimnisvollen Palasts aufschließen und schauen, was sich dahinter verbirgt, als ewig auf das verriegelte Tor einer gigantischen Trutzburg zu starren und zu vermuten, dass sich ein böser Geist dahinter verbirgt, der einem nur Schlechtes will. Räuber Hotzenplotz lässt grüßen.

Ich behaupte es nun einfach kess und stecke damit den Schlüssel ins erste Schloss: Wer Asien grundlegend und dabei sogar genießend begreifen will, muss entweder essen gehen oder sich massieren lassen.

Entscheidet man sich für das asiatische Essen, steht man nach der ersten Tür vor einem riesigen Traumpalast mit vielen geheimen Ecken, Winkeln und unzähligen Kammern, die es mit viel Mut und einem rustikalen Magen zu erforschen gilt. Eine Herkulesaufgabe, die Durchhaltevermögen und einen experimentierfreudigen Gaumen erfordert, die für den mutigen Essensforscher aber große Erlebnisse und Überraschungen bereithalten wird. Gigantische Mengen an Knoblauch sollen in Transsylvanien Dracula von den Häusern fernhalten, den asiatischen Köchen aber sollte dies mit der streng riechenden weißen Knolle und auch mit Unmengen von Chili nicht gelingen. Wir Fremden sollten neugierig bleiben und den einen oder anderen Magendreher stoisch wegstecken. Es lohnt sich auf jeden Fall, das Tor zum asiatischen Essenspalast aufzusperren. Man sollte an den Restaurants des Kontinents nicht vorbeilaufen, nur weil man die Speisekarte nicht versteht. Am besten alles oder wenigstens fast alles probieren, nur dann kann man Asien verstehen. Die Küche ist tausendfältig und wunderbar, die Liebe zu Asien geht immer durch den Magen! Mal verweilt sie dort länger, mal kürzer – die Art, wie sie den Körper wieder verlässt, ist auch mannigfaltig, aber so ist es eben mit der Liebe.

Trotzdem rate ich am Anfang dazu, erst einmal die geheimnisvolle Massagetür zu öffnen. Man ist sich hinter dieser schweren Tür zwar auch nie sicher, unter welche Hände man gerät und in was man hineinkommt, aber das zu erhoffende Ergebnis vollkommener Entspannung ist jedes Risiko eines nicht beabsichtigten Abenteuers wert. Und auch die nicht erwarteten Erlebnisse haben ja ihre Reize und tragen zum Verständnis von Land und Leuten bei. Der Besuch von verschiedenartigsten Massageetablissements ist also bei der empirischen Erforschung asiatischer Kulturen eigentlich unumgänglich.

Für *asiologische* Anfänger eignet sich zu Beginn des Länderstudiums besonders eine Fußmassage, da Mann oder Frau bei dieser Art der Entspannungsbehandlung zum größten Teil angezogen bleibt und nur das untere Viertel des Körpers entblättert wird, was alle aktiv Beteiligten und auch die neugierigen Zuschauer als einigermaßen unverfänglich ansehen. Auch wenn von vielen Adam und Eva geschädigten westlichen Reisenden das Knie bereits zur hocherogenen Zone gerechnet wird, hat sich in den asiatischen Gefilden die auch im Schwabenland weit verbreitete Ansicht durchgesetzt, dass der Fuß erst irgendwo knapp oberhalb des Knies aufhört und er somit sowohl in Stuttgart als auch in Bangkok als moralisch einwandfreies Massagebetätigungsfeld angesehen werden kann. Bei allen anderen Massageformen kann man, wie der Schwabe eben zu sagen pflegt, »in was hineinkommen«, und das sollte man am Anfang einer hoffnungsvollen *Asiologenkarriere* auch bei allem gesunden Forschungsdrang tunlichst vermeiden.

Man kann den Mekong tausendfach rauf und runter gefahren sein und jeden Zipfel der asiatischen Landkarte abgegrast haben, trotzdem sollte man gerade als erfahrener alter Asienkenner die eigenen Empfehlungen immer wieder auf den Prüfstand stellen und schauen, wie das Leben und eben die Massagen aktuell so ablaufen. Die Dinge ändern sich schnell und in Asien oftmals noch schneller. Einen kurzen Aufenthalt auf der thailändischen Badeinsel Phuket will ich also dazu nutzen, die Inselhauptstadt wieder neu zu erkunden und mich am Ende der Stadtwanderung mit einer Fußmassage zu belohnen. Da ich sehr selten in Phuket Town bin, muss auch ich nach einem geeigneten Plätzchen für eine Massage suchen. Das ist manchmal gar nicht so einfach, doch dieses Mal werde ich schnell fündig. Schon nach wenigen Schritten glaube ich, den genau richtigen Ort für meine entspannende Art der asiatischen Erkenntnisfindung entdeckt zu haben.

Ein sehr gemütlich und, was ja sehr wichtig ist, auch sehr sauber wirkender Salon strahlt mich von der anderen Straßenseite an. Nicht zu groß, nicht zu klein, nicht zu leer, aber auch nicht zu voll. Das schöne und gepflegte äußere Erscheinungsbild macht es mir leicht: Da gehe ich jetzt rein und lasse mir den Jetlag und die Muskelverspannungen aus den Füßen massieren, die durch das ewige Sitzen in den unbequemen Folterstühlen der Kranichholzklasse zwangsläufig entstanden sind. Das Gegenteil von Ergonomie heißt in der Fliegersprache Lufthansa. Habe ich gehört.

Leise Meditationsmusik und plätschernde Brünnlein empfangen mich. Die Gebühr für eine volle Stunde Fußmassage beträgt 250 Baht, umgerechnet etwas mehr als fünf Euro. Durchaus erschwinglich. Alle Preise sind angeschrieben und nicht verhandelbar. Kein Feilschen im Vorfeld, sehr angenehm und zur ersten Entspannung beitragend. Über das passende Trinkgeld will ich in so einem Moment nicht nachdenken. So etwas muss man gerade in Asien erst einmal erfolgreich verdrängen. Wer sich auf diesem Kontinent von ungeklärten Trinkgeldfragen erdrücken lässt, verliert schnell die Contenance und in der Folge die Lust am Abenteuer. Nun noch flink die Schuhe und Strümpfe ausziehen, Hose hochkrempeln, und schon werden meine Füße von sanften Händen in ein Becken mit warmem Wasser gestellt. Einige gelbe Frangipani schwimmen tapfer neben meinem rechten Knöchel. Mit Blütenseife und Meersalz werden meine geschundenen Fortbewegungsapparate erfrischt und gereinigt.

Danach geht es mit Bambusschlappen Größe 32-einhalb zu einem weißen Kunstledersessel, der zwar meinen gehobenen und designergeprägten Inneneinrichtungsmaßstäben nicht einmal ansatzweise genügt, aber durchaus sehr bequem wirkt. Muss es bei Gebrauchsmöbeln eigentlich immer puristischer Bauhausstil sein? Warum denkt mein ständig mahlendes, westlich geprägtes Gehirn die ganze Zeit daran, wie man den prinzipiell sehr netten, aber eben bei weitem nicht perfekten Massagesalon verändern, verbessern oder gar neu möblieren könnte? Warum störe ich mich am weißen Kunstleder? Wie wäre es mit abschalten? Warum denke ich vor allem ständig daran, wie viele, welche und wie oft schon fremde nackte Füße in den Bambusschlappen gesteckt haben, die ich gerade anhabe? Gibt es in Thailand auch Sagrotan? Wie es in der Werbung so schön heißt, Hygiene im Haushalt, beseitigt Bakterien, Pilze und spezielle Viren! Sind meine Leihschlapper nach dem letzten Nutzer in irgendeiner Form desinfiziert worden? Sei es darum, ich versinke im Kunstledersessel, werde von flinken Händen noch in die vermeintlich entspannteste Lage geschoben – und siehe da, mit einem letzten Griff hat sich auch das leidige Bambuslatschenthema vorläufig erledigt. Auch mein rotierendes Westgehirn schaltet so langsam ab.

Die Massage beginnt. Nach einigen sanften Knetbewegungen hinauf bis zum Knie wird jedem Zeh einzeln durch Zwicken und Drücken »Hallo« gesagt. Kräftig, aber nicht unangenehm. Ich versinke in Halbschlaf und fühle mich sehr wohl. Jetzt werden nacheinander beide Füße und Unterschenkel mit einer Mixtur von Minze, Menthol und anderen Kräutern eingerieben. Was zuerst erfrischend und belebend wirkt, fühlt sich bald an, als ob beide Füße mitten im Höllenfeuer stehen würden. Ich habe Angst, die Augen zu öffnen und festzustellen, dass sich unterhalb meiner Knie nur noch zwei tief schwarz verkohlte Stümpfe befinden und ich den Rest meines Lebens auf Prothesen angewiesen bin. Zu meinem großen Glück spüre ich einen noch viel stärkeren Schmerz an einer Stelle, wo meine Fußsohlen gewesen sein müssen, bevor sie abgebrannt wurden. Vielleicht sind sie ja doch noch da!

Die Masseurin benutzt nicht mehr nur ihre sanften Hände, sondern auch kleine gemeine Holzstäbe, um auf die sensiblen Akupressurpunkte meiner doch sehr empfindlichen Treterchen zu drücken. Ach, was sage ich »drücken« – sie bohrt den Holzstab mit der Wucht einer fleischgewordenen Ambosspresse unendlich lange in alle nur denkbaren Reflexzonenpunkte meiner Füße. Meine Reflexe sind gut, ich zucke die ganze Zeit wie unter Starkstromstößen, und der furchtbare Schmerz meldet sich ohne jede Verzögerung in meinem Großhirn. Meine Leitungsbahnen scheinen in Ordnung zu sein. Ich wimmere leise durch geschlossene Lippen. Eines steht fest: Ich bin ein tapferer Mann und werde nicht um Gnade bitten! Obwohl ich felsenfest davon überzeugt bin, dass Männer von solchen Schmerzen getötet werden können. Deshalb gebären wir ja auch keine Kinder.

Ich habe gehört, dass jeder Druckpunkt in der traditionellen chinesischen Medizin einem speziellen Körperorgan zugeordnet ist und dass große Schmerzen bei der Akupressur eines Punktes darauf hindeuten, dass das entsprechende Organ krank ist. Ich wusste allerdings bis jetzt noch nicht, dass ich schätzungsweise 45 verschiedene Organe habe, und ich wusste auch nicht, dass alle diese 45 Organe krank sind – und zwar wie! Folterten die Knechte im europäischen Mittelalter mit Daumenschrauben, so tun es die Masseurinnen in Thailand heutzutage asiatisch lächelnd mit schlichten Holzstäbchen. Der Unterschied ist nur, ich werde nicht der Hexerei angeklagt, sitze freiwillig hier und bezahle sogar dafür. Habe ich doch eine geheime masochistische Ader? War ich jemals der Meinung, dass eine thailändische Fußmassage etwas Angenehmes sein könnte?

Doch auf einmal wird alles besser, meine Folterdame legt den Holzstab zur Seite, der Schmerz lässt langsam nach, oh wie ist das angenehm und schön. Füße und Beine werden wieder geknetet, gewalkt und massiert, alles entspannt sich, die Schmerzrezeptoren steigen von den Feldherrenhügeln herunter, ich versinke tiefer im weißen Kunstleder, das Gehirn nimmt allmählich die Konsistenz von Pudding an. Für einen kurzen Moment bleibt die Angst, dass mein Massageengel noch einmal zu den unmenschlichen Bohrstäben greifen könnte. Aber, nein, die Amazone wird sanfter, streicht jetzt sacht und vorsichtig über Sohlen, Spann und Unterschenkel und besänftigt auf diese Weise so langsam meinen aufgewühlten Organismus. Geistige Ruhe und körperliche Entspannung nähern sich nun schon bald der Vollkommenheit. Engel beginnen zu singen und alle Bodhisattvas des buddhistischen Universums schweben um meinen sich auflösenden Körper. Mein zwischenzeitliches Stöhnen und Wimmern wurde schon längst von wohligen Grunzlauten abgelöst. Während ich in ein nirwanisches Delirium versinke, werden für einige Momente auch noch meine Hände, die Arme, der Nacken, das Gesicht, der Kopf und der Rücken massiert. Sollte es einen Körperzustand geben, der mit dem Paradies in Verbindung gebracht werden kann, dann habe ich diesen jetzt erreicht. Plötzlich fühlen sich auch meine malträtierten Fußreflexzonenpunkte wieder sehr angenehm an, und ich bin ganz sicher, dass es jetzt allen meinen 45 inneren Organen sehr gut geht und ich saugesund bin.

Dass auch nach der Massage nur mein großer Zeh in die abgetragenen Bambuslatschen Größe 32-einhalb passt, stört mich auf einmal überhaupt nicht mehr. Die Massage hat meine kleinbürgerliche und intolerante Einstellung zu fremdfüßlich vorgenutzten Strohpantoffeln grundlegend verändert. Ich bin buchstäblich gelockert worden. Die Massage hat mich zum Pantoffelhelden gemacht. An die vorteilhafte Wirkung von Sagrotan habe ich eh noch nie geglaubt! Das ist doch alles nur Werbung und Humbug. Wer und wie viele Leute die Schlappen vorher getragen haben, interessiert mich nicht mehr die Bohne. Um ein Haar wäre ich mit den Dingern auf die Straße gelaufen. Ich fühle mich einfach richtig gut und ich werde es bestimmt immer wieder tun. Nicht unbedingt mit alten Bambusgaloschen Größe 32-einhalb auf die Straße laufen, aber Füße massieren lassen irgendwo in Asien.

Meine Masseurin winkt mir lächelnd nach. Ob sie ahnt, wie wohl ich mich fühle?

TRAUMPLÄTZE UND FARBIGES ASIEN

FAAKER SEE / ÖSTERREICH

Sommer

Doch ein Vorwort.

Es sei noch einmal zu Papier gebracht. Deutlicher geht es wirklich nicht. Ein klarer, ehrlicher und gut gemeinter Hinweis noch vor dem Vorwort. Sozusagen eine *Vorwortvorwarnung*. Wer interessante Geschichten und Reportagen über Asien lesen will, wer den Titel gesehen hat und sich ganz direkt auf einige unterhaltsame, spannende und auch schräge asiatische Momente freut, wer einfach eintauchen will in ein Meer – oder einen Tümpel, wie man es nimmt – von asiatischen Erfahrungen und Deutungsversuchen, der sollte dieses Vorwort einfach überblättern.

Weg damit.

Wer nichts lesen will von den Selbstzweifeln eines Autors, der manchmal keine Ahnung davon zu haben scheint, wo er eigentlich hin will, der sich vielleicht einfach in Asien verloren hat und damit auch den notwendigen Durchblick vermisst, der liest bitte gleich das nächste Kapitel und plagt sich nicht mit desaströsen Erklärungsversuchen, warum das vorliegende Buch so geworden ist, wie es ist. Wer gern schmunzelt und beim Lesen auch einmal lachen will, der lässt die Finger von diesen vorauseilenden Zeilen. Sie sind missverständlich, verwirrend, unstrukturiert, überhaupt nicht lustig und vollkommen ungeeignet, den werten Leser auf das Buch vorzubereiten und Appetit, Lust und Laune auf die niedergeschriebenen Anekdoten zu machen. Dieses Vorwort hat der Verfasser wahrscheinlich eher für sich selbst geschrieben. Er will wohl sein ganz persönliches asiatisches Durcheinander ordnen, wodurch er letztendlich das Chaos vergrößert. Er will erklären und verwirrt dann doch mit seinem irgendwie dilettantischen Versuch, einen vernünftigen Gesamtrahmen für Asiens Vielfalt zurechtzuzimmern. Jeder Leser, der nicht bereit ist, einen Buchautor vor dem eigentlichen Manuskript bei der Einleitung erst einmal psychotherapeutisch zu erlesen, überspringt bitte dieses Vorwort.

Wer also jetzt im Vorwort weiterliest, ist selber schuld.

Also doch ein Vorwort.

Warum nur? Weil man erklären will, worum es im vorliegenden Buch geht? Oder weil man Appetit machen will auf das, was nun folgt? Ganz wie das Fernsehen darauf hinweist, dass die nachfolgenden Zeilen eine tolle Sache sind, so noch nie gesagt oder niedergeschrieben? Soll man deshalb darum bitten, nicht aus dem laufenden Programm zu einem anderen Sender zu wechseln oder genauer gesagt auf keinen Fall ein anderes Buch zur Hand zu nehmen? Soll das Vorwort zum Weiterlesen bewegen, soll schon einmal herausgestellt werden, was sich der Autor durch seine Worte erhofft? Soll man es wagen, dem geneigten Leser schon im Voraus mitzuteilen, welche Reaktionen auf das Geschriebene erwartet werden? Soll man wirklich riskieren zu sagen, was man denn mit so einem Buch um alles in der Welt erreichen will?

Ein Versuch sei gestattet. Den alten Asienkennern sollen Geschichten erzählt und Neuigkeiten geschildert werden, die sie so vielleicht noch nicht erlebt haben, im unerfahrenen Neuling, der nie dort gewesen ist, soll ein bisschen Interesse für Asien geweckt werden. Der Leser soll lächeln, schmunzeln, sich wundern, zweifeln, mit der Stirn runzeln oder mit dem Kopf schütteln, zustimmen und gern auch anderer Meinung sein, aber er soll bei der Lektüre auf jeden Fall Spaß haben und die Liebe vieler Asienreisender zu diesem unergründlichen Kontinent, wenn nicht ganz verstehen, so doch ein wenig erfühlen können. Die vorliegenden Zeilen sollen Lust machen auf das Reisen durch Asien, sollen schlicht und ergreifend gut unterhalten und – mit Ausnahme des Vorworts vielleicht – trotz einer gehörigen Portion Fabulierens eben auch kurzweilig sein.

Aber nichtsdestoweniger soll das Buch über die erzählten Geschichten hinaus auch schon ein paar vernünftige Erklärungen bieten für einen eigentlich unerklärbaren Kontinent. Man lernt an jedem Tag einer Reise Neues über Asien, aber je mehr man von farbigen Einzelheiten und schrillen Aspekten erfährt, desto weniger versteht man das asiatische Große und Ganze. Nein, es ist nicht das über viele Jahre erworbene Wissen, das zum Schreiben und zu Deutungsversuchen Anlass gibt, sondern es sind die unendlich vielen Fragezeichen, die immer geblieben oder sogar noch dazu gekommen sind. Wie gerne würde man sagen: So ist es! Aber genau das gelingt dem außenstehenden Betrachter in Asien überhaupt nicht. So ist dieses Buch vielleicht auch nur der schlichte Versuch, einfach einmal all das Unverständliche und unkapierbar Fremde aufzuzählen. Aber der Reihe nach.

Wo fängt Asien an, wo hört Asien auf? Wann immer ich mit der Transsibirischen Eisenbahn unterwegs war, habe ich versucht zu erkennen, wo die Grenze zwischen Europa und Asien verläuft. Vergeblich. Kein Fluss, kein Grenzpfosten, kein Schlagbaum zeigt den Übergang von einem Kontinent zum anderen. Eines steht fest. Wenn man die Chinesische Mauer sieht, ist man schon tief im innersten Kernland Asiens angelangt, dann ist es längst schon zu spät, die sehr imaginäre Trennungslinie zwischen den beiden doch so grundverschiedenen Kontinenten wahrzunehmen. Sieht man in Istanbul am Bosporus tatsächlich die klare Wasserlinie zwischen zwei Weltkulturen? Auf der einen Seite Europa, auf der anderen

Asien? So einfach ist es wohl leider nicht. Ist die Türkei wirklich ein Land auf zwei Kontinenten? Ist Arabien ein Teil des asiatischen Kontinents und wenn ja, sind Dubai und die Vereinigten Arabischen Emirate noch Mitwirkende auf der asiatischen Kulturbühne? Ist die arabische Welt nicht ein Kontinent für sich?

Man könnte es sich einfach machen. Woran erkennt der Reisende fast zweifelsfrei, dass er sich in Asien befindet? Wann weiß man, dass man wirklich in Asien angekommen ist? Nun gut, ganz egal, ob in Shanghai, Saigon, Delhi, Taipeh, Bali oder Dubai, man ist in Asien, wenn man in keinem Hotel, nicht einmal im Luxushotel, neben der Toilette eine Klobürste findet, dafür aber zwischen Toilettenschüssel und Badewanne mindestens ein Telefon in die Wand eingelassen ist. So richtig verstehen kann man es nicht, aber es scheint so zu sein, dass man nach sanitären Verrichtungen mit dem Telefon unverzüglich den Putzdienst rufen kann. Ja, so muss es sein. Damit hätte man also schon die erste grenzübergreifende Gemeinsamkeit aller Asiaten festgestellt: Man lässt putzen! Jedenfalls, wenn man es sich leisten kann. Was lernt man auf dem Klo sonst noch? Peinlich sind in Asien wohl ganz andere Dinge, Streifen in der Toilette auf jeden Fall eher weniger: Man bürstet nicht! Und noch eine Erkenntnis könnte sich beim Sitzen auf der weißen Porzellanschüssel mit Blick auf das greifbare Telefon verhärten. Die nahezu libidoähnliche Fixierung auf jede und vor allem auf die mobile Art von Telefonen wäre dann schon die dritte Sache, die alle Asiaten zu einen scheint und eine Brücke baut, die von Teheran bis nach Seoul reicht: Man telefoniert gern! Und zwar laut, klar, deutlich, reichlich gestikulierend und natürlich überall. Wenn das Flugzeug gerade einmal die erste Bodenberührung spüren lässt, noch hoppelt wie ein Karnickel im Möhrenfeld und um einen herum bereits alle Mobiltelefone piepsen, surren, klingeln und leuchten, auch dann weiß man ziemlich sicher: Willkommen in Asien!

Damit nähert man sich schon dem nächsten großen Fragezeichen. Fehlende Toilettenbürsten und dauerbenutzte Handys sind ja wohl noch keine ausreichenden Identifikationsmerkmale für die Gemeinschaft aller Asiaten. Wir Europäer wissen, wie groß der kulturelle Spagat zwischen Madrid und Warschau ist und wie unüberbrückbar beispielsweise die Mentalitätsunterschiede zwischen Skandinaviern und Sizilianern sind, aber haben wir den Hauch einer Vorstellung davon, was die Gemeinsamkeiten aller Asiaten sind? Gibt es die überhaupt? Was verbindet Iraner mit Chinesen, was eint Japaner und Afghanen, wo ist die kulturelle Brücke zwischen Koreanern und Indern? Gibt es ein gemeinsames religiöses Fundament oder gibt es so etwas wie eine asiatische Leitkultur? Wohl eher nicht. Man darf mit Fug und Recht behaupten, dass eine gesamtasiatische Union mit Parlament und Kommission im Bereich der politischen Utopie angesiedelt werden darf. Eine funktionierende »*AU*« wird es niemals geben, nicht in Asien und – auch das soll gesagt sein – schon gar nicht in Afrika.

Wenn es aber dieses eine, dieses homogene Asien gar nicht gibt, wie bekommt man dann als Reisender, als Betrachter, als Fremder die verschiedenen Bilder in den schon erwähnten Rahmen, der alles zusammenhält? Wie bewegt man sich eloquent durch Asien, wie kommt man diesem schillernden Kontinent am nächsten? Oder ganz einfach gefragt: Wie reist man richtig? Definitiv mit möglichst wenig Gepäck und dafür mit umso mehr Interesse. Viel Gepäck macht das Reisen im wahrsten Sinne des Wortes nur unnötig schwer. Es gibt ein schlichtes Konzept für das vernünftige Packen eines Koffers. Immer, wenn man etwas in der Hand hält und darüber nachzudenken anfängt, ob man es mitnehmen soll oder nicht, dann sollte die Antwort stets gleichbleibend lauten: Nein! Im Zweifelsfall die Dinge immer zu Hause lassen. Selbst mit dieser abgeklärten Vernunftstrategie hat man im Regelfall immer noch zu viel dabei, liegen im Koffer Sachen, die man nie brauchen wird oder auf die man gut und schmerzfrei verzichten kann. Lästige Utensilien, die verdammt schwer sind, strapazieren die Muskeln und blockieren den Geist. Viel Gepäck behindert, kostet unnötige Kraft, macht schwerfällig. Man schaut mehr auf seine vertrauten Koffer als auf das fremde Land.

Aber noch einmal, wie reist man am besten durch Asien? Auf jeden Fall mit sehr viel Demut, einer immensen Portion Respekt und einem gehörigen Maß an Achtung. Große Neugier im besten Sinne des Wortes gehört dazu, ist vielleicht sogar das Wichtigste. Wissen wollen ist ein Reisefundament, sich ehrlich interessieren, bereit sein zu lernen. Man muss schauen, zuhören, ausprobieren und jedes noch so unscheinbare Puzzleteil betrachten und in das hoffentlich immer praller werdende

Tütchen der bereits gesammelten Erfahrungen und Erlebnisse packen. Das asiatische Puzzle ist gigantisch, es fehlen immer irgendwelche Teile, und die oben liegenden verdecken gerne die unteren, alles liegt kunterbunt durcheinander. Es kann einem beim Sortieren und Zusammenlegen vor Verzweiflung die Tränen in die Augen treiben, aber es ist eine wunderbare Herausforderung, die der Liebe zu Asien und seinen Menschen geschuldet ist. Asien erfordert unglaubliche Geduld und auch kräftige Ausdauer. Eine Menge Toleranz noch dazu, den erhobenen Zeigefinger lässt man am besten zu Hause. Eines steht fest: Fertig wird man nie, Puzzleteile bleiben unentdeckt, das Bild von Asien wird immer ein unvollendetes sein.

So kann auch dieses Buch nur ein Fragment darstellen, das versucht, einige interessante Aspekte des asiatischen Alltags abzubilden. Anders gesagt, es sind alles einfach nur Erzählungen, Geschichten, Anekdoten und Beobachtungen. Nicht mehr und nicht weniger. Da mir der Mut fehlt zu sagen, was denn nun wirklich gilt auf diesem wunderbaren und liebenswerten Kontinent, erzähle ich lieber die eine oder andere Episode ohne den Anspruch auf Allgemeingültigkeit. Wenn die nachfolgenden Kapitel trotzdem zum Verständnis Asiens beitragen, umso besser.

Sind Schlangenfresser und lila Pudel die chinesische Normalität? Ganz bestimmt nicht! Sind Brahmanen, die beim Öffnen von Marmeladepackungen scheitern, ein gutes Beispiel für den typischen Inder? Auf keinen Fall! Sind Melonenfahrer eine indonesische Besonderheit, mit der man den ganzen riesigen Inselstaat erklären kann? Erst recht nicht! Ist das größte Feuerwerk der Welt die gesamtarabische Antwort auf die Herausforderungen der Zukunft? Nein, nein und nochmals nein! Es sind – wie bereits gesagt – alles nur Geschichten und Beobachtungen. Wer dabei Rückschlüsse auf die allgemeinen asiatischen Befindlichkeiten zieht, tut dies auf eigene Veranlassung. Oder habe ich das doch vielleicht ein bisschen so gewollt? Entsprechende Vermutungen werden vom Autor prophylaktisch schon hier im Vorwort vehement zurückgewiesen.

Eigentlich wurde Asien für dieses Vorwort erst einmal weit weg gesteckt. Abstand kann helfen, eine intensive Beziehung neu zu betrachten, anders einzuschätzen, sie in einem anderen Licht zu sehen. Entfernung sollte auch mir helfen, etwas abgeklärter über Asien zu schreiben. So sitze ich unter einem alten knorrigen Apfelbaum in einem weich gepolsterten Korbsessel und habe einen Traumblick auf den Faaker See im südlichen Kärnten. Ich schaue hinunter auf die niedliche Saunahütte, die auf Stelzen im Schilf steht und vor der ein schmaler Steg zum Sprung ins klare Wasser des sauberen Sees einlädt. Ich wohne mit meiner Familie in einem exquisiten Hotel, das genau so heißt, wie es ist. Das »Kleine Hotel« wurde schnell zum Lieblingshotel der gesamten Familie bestimmt. Genauer gesagt zum europäischen Favoriten. Wenn man abends auf der Seeterrasse die letzten Sonnenstrahlen des zu Ende gehenden Tages und die wunderbare Küche des Hauses genießt, dann schmeckt das allein schon nach Traumurlaub. Wenn man dann durch den entspannten Service der Gastgeber auch noch dazu verführt wird, viel zu viel Wein aus dem Carnuntum zu schlürfen, dann wähnt man sich dem irdischen Paradies schon sehr nah. Ein ausgesprochen guter Platz, um über Asien nachzudenken und über den Wunsch, ja besser gesagt die Sucht, immer wieder zu diesem aufregenden Kontinent zurückzukehren. Hier bekommt die Frage, wieso man Jahr für Jahr nach Asien reist, einen ganz besonderen Charakter. Der Platz unter dem alten Apfelbaum beweist es mir: Schöne Plätze gibt es auch in Europa, wieso also immer wieder nach Asien?

Das »Kleine Hotel« mit all seinem Charme und seiner einmaligen Besonderheit soll mich dazu bewegen, kritisch darüber nachzudenken, wieso es mich immer wieder nach Asien treibt. Wieso interessiert mich Kambodscha mehr als Kärnten, Saigon mehr als Salzburg, Peking mehr als Wien? Muss es einfach weit weg sein? Ist Österreich nicht exotisch genug? Was verursacht dieses asiatische Fieber, das mich der fixen Idee ausliefert, ein Buch zu verfassen, das von Asien berichtet.

In Asien gibt es nirgends guten Wein aus der Region. Der »Große Mauer Wein« aus der Pekinger Ecke schmeckt genauso grausam wie ein mies zusammengerührtes Wuppertaler Chop Suey aus einem indischen Pizzaversand mit chinesisch-thailändischer Zusatzkarte. Es gibt auch definitiv in ganz Asien keine Sauna im Schilf. Jedenfalls nicht, dass ich wüsste. Wirklich saubere Seen gibt es auch nicht. So ehrlich sollte man schon sein. Aber Hotels mit Charakter, davon gibt es viele. Das »Oriental« in Bangkok ist das berühmteste, aber bestimmt nur eines unter ganz vielen. Jedes Jahr kommen neue hinzu. Vielleicht sind es am Ausgangspunkt der Begeisterung für Asien gerade diese besonderen Hotelplätze, die den Reisenden in solch betörender Art und Weise in Empfang nehmen und ihn so verführen zu bleiben, wiederzukommen, zu träumen und diese Region der Welt zu seiner zweiten Heimat zu machen. Die vielen asiatischen Traumhotels pflanzen vielleicht das erste Samenkorn der Liebe zu diesem Kontinent. So etwas, wie das »Kleine Hotel« findet man selten in Europa, in Asien dagegen immer und immer wieder.

Hotels in Asien können regelrechte Ankerplätze für die Seele sein. Dass ich von den vielen Traumhotels, in denen ich in Asien schon wohnen durfte und an die ich mein Herz verloren habe, ein ganz besonderes herauspicke, sei einem guten Freund geschuldet, der das »Maya Ubud« auf Bali besitzt. Peter Arya besticht mich schlicht und ergreifend dadurch, dass er mich und meine Familie zu sehr fairen Konditionen, um nicht zu sagen nahezu umsonst in einer seiner Pool-Villen ein paar Tage Urlaub machen lässt. Mein Gott, wer ist nicht käuflich, und, lieber Gott, die meisten fahren mit dem Leichenwagen ins Paradies, im »Maya Ubud« auf Bali kann man es lebenderweise genießen.

Das Erste, was ich von diesem Paradiesplatz mitbekam, war das überschäumende Juchzen meiner begeisterten Kinder, die vorausgelaufen waren und gleich einmal direkt in den kleinen Pool sprangen, der als Verlängerung vom einmalig schönen Badezimmer für private Abkühlung sorgen sollte. Die Ausblicke über die sattgrüne Landschaft bis hinunter ins Tal des

Petanu-Rivers ließen mich dann Pfeiftöne von mir geben, die den Jubelrufen meiner Kinder an Intensität in nichts nachstanden. Diese Pool Villa war eine Paradieshütte und jeden Juchzer wert. Das Letzte, was ich dann nach einer Woche am Ende unseres Aufenthalts von der Pool Villa mitnahm, war wieder ein Juchzen, dieses Mal allerdings leicht hysterisch von meiner Frau, als der uns so sehr ans Herz gewachsene Pool Villa Butler bei der Abreise einige der durchaus nett anzusehenden und auch die balinesische Fantasie anregenden Slips meiner Frau zu den gepackten Koffern nachlieferte. Viel Stoff war es nicht. Meine Frau hatte sie beim Packen in irgendeiner Schublade vergessen. Der liebenswerte Butler hatte sie diskret verpackt, aber meine Liebste dachte, es handele sich eventuell um ein Abschiedsgeschenk des Hotels und öffnete das weiße Säckchen an Ort und Stelle, um sich entsprechend zu bedanken. Es gab herzliches Gelächter beim reichlich anwesenden Hotelpersonal, und das Gesicht meiner Frau verfärbte sich zu einem intensiven Rot, das ich so noch gar nicht kannte. Während ich über mögliche Indianervorfahren nachdachte, drohte sie mir damit, in der Zukunft nur noch knielange Doppelrippunterhosen anzuziehen, wenn ich nicht sofort mein schäbiges Grinsen wegpacken würde.

Zwischen diesen beiden emotionalen Höhepunkten bei Ankunft und Abreise lagen Tage purer Glückseligkeit. Das »Maya Ubud« ist ein hotelgewordenes Paradies, ist eine Open Air Kathedrale der Ruhe und der Schönheit, ist ein Ort, den ich mir im Traum nicht schöner vorstellen könnte. Hier findet man Dinge, von denen man fest glaubte, dass sie der Menschheit ein für allemal abhandengekommen wären: Beschaulichkeit, Harmonie, Gelassenheit, Entspannung, Besinnung auf das Wesentliche. Sogar meine beiden wilden Töchter wurden hier etwas ruhiger und stritten nicht mehr miteinander. Oder weniger. Jedenfalls kam es mir so vor. Es war Frieden auf dieser Welt. Anders ausgedrückt, man ist nicht mehr auf dieser Welt.

In diesem Paradies steht der Baum der Versuchung in Form einer Massageliege unterhalb des Hotels im Tal direkt am sanft dahin fließenden Petanu. Man braucht in keinen giftigen Apfel zu beißen, man muss nicht Adam und Eva und auch schon gar nicht tot sein, es ist einfach unglaublich, unwirklich, unfassbar schön, man fängt an zu träumen, geübte Hände massieren verspannte Körper Richtung Nirwana. Dies würde nach buddhistischer Überzeugung ja bedeuten, dass man nicht mehr wiedergeboren wird und sich aus dem Kreislauf des Lebens und des Leidens verabschiedet. Massagenirwana hat aber hier am Ufer des Petanu eine geradezu gegensätzliche Bedeutung. Man wird wiedergeboren und fängt auf einmal wieder an, freier zu atmen, unaufgeregter zu leben und will nie wieder aus diesem Paradies vertrieben werden. Wer hier einmal die süße Frucht einer Massage versucht und dabei die Zeit vergisst, der ist für immer verloren. Die Entspannung ist rein, total und vollkommen. Wer hier einmal wegträumte, wird immer wieder zurückkommen nach Asien. Wird ohne diese asiatischen Momente nicht mehr leben wollen, wird sich im

Notfall sinnlos verschulden, nur um an einem solchen Traumplatz in Asien zu sein.

Als wir die Familienreise nach Indonesien planten, gab es klare Meinungen. Meine Frau wollte nicht nach Bali. Der Flug zu weit, für Kinder nicht das Richtige, umwelttechnisch gesehen unvertretbar – und alles in allem gäbe es dort viel zu viele Touristen für so eine kleine Insel. Es roch für sie nach deutsch-australischem Ballermann, und so falsch lag sie ja gar nicht, auch das gibt es leider auf der Insel der Götter. Ich wollte ihr aber das andere Bali zeigen und musste sie mit Engelszungen dazu überreden. Jetzt hat sich ihr Verhältnis zu Bali und Asien komplett gedreht. Das »Maya Ubud«, dieser paradiesische Traumpalast, hat sie vollends mit dem asiatischen Virus infiziert, mit dieser Sucht, immer wieder am ruhigen Fluss liegen und träumen zu wollen. Sie hat sehr wohl auch die großen Probleme gerade auf Bali gesehen, vieles gelesen und so manches Problem intensiv mit unseren asiatischen Freunden diskutiert, der Virus, das asiatische Fieber, die Sucht ist trotzdem tief in sie eingedrungen. Und Asienfieber ist unheilbar.

Das »Maya Ubud« ist ein asiatischer Verführer, ein Sucht-, ein Fieberverursacher, und ich hoffe sehr, dass ich mir mit dieser kleinen öffentlichen Aussage noch viele Pool Villa Nächte verdient habe. Der Leser mag mir diese kleine Werbebeilage für unser familiäres Lieblingshotel in Asien verzeihen. Anders geht es leider nicht, Schriftsteller sind nun mal bettelarm.

Aber so viel sei der Realität geschuldet. Es gibt in Asien viele solcher Paradiesplätze, und allein die berückende Schönheit so mancher Übernachtungsherberge und der bezaubernde Service in diesen außergewöhnlichen Häusern kann ein guter Grund sein, nach Asien aufzubrechen. Aber auf keinen Fall der einzige und schon gar nicht der ausschlaggebende zum Aufbruch. Die Faszination Asiens beginnt an ganz anderen Punkten, tief im Alltag dieses Kontinents.

Dem Abenteuer der asiatischen Normalität sind die folgenden Kapitel gewidmet. Asien befindet sich im Umbruch, vieles verändert sich im Zuge der unaufhaltsamen Globalisierung. Die Welt wird sich an allen Orten immer ähnlicher, man muss das Fremde, das Andere, das Abenteuer fast mehr suchen als die Gleichförmigkeiten dieser kleinen Welt. Aber man findet es noch überall in Asien, das Unverstehbare, das Unglaubliche, das Unfassbare. Mehr als in jedem anderen Kontinent. Asien ist jeden Aufbruch wert.

»Nichts ist in der Fremde exotisch als der Fremde selbst.«

Ernst Bloch (1885-1977)

WITWENTRÖSTER UND LILA PUDEL

SHANGHAI / VOLKSREPUBLIK CHINA

November

Es ist leider verdammt weit von Deutschland nach Shanghai, und der Flug dorthin kann ganz schön lang sein. Die Hoffnung auf einen komfortablen Sitzplatz und damit eine bequeme Reise verlässt den naiven Passagier trotzdem aber erst, wenn er mit der erbarmungslosen Wirklichkeit konfrontiert wird. So war im November 2008 in den deutschen Zeitungen zu lesen, dass in der Zukunft jeder vierte Sitzplatz in Passagierflugzeugen leer bleiben würde. Wegen der Bankenkrise und den allgemeinen wirtschaftlichen Problemen, die sich daraus ergeben hätten. Da keimt im Menschen schnell und leicht die zarte Hoffnung auf, dass der Nebenplatz in der Economy-Class auf dem eben doch ziemlich unangenehm langen Flug von München nach Shanghai ja genau ein solcher vierter sein könnte.

Pustekuchen! In der Maschine nach Shanghai gab es nicht die leisesten Anzeichen einer Wirtschaftskrise und schon gar keine vierten Plätze, die leer blieben. Es war eng und voll, aber dafür bekam man neben einem ungenießbaren Frühstück auch noch die beruhigende Gewissheit serviert, dass die Weltfinanzprobleme nur unbestätigte Gerüchte in den Zeitungen sind. So mancher Fluggast hätte wahrscheinlich für etwas mehr Platz im Flieger jederzeit eine dramatische Verschärfung des Bankendesasters in Kauf genommen. So aber gab es schon im Flugzeug einen Vorgeschmack auf die beengten Wohnverhältnisse der wohl bekanntesten chinesischen Großstadt, der Stadt über dem Meer, Shanghai.

»Das Allerneueste lebt Seite an Seite mit dem unermesslich Alten.« Hat William Somerset Maugham vor vielen Jahren einmal geschrieben. Über Honolulu! Warum nicht über Shanghai? Es hätte damals gegolten und würde heute wieder gelten. Hat Somerset Maugham Shanghai gut gekannt? Wahrscheinlich, er reiste viel durch Asien und hat auch über Shanghai geschrieben. Zur Mitte seines Lebens war Shanghai bereits eine glitzernde Weltmetropole, die Zeit von 1900 bis zum Ende der dreißiger Jahre galt in Shanghai als das Goldene Zeitalter. Man feierte viel, aufwendig – und vor allem sich selbst. Dann kamen der Weltkrieg und die Japaner. Später der Bürgerkrieg und die Kommunisten. Die Kulturrevolution und die roten Garden radierten Shanghai endgültig von der Weltkarte. Als Somerset Maugham 1965 starb, war Shanghai schon so etwas wie eine kommunistische Speerspitze, in den Jahren danach waren es die wirren Ideen der sogenannten Viererbande, die das kapitalistische Herz der Stadt strangulierten und die Lichter in Shanghai vollends auslöschten. Die Stadt über dem Meer war so gut wie tot.

Heute ist Shanghai nach vielen Jahren wieder auferstanden. In den zwanziger und dreißiger Jahren war Shanghai berühmt für Stil und Dekadenz, es war die Stadt der unendlichen Möglichkeiten. »Sind die klügsten Chinesen aus Shanghai?« wurde der Shanghaier Bürgermeister damals gefragt, und seine Antwort war klar und deutlich: »Nein, die klügsten *kommen* nach Shanghai!« Die Stadt am Huangpu war zu jener Zeit wohl die aufregendste, eleganteste und bestimmt auch spannendste Metropole in Asien, man war international und kosmopolitisch, und es wurde gebaut, als ob es kein Morgen mehr gäbe. So befahlen im Jahr 1923 die Chefs der Hongkong-und-Shanghai-Bank ihren Architekten: *»Spare no expense, but dominate the Bund!«* Alles am berühmten Bund musste dominant sein, ausgefallen, groß und wuchtig.

Genau dies gilt heute wieder. Das Veränderungstempo ist nahezu unfassbar. Es soll schon über dreitausend Wolkenkratzer geben, mehr als in New York und Chicago zusammen, und weitere zweitausend sind anscheinend im Bau. Der Welt müssen die Baukräne ausgehen, so viele sieht man in Shanghai im Einsatz. Allerdings wird auch von Peking behauptet, dass die Skyline der Stadt selbst nach den Olympischen Spielen immer noch von Baukränen dominiert wird. Und in anderen chinesischen Städten soll es ähnlich aussehen. Also nicht nur Shanghai. Aber die Stadt an der Mündung des Yangzi ist der Schrittmacher für alles, was im Moment in China passiert. Shanghai gibt das Tempo vor. Und die Richtung. Die Bautätigkeit in der Stadt ist gewaltig. Über zwanzig Millionen Menschen wohnen im Einzugsbereich der Stadt mit dem drittgrößten Hafen der Welt, und immer mehr Bewohner und Wanderarbeiter kommen jeden Tag hinzu.

Darüber hinaus gibt es eine Flut von Geschäftsreisenden und Besuchern aus allen Herren Länder. Vom hypermodernen Flughafen rast der Transrapid mit über 430 Stundenkilometern Richtung City. Die Stadt hat keine Zeit. Jeder hier hat es eilig. Da passt der deutsche Rekordzug ausgezeichnet zur vorherrschenden Lebenseinstellung. Alles muss immer schnell gehen. Glaubt man den Auguren, wird Shanghai im Jahr 2020 die reichste Stadt der Welt sein, Zweifel scheinen nicht angebracht und schon gar nicht erwünscht.

Im Sommer 1982 fuhr ich das erste Mal durch Shanghai, seitdem komme ich fast jedes Jahr für ein paar Tage in die Stadt. In den ersten Jahren wohnte ich regelmäßig im Park Hotel am Volksplatz. Dieser Ort war immer und ist auch heute noch das Zentrum der Stadt. Der Hotelprospekt besagt, das Haus wäre wie ein aufgeschlagenes Geschichtsbuch, und das darf man wohl wirklich so sagen. Man kann sich gut vorstellen, dass das Hotel nach seiner Eröffnung in den goldenen dreißiger Jahren des vergangenen Jahrhunderts eine hypermoderne Attraktivität in einer damals eh schon sehr mondänen Weltmetropole war. Der neueste Schrei waren Telefone auf den Zimmern. Die Schönen und die Reichen gaben sich die Klinke in die Hand, der importierte Champagner floss in Strömen und das Rauchen war in den prunkvollen Suiten des gerade eröffneten Park Hotels bestimmt noch nicht verboten. Der Genuss von Opium war sicherlich – wie sagt man so schön – *en vogue*. Es muss eine aufregende, aber eben auch dekadente Zeit gewesen sein in diesen sogenannten goldenen Jahren.

Dass diese Zeiten nicht für alle Bewohner golden gewesen sein mögen, kann man in der Literatur nachlesen. Der bekannte chinesische Schriftsteller und Journalist Mao Dun veröffentlichte 1933 seinen Roman über das Leben in Shanghai unter dem schlichten Titel »Zi Ye«, was man eigentlich wohl einfach mit »Mitternacht« ins Deutsche übersetzen würde. Der Roman wurde allerdings in Deutschland unter dem Titel »Shanghai im Zwielicht« bekannt und gilt als eines der berühmtesten literarischen Zeugnisse Shanghais aus dieser Zeit. Quasi so etwas wie die chinesischen Buddenbrooks. Der realistische Gesellschaftsroman beschreibt das Schicksal einer Kaufmannsfamilie im kapitalistischen Shanghai vor achtzig Jahren. Damals war Shanghai Ostasiens modernste und dynamischste Metropole.

Nicht minder beeindruckend ist der Roman »Hotel Shanghai« von Vicki Baum, der zehn Jahre später spielt, als schon die ersten Bomben des großen Krieges auf Shanghai fielen und das vorläufige Ende der Weltmetropole ankündigten. Das mondäne Hotel Shanghai gab es wirklich, es wurde damals durch eine Bombe zerstört. Die Protagonisten im Roman von Vicki Baum kamen alle ums Leben. Das elegante Hotel Shanghai mit seinen Kolonnaden, den damals hohen achtzehn Stockwerken und seinem märchenhaften Dachgarten gibt es heute nicht mehr. Die Literatur von Mao Dun und Vicki Baum aber hat die Zeit überdauert, die Bücher dieser beiden großen Autoren sind auch heute noch ein Schlüssel zum Verständnis einer eigentlich unverstehbaren Stadt.

Das Hotel Shanghai wurde weggebombt, das Park Hotel hat alle Kriege und auch die Kulturrevolution überstanden. So kann man weiter im aktuellen Hotelprospekt lesen: »Park Hotel – der Stolz Shanghais für mehr als ein halbes Jahrhundert.« Nun gut, ein halbes Jahrhundert sind fünfzig, ein bisschen mehr wohl so sechzig Jahre. Wie sah es aus im Park Hotel Ende der achtziger, Anfang der neunziger Jahre, nach mehr als einem halben Jahrhundert? Ich war zu dieser Zeit regelmäßig Gast im Park Hotel. Es war auch damals immer noch eines der besten Hotels der Stadt, aber die Vorzeichen hatten sich gedreht. Der Wind kam von Osten, die Unterkünfte in Shanghai waren alt und verbraucht, eigentlich war das Hotel von allen schlechten Hotels zu jener Zeit das vielleicht am wenigsten schlechte. Aber nur vielleicht.

Es gab Betten mit durchgelegenen Matratzen, in denen man mit genügend Fantasie noch den Hauch der einen oder anderen Opiumpfeife erahnen konnte. Oder man forschte fröhlich in den Sekreten des Vorschläfers. Es gab Toiletten, die sogar manchmal funktionierten, die man aber nur mit Gummistiefeln trockenen Fußes erreichte. Es gab fließend Wasser, jedenfalls meistens. Der Teppichboden in der Lobby war das berühmte aufgeschlagene Geschichtsbuch, und die Auslegeware im Zimmer litt stark darunter, dass die aufgestellten Spucknäpfe sehr wahrscheinlich zu klein waren und wohl regelmäßig verfehlt wurden. Thermoskannen, mit heißem Wasser gefüllt, waren ein Luxus, den man gerne annahm. Es gab Aufzüge, aber man bevorzugte Zimmer in den niederen Stockwerken, nur für den Fall. Es gab ein großes Restaurant, in dem alle Gäste essen sollten. Oder verstehen lernten, wieso die Erfinder von Bifi und die Hersteller von Studentenfutter so reich geworden sind. Nie habe ich in China jemals wieder so viel trockenen, weißen Reis gegessen wie damals im Park Hotel in Shanghai. Bifi musste einfach mit. Und es gab Bier im Hotel. Nicht vom Fass, nicht kalt und auch nicht aus der berühmten Qingdao-Brauerei. Aber immerhin. Es schmeckte wie ein frisch gezapftes Pils – nachdem man dieses allerdings mindestens sieben Wochen offen im Glas stehen gelassen hatte. Außer man selbst vor Wut schäumte da gar nichts mehr. Und an dieses eigentlich ungenießbare, abgestandene Bier überhaupt heranzukommen war auch nicht einfach, denn man wurde nur sehr ungern bedient. Man war vielleicht mehr Klassenfeind als Gast.

Der Hotelprospekt spricht heute von »Luxury, Elegance and Comfort«. Genau das hat man in den achtziger Jahren im Park Hotel ganz bestimmt nicht gefunden. Übrigens auch meist keine Hotelprospekte. Die gab es damals entweder überhaupt nicht oder sie waren immer vergriffen oder gerade im Druck oder sonst etwas. Und wenn es dann doch einmal einen Prospekt gab, waren die Seiten verklebt. Es gab immer so ein sattes Schmatzgeräusch, wenn man die Seiten auseinandergezogen hat. Solche Erinnerungen bleiben einem eigenartigerweise ein Leben lang.

Das Hotel war einfach schlecht und heruntergekommen, was aber, wie schon gesagt, nicht heißen soll, dass es nicht trotzdem eines der besten Hotels der Stadt gewesen ist. Die Hotellerie in der Volksrepublik China war zu dieser Zeit am Boden, und als dann irgendwann einmal das erste Sheraton in Shanghai Huating eröffnet wurde, musste man kein begeisterter Fan von amerikanischen Hotelketten sein, um das einfach gut zu finden. Es war der Anfang einer Veränderung, deren Ausmaß man sich damals in einem morbiden Zimmer des Park Hotels nie hätte vorstellen können. In jener Zeit begann die Renaissance dieser unglaublichen Stadt am Yangzi. Und die Entwicklung ist wohl noch lange nicht zu Ende.

Shanghai war 1980 und in den Jahren unmittelbar davor und danach genau das, was man sich allgemein in der westlichen Welt unter einer kommunistischen Großstadt vorgestellt hat. Die Stadt lag auch im Hochsommer wie im Winterschlaf, sie war grau, uniform, düster und irgendwie gesichtslos. Das

Park Hotel war ein schmieriges und eben verklebtes Abziehbild davon. Nichts funktionierte wirklich, nichts bewegte sich, alles ging kaputt und nichts wurde jemals repariert. Service und Dienstleistung waren ungeliebte Fremdworte, Gäste im Hotel ein geduldetes Übel.

Der Reisende, der sich in jenen Zeiten im Park Hotel ins Bett legte, träumte im Regelfall von einem schönen Abendessen in Hongkong. Man befand den Kommunismus nicht für grundsätzlich schlecht und man konnte sich schon vorstellen, dass er zur Rettung Chinas gut sein mochte, aber mit Freude gut chinesisch essen und trinken wollte und konnte man eigentlich doch nur in Hongkong. Nach einem opulenten Mahl sturzbetrunken in das frische weiße Laken eines Luxushotelbetts zu fallen, das war der englischen Kolonialstadt am Südzipfel des chinesischen Riesenreichs vorbehalten. Shanghai war Anfang der achtziger Jahre rot und tot, Hongkong dagegen geil und hip.

Heute ist Shanghai tatsächlich wieder eine kosmopolitische Weltmetropole, ist angesagte Partymeile und Laufsteg der internationalen High Society geworden und begegnet Hongkong in der Zwischenzeit auf Augenhöhe. Entfaltet Hongkong mit seinem Hafenbecken und dem berühmten Peak vielleicht immer noch einen Hauch mehr Charme und Flair, so entwickelt Shanghai ein Veränderungstempo, das selbst boomerfahrene Hongkong-Chinesen schwindlig werden lässt.

Was hat sich in den letzten zwanzig bis dreißig Jahren in Shanghai verändert? Und vielleicht noch spannender die

Frage: Was ist von damals geblieben außer den Fassaden am Bund? Eines sei vorneweg klargestellt. Der berühmte Bund mag für den Betrachter äußerlich immer noch gleich aussehen, doch waren seine Mauern zur Zeit der roten Garden nur ein potemkinsches Dorf, in dem sich kein wirkliches Leben regte und Parteikader ihren Dauerschlaf hielten. Heute befinden sich aber hinter den Fassaden der Bundgebäude die teuersten Boutiquen und die edelsten Restaurants der Welt. Die Wellnessoasen, Bars und Nachtclubs von Bund Nr. 3, 5, 7 und 9 sind schon fast wieder legendär, und es macht den Anschein, man wäre nicht in Shanghai gewesen, wenn man nicht mindestens einen Abend lang im »M on the Bund« getafelt hat, einem der bekanntesten Restaurants mit Blick auf das moderne Pudong. Der Bund ist endlich wieder zum Exerzierplatz der Schönen und Reichen geworden.

Trotzdem ist der Volksplatz immer noch das eigentliche Zentrum der Stadt. Seine geografische Lage im Herzen Shanghais ist aber fast das Einzige, was seit den achtziger Jahren noch gleich geblieben ist. Das neu erbaute Shanghai Museum verbindet traditionelle Formen mit zeitgenössischer Museumsarchitektur, die Shanghai Urban Planning Exhibition und das Shanghai Grand Theatre haben sich kompromisslos der westlich orientierten modernen Architektur verschrieben. Das gesamte Ensemble wird eingerahmt durch zwei futuristische, hohe und mächtige Hotelbauten, von denen sich der eine Turm nicht umsonst Tomorrow Square nennt. Von der Marriott-Hotellobby im 38. Stock des »Morgen«-Turms oder auch von der Bar im 65. Stock des Royal Meridien Hotels hat man einen wunderbaren Blick auf die prächtige neue Kulisse des so sehr veränderten Volksplatzes.

Seine rundum erneuerte Skyline ist ein Kaleidoskop der aktuellen Architekturtrends unserer modernen Welt, nur das alte Park Hotel ist noch geblieben, und seine rotbraunen Mauern ragen aus der neu entstandenen Gebäudekomposition heraus wie ein fauler Zahn aus einem Modellgebiss. Das Hotel ist fast immer noch genauso schlecht, wie es vor langer Zeit gewesen ist, nur war es damals immer noch das Beste, was man bekommen konnte – heute ist es nur noch ein lächerlich wirkendes Relikt aus einer vergangenen Zeit.

China präsentiert der Welt sein sozialistisch-kapitalistisches Erfolgsmodell, allein, man findet in Shanghai den sozialistischen Teil des Modells fast nicht mehr. Der etwas wehmütige, nach Kommunismusüberbleibseln Suchende freut sich regelrecht über die abweisenden, griesgrämigen Gesichter an der Rezeption des Park Hotels, über den einen oder anderen abgewetzten Teppich und über die fetttriefende undefinierbare Pampe, die man dort im Restaurant heute immer noch als original Shanghaiküche präsentiert bekommt. In der Zwischenzeit gibt es wieder Hotelprospekte, die zwar irgendwie immer noch zusammenkleben, deren Inhalt aber mit der Wirklichkeit des Hotels gar nichts mehr zu tun haben. Es gibt eine Museumsecke, die an die goldene Zeit des Hotels erinnern soll. Als Telefone noch eine Sensation waren. Selbst das Bier schmeckt immer noch schal und abgestanden, aber vielleicht ist das dann doch nur Einbildung, denn die Dosen sind ja dieselben wie im Marriott.

Sei es, wie es sei, statt eines fünften Sterns erblickt man am Eingang des Park Hotels die Plakette in Rot und Gold für eine »Wenming Danwei«, eine sogenannte sozialistische Mustereinheit. Dies ist nicht unbedingt ein Qualitätssiegel, aber wie schon gesagt, man ist im heutigen Shanghai fast dankbar für die wenigen mottenkugelbehafteten archäologischen Fundstücke aus einer schon für prähistorisch empfundenen sozialistischen Zeit. Finger weg vom Park Hotel und bloß keine Hotelschule für die Angestellten. Nicht mehr lang und man kann im Hotel Gebühr verlangen für den Eintritt in ein lebendes Kommunismusmuseum. Ein Hotel unter der Diktatur des Proletariats, damit kann man in der Zukunft bestimmt Geld verdienen. Geschichte zum Anfassen. Alles ein wenig skurril.

Der Sozialismus hat sich aus Shanghai verabschiedet, ohne größere erkennbare Spuren hinterlassen zu haben – wenn man einmal vom Park Hotel absieht. Die berühmte Mao-Bibel und andere kulturrevolutionäre Devotionalien sind natürlich bei jedem kapitalistisch profitorientierten Souvenirhändler zu bekommen, aber der arme Mao würde sich in seinem Marmormausoleum am Platz des himmlischen Friedens noch einmal verzweifelt umdrehen, wenn er wüsste, in welchen unsozialistischen Plastiktüten seine markigen Sprüche von damals verschwinden. Er wollte die Welt verändern, und jetzt landen seine Pamphlete neben Seidenblusen und Jadekettchen im Einkaufstäschchen irgendeines amerikanischen Hotelkonzerns. Im Prinzip interessiert sich niemand mehr wirklich für Mao Zedong, man lässt ihn einfach in seinem Gefrierschrank in Peking vergammeln und kümmert sich nicht länger um den großen Steuermann und seine vergangenen Ideen, die China so sehr verändert haben, von denen aber heute keiner mehr etwas wissen will. Mao ist seit 1976 tot, aber er ist in den letzten zehn Jahren durch das Bekanntwerden seiner zahllosen Verfehlungen für viele seiner Landsleute gerade noch einmal gestorben. Stimmt auch nur ein Bruchteil der Schilderungen seines Leibarztes Li Zhisui, die er in seiner Autobiografie zu Papier bringt, dann war das Privatleben des großen chinesischen Führers von ziemlicher Dekadenz geprägt, und er, der große und unangreifbare Mao, nutzte anscheinend seine ungeheure Macht schamlos aus zur Befriedigung seiner fragwürdigen Gelüste. Er verlangte viel von seinem Volk und nichts von sich selbst, jedenfalls im späteren Teil seines Lebens. Die offizielle historische Einschätzung, dass er zu zwei Dritteln gut und nur zu einem Drittel schlecht war, wird sich so wohl auf Dauer nicht durchhalten lassen. Da werden die chinesischen Staatshistoriker noch ganz schön viel um das Goldene Kalb herumtanzen müssen. Die Wahrheit wird dabei aber bestimmt nicht das Wichtigste sein.

Wie schon gesagt, die Menschen in Shanghai interessieren sich schon lange nicht mehr für Mao, und die Händler auf der Straße haben längst ganz andere Angebote für die Langnasen dabei: »Rolex, Copybags, Louis Vuitton, Chanel, Prada, DVD, Antiques, Lady, Massage, Sex!« Egal, ob man in der Altstadt über die Shanghai Laojie bummelt oder durch das moderne Pudong in der Lujiazui schlendert, die Angebotspalette für vermeintliche Touristen bleibt in der Regel ähnlich. Vor allem in der Nanjing Donglu, der wohl ersten Fußgängerpassage in ganz China, schwirren die fliegenden Händler um die Ausländer herum wie Fliegen um einen Kackehaufen. Mit dem einzigen Unterschied, dass ein Fäkalienhügel nicht flüchten kann und die belagerten Langnasen im Regelfall verzweifelt versuchen, ihren hartnäckigen Peinigern durch eine beschleunigte Schrittfrequenz zu entkommen.

Wenn auch nur ein winziger Bruchteil der Besucher Shanghais tatsächlich die Dinge kaufen sollte, die dort auf der Straße angeboten werden, müssten die Flugzeuge randvoll sein mit Passagieren, deren Arme man vor lauter plumpen Rolexfälschungen gar nicht mehr sieht, in deren verborgenen Ellenbogen aber unzählige Prada- und Guccitaschen voller schwarz kopierter DVDs hängen und in deren Koffern genügend Antiquitäten in schmutzige Unterwäsche gewickelt liegen, um mindestens zwanzig Chinarestaurants vollzukitschen. Und es sollte nicht wundern, dass der männliche Teil der Schnäppchenjäger trotz der Einkaufsmühen dabei auch noch sehr entspannt lächelt. Heute scheint alles möglich in Shanghai.

Besonders imponierend sind die falschen Fälschungen, die bei manchen Langnasen eine derart unkontrollierte Sammelwut hervorrufen, die nur noch mit der Jagd nach einer blauen Mauritius begründbar wäre. Jeder will eine abweichende Schreibweise in seiner Kollektion haben, deren einmalige Besonderheit noch durch eine abwegige Skurrilität gesteigert wird. Lange Zeit war auf der Jeans »Elvis« statt »Levis« der Renner, begleitet von Sportschuhen mit dem Aufdruck »Nikf« statt »Nike«. Gekrönt wurde eine solch extravagante Ausstattung mit einer Tasche von »Gulli« statt »Gucci« und der Fahrt in einem Volkswagen mit der Modellbezeichnung »Passta« statt »Passat«. Überzeugend ist auch der Sporttaschenaufdruck »Abibas« statt »Adidas«. Dies alles sind einmalige Produkte mit begrenzter Auflage, tollem Unterhaltungswert und hohem Souvenircharakter. Wer will, kann auch im »Hiyat Hotel« in Yiwu wohnen und dabei feststellen, dass dies nichts, aber auch gar nichts mit einem echten »Hyatt« zu tun hat. Alles ist möglich in China.

Viele Kopien sind wirklich komisch, manche sind einfach schlecht, andere sind schlicht und ergreifend gefährlich. Golfschläger brechen mitten im Schlag durch und fliegen dem Ball hinterher, Kessel explodieren, elektrische Geräte verursachen Kurzschlüsse, Medikamente sind im günstigsten Fall unwirksam. Bremsklötze versagen und alkoholische Getränke vergiften ihre Konsumenten. Der jüngste Skandal um nachgemachtes Milchpulver und sterbende Babys wird auch in China zu einem Umdenken führen und den gedankenlosen Umgang mit nachgemachter Ware ein wenig eindämmen, grundsätzlich ändern wird sich aber bestimmt nichts.

Die Kopiermöglichkeiten sind nahezu unerschöpflich und müssen auch nicht immer lebensgefährlich sein. So soll ein findiger Eierproduzent festgestellt haben, dass Japaner aus nicht nachvollziehbaren Gründen bereit sind, für braune Hühnereier wesentlich mehr zu bezahlen als für weiße. Seitdem werden anscheinend auf seiner Hühnerfarm nicht nur vor Ostern gekochte, sondern ganzjährig rohe weiße Eier so dunkelfarbig angemalt, dass japanische Eierkonsumenten dafür tiefer in die Tasche greifen. Es wurde noch nicht überprüft, ob die braune Farbe beim Kochen Bestand hat. Braun macht eben glücklich, Japaner und Chinesen. Alles ist möglich in China.

Noch aufregender können die Überraschungen sein, die der Erwerb einer gefälschten DVD bereithalten kann. Die aktuellen amerikanischen Kinofilme werden zumeist bei ihrer Premiere in russischen Kinos mit einer Handkamera abgefilmt. Daraus ergibt sich beim kuscheligen Filmabend zu Hause im Wohnzimmer dann das eine oder andere kleinere Problem. Die Qualität der Hollywoodkopien ist im Regelfall hundsmiserabel und die Darsteller unterhalten sich natürlich auf Russisch, wenn man besonders viel Glück hat mit chinesischen Untertiteln. Diese offensichtlichen Nachteile werden aber durch eine andere, einmalige Besonderheit mehr als wettgemacht. Immer wieder einmal läuft ein unscheinbarer Kinobesucher mit einer vollen Popcorntüte oder einem XXL-Becher Cola durch das Bild oder es knutscht ein verliebtes Pärchen mit hinreißender Intensität im Kinosessel rechts unten während einer Filmszene, in der James Bond gerade die Welt rettet. In diesen Momenten will man eigentlich nur noch Raubkopien sehen mit dem Gütesiegel »Made in China«. Dies sind Unikate, die einmal sehr wertvoll werden können. Wie schon gesagt, alles ist möglich in China.

Besonders in Shanghai. Es gibt heute Hotels und Restaurants in der Stadt über dem Meer, deren vollkommen abgedrehter Luxus auch den verwöhntesten Kosmopoliten sprachlos werden lässt. Das Park Hyatt setzt nicht nur mit seiner schieren Höhe Maßstäbe, das Grand Hyatt steht auch mit Stockwerken nur wenig nach. Pudong Shangri-La, JW Marriott, Four Seasons, Ritz Carlton, Royal Meridien sind nur wahllos herausgegriffene Namen und Beispiele für einige von den in der Zwischenzeit zahllos gewordenen Hotelpalästen, die mit der erbarmungslosen Wirklichkeit des an vielen Stellen in der Volksrepublik immer noch real existierenden Sozialismus nicht einmal im entferntesten noch etwas zu tun haben. Der Luxus ist meist nicht gerade diskret, er kommt oft mit einer Wucht, die fast erschlägt, hier waltet so manches Mal schamlose Opulenz. Die Ausstattung der Zimmer lässt kaum noch Wünsche offen, die Abholung vom Flughafen erfolgt häufig mit einem Fahrzeug der hoteleigenen Rolls-Royce-Flotte, wenn man es sich denn leisten kann. Umsonst gibt es natürlich nichts. Kapitalistische Normalität oder sozialistische Dekadenz?

Wenn man in einer der glamourösen Bars oder extravaganten Gourmettempel hinter den Mauern der alten Kolonialgebäude am Bund sitzt, hat man die Qual der Wahl. Entweder man schaut über sein Champagnerglas hinweg auf die nächtlich bunt glitzernde Hochhauslandschaft des in etwas mehr als zehn Jahren entstandenen Geschäftsviertels Pudong und erinnert sich beim zweiten Schluck Veuve Cliquot zaghaft daran, dass dort auf der anderen Seite des Huangpu noch vor weniger als zwanzig Jahren Reisbauern mit ihren Wasserbüffeln Furchen in die lehmige Erde gezogen haben. Oder man betrachtet mit einem Entenstopfleberkanapee in der Hand die Cocktailkleider um einen herum und das, was in den schulterfreien Designerklamotten drinsteckt. So lernt man die mit allen Kosmetikprodukten dieser Welt aufgecremte und zurechtmanikürte Damenbrigade des kapitalistischen Modells kennen. Es sind fast nur jüngere Frauen, die man hier oben in der eleganten Gesellschaft antrifft. Männer sind in jedem Lebensalter vertreten, warum die Frauen nicht? Wo sind die älteren Ladies von Shanghai, die sich solche Abendvergnügungen leisten könnten? Sind hier in dieser Stadt etwa nur junge Frauen reich? Welche Gedanken beschäftigen diese aufgedonnerten Schönheiten? Haben diese hübschen Mädchen jemals gearbeitet? Sind sie alle zusammen vielleicht sogar die heimlichen Architekten des neuen Shanghais? Sind sie die intelligente und gebildete Speerspitze des aufbrechenden Chinas? Wieso muss ich bei ihrem Anblick immer an kaiserliche und doch auch nachkaiserliche Konkubinen denken? Ist das ungerecht?

Das ein oder andere Tischgespräch zeigt en passant sehr deutlich, dass Intelligenz und Bildung nicht unbedingt etwas zu tun haben mit Reichtum und Luxusleben. Wie überall auf der Welt. Die französisch angehauchte Speisekarte im angesagten Jean Georges wird nicht gelesen, man scheint sie auswendig zu kennen, ist leicht gelangweilt. Die extravagante Eleganz des Restaurants wird für selbstverständlich erachtet. Als hätte es nie etwas anderes gegeben. Für persönliche Erlebnisse während der Kulturrevolution sind diese Damen ja auch alle zu jung. Warum trinken diese kleinen Chinesinnen literweise teuer importierten Champagner, während Millionen von Chinesen nicht einmal sauberes Trinkwasser zur Verfügung steht? Wissen diese eleganten Menschen hier, wie schwer es ist, den Reis anzubauen, der die Grundlage ihres Kaviarsushis bildet? Haben sie schon einmal etwas von Maos langem Marsch oder von der Viererbande gehört? Haben sie schon einmal »Shanghai im Zwielicht« in der Hand gehabt? Oder wird hier in der noblen internationalen Abendgesellschaft gar das neue China entworfen und auf den Weg gebracht? Kommt der Generalsekretär der kommunistischen Partei auch regelmäßig hierher? Wenn es doch alles Konkubinen sein sollten, gehört womöglich eine dem Chef der Partei?

Fragen über Fragen. Vielleicht hilft ja ein radikales Kontrastprogramm, um Shanghai in seiner ungeheuren Komplexität besser zu verstehen. Also würde man bevorzugt im Park Hyatt im brandneuen Shanghai World Financial Centre wohnen. Irgendwo hoch oben zwischen dem 79. und dem 93. Stockwerk. Das Hotel will hoch hinaus, niedrigere Stockwerke bietet man der betuchten Klientel erst gar nicht an. Wenn man dann dort oben aus den riesigen Fenstern schaut, ist man irgendwie auch schon ganz weit weg von der anderen Realität in Shanghais Straßen. Man würde überlegen, ob man sich vor dem Abendessen noch unter die übergroße Regendusche stellt oder die orientalische Tropendusche bevorzugt. Oder man steigt in die

Marmorbadewanne und schaut zur Abwechslung ein wenig in den modernen Plasmafernseher, der großflächig mit viel Zoll im Badezimmerspiegel integriert ist. Zum Pickel ausdrücken nicht das Ideal, aber sonst schon beeindruckend innovativ. Hat man in seinem früheren Leben jemals ohne direkten Blick auf einen Flachbildschirm ein Bad genommen? Man vergisst in so einem Hotel eben gänzlich, dass Trinkwasser in China ein Mangelrohstoff ist.

Der Kleiderschrank im Hotel ist selbstverständlich begehbar, der Safe groß genug, um neben den mitgebrachten Juwelen und dem geheimdatengefüllten Laptop auch noch genügend Bargeld unterzubringen, mit dem man die teure Unterkunft bezahlen kann. Das beigestellte Mineralwasser ist aus Frankreich, der Whiskey aus Schottland, die Grissini aus Italien. Nur der Butler ist aus China. Vierundzwanzig Stunden verfügbar. Wird jedenfalls behauptet. Er empfiehlt die besten Restaurants für ein schickes Abendessen und übernimmt natürlich die Reservierung für einen Tisch mit schönem Blick auf den nächtlichen Fluss. Nachdem man sich fein gemacht hat, rauscht man mit dem Aufzug ungefähr 400 m in die Tiefe, um nach ein paar Schritten durch die gigantische Hochhauslandschaft von Pudong zu einem der renommierten Restaurants direkt am Fluss zu kommen. Das »Binjiang One« hat neben dem tollen Blick auf den Huangpu auch einen herausragenden Weinkeller und gehobene europäische Küche im Angebot. Aber das ist nicht alles. Die besondere Attraktion des Hauses ist eine Schneebar, wo alles aus Eis besteht, selbst die Tische und die Theke. Nur die Kellner nicht – aber, was nicht ist, kann ja noch kommen. Dem Restaurant mangelt es fast an nichts, nur ein Umweltzertifikat dürfte man wahrscheinlich vergeblich suchen. Es ist aber wohl nicht so einfach, die äußerst verwöhnten Gäste in Shanghai zu beeindrucken, doch mit extremer Schockkälte könnte es funktionieren. Die dünnen Abendkleider der Damen sollten kein Problem sein, das Etablissement verleiht auf Nachfrage Anoraks und Schneeanzüge. Wann hat man schon einmal die Gelegenheit, die frisch toupierte Frisur der chinesischen Lieblingskonkubine aus einem mit dänischen Entendaunen gefüllten Arktis-Kampfanzug herausschauen zu sehen? Tolle Ausblicke, da braucht es fast keinen nächtlich beleuchteten Fluss mehr.

Irgendwie hat man leise Zweifel, ob so ein Gefrierschrank für Restaurantgäste wirklich Sinn macht, aber mit genügend Wodka findet man wahrscheinlich vieles gut, was man ohne Alkohol im wahrsten Sinne des Wortes nüchterner sehen würde. Und Alkohol gibt es hier auf jeden Fall genug, um sich alles toll zu trinken. Der Wodka fließt in Strömen. Das russische Nationalgetränk gibt es übrigens in Shanghai am gefrorenen Tisch meist mit Vanillegeschmack, beliebt sind auch Himbeeraromen und die Geschmacksrichtungen Schokolade und Kaugummi. In Shanghai mischt man auch gerne teuren Bordeaux mit Cola, und wem das nicht wehtut, der darf eben auch guten Wodka kaputt aromatisieren. Eigentlich zeichnet sich das klare Getreidedestillat ja durch seinen fast neutralen und sehr feinen Geschmack aus, in der tiefgefrorenen Wodkabar von Shanghai geht es mehr um die klaren Zuordnungen. Besonders gerne trinkt man vor dem Erfrieren momentan Cranberry-Kirsche, Grünapfel-Karamell und Banane-Ingwer. Wohl nicht ganz so gut läuft Büffelgrasaroma. Meine Bitte nach der Geschmacksrichtung »Altes Gummi« konnte leider nicht erfüllt werden. Schade eigentlich.

Nach einem eleganten Abendessen wäre die Zeit gekommen, den Programmschalter auf Kontrast umzulegen. Am bunt beleuchteten Jachthafen vorbei, an dem nur die elegantesten Limousinen vorfahren, kommt man zur Dong Chang Fähre, die einen zur anderen Seite des Huangpu bringt. Auf der touristischen Landkarte kommt diese Fähre praktisch nicht vor, da sie etwas abseits liegt. Hongkong hat seine grünweiße Star Ferry, die neben Tunnels für eine attraktive Verbindung zwischen den zwei Hauptstadtteilen sorgt. Shanghai hat so etwas bis jetzt leider nicht. Es gibt Tunnels für Autos, einen Tunnel für die U-Bahn und sogar einen »Sightseeing Tunnel« für die Fußgänger. Aber keine zentrale Fähre. Da könnte man sich von Hongkong wirklich noch etwas abschauen.

Aber zurück zur Dongchang Fähre. Die Überfahrt kostet einen Yuan, umgerechnet ungefähr zehn Cent. Man teilt sich den Raum mit unzähligen Radfahrern und Mopeds, die knatternd und stinkend auf das Schiff gedonnert kommen. Alles geht zügig, schnell und reibungslos, Stellplatzeinweiser gibt es keine, Toiletten auch nicht. Sitzplätze ebenfalls Fehlanzeige, es sei denn, man hat seinen eigenen Sattel dabei. Überall auf dem Schiff ist auf Hinweisschildern zu lesen, dass das Spucken verboten ist. Entweder können viele Chinesen immer noch nicht lesen oder man interessiert sich schlicht und einfach nicht für die Vorschriften der Behörden. An vielen Stellen des Schiffs hört man angestrengtes Räuspern und viele Kehlen befreien sich von lästigen Schleimpartikeln. Die chinaweite Kampagne gegen das Spucken scheint jedenfalls auf diesem Schiff nicht sehr gut zu funktionieren. Fast alle Mopedfahrer bekämpfen erfolgreich den Frosch im Hals und sind für die Weiterfahrt gerüstet. Die vermeintlichen Frösche bleiben an Bord zurück. Die Überfahrt dauert keine zehn Minuten. Während dieser Zeit auf dem rostalten Seelenverkäufer gehen einem alle Fährunglücke der letzten Jahrzehnte und die Frage durch den Kopf, wie viele Überlebende es jeweils gegeben hat. Wenigstens gibt es keine Krokodile im Huangpu.

Beim Anlegen am anderen Ufer schwimmt ein alter Rettungsring in der dreckigen Brühe und erinnert einen daran, dass man auf der Fähre keinen gesehen hat. Das hat aber wohl eher damit zu tun gehabt, dass auf dem Schiff kein einziges Licht gebrannt hat und die Nacht ja auch in China bekanntlich dunkel ist. Wie soll man da auch Rettungsringe sehen? Vielleicht ist ja auch etwas dran an dem Gerücht, dass das Wasser des Huangpu so niedrig ist, dass die Hälfte der chinesischen Bevölkerung darin stehen könnte – und die Langnasen sowieso. Aber was macht die andere Hälfte der Bevölkerung? Wie dem auch sei, die Überfahrt hat ihren ureigenen Charme, und eigentlich ist man doch viel zu schnell am anderen Ufer.

Dort leuchten die Lichter am Eingang zur alten Stadt. Shanghai Laojie heißt die Hauptstraße, und wer sich in der chinesischen Sprache auch nur ein wenig auskennt, wird bemerken müssen, dass hier ganz offensichtlich frisch ausgebildete Strategen für modernes, aber auch etwas plattes Stadtmarketing am Werk waren. Die Übersetzung ist einfach: »Shanghai Alte Straße«. Zusammen mit der Fangbanglu bildet dieser Straßenzug das Zentrum des geschäftlichen Treibens am Tag und auch am Abend. Die ganze Gegend um den Yuyuan ist nach Sonnenuntergang festlich beleuchtet und wird zu einem riesigen Vergnügungsviertel, das die Menschen anlocken soll wie das Licht die Motten. Die Tourismusmanager der Stadt wollen die Altstadt vermarkten, solange es sie noch gibt. Es sind die letzten Reste eines ehemals riesigen Wohngebiets mit zwei-, maximal dreistöckigen Häusern, die nur über sehr schmale Gassen zu erreichen waren und deren Bewohner sich wohlgefühlt haben in ihren kleinen verwinkelten Wohnungen und Höfen. Die Hochhäuser aber kommen unaufhörlich näher, und es schien lange nur eine Frage der Zeit, bis das letzte alte Haus platt gewalzt ist und Platz gemacht hat für einen neuen Wolkenkratzer. Im Shanghai des 21. Jahrhunderts schien kein Raum zu sein für den Erhalt eines traditionellen Wohngebiets. Altstadtsanierung gab es in China lange Zeit genau so wenig wie Sozialversicherung und Mülltrennung.

Nun hat anscheinend auf breiter Front und auf allen Gebieten ein Umdenken stattgefunden, aber die Sünden der jüngeren Vergangenheit sind nur schwer zu kompensieren. Der

Spiegel hat ausführlich darüber berichtet. »Im Irrglauben, sich in der Wunderwelt des Kapitalismus ausschließlich und straflos bedienen zu können, verprassen viele Chinesen bedenkenlos jedweden Rohstoff. Wer zu Geld kommt, baut sich Bäder ins Haus, die so viel Wasser verbrauchen wie eine kleine Landwirtschaft, und landauf, landab ist binnen weniger Jahre eine Wegwerfgesellschaft gewachsen, gegen die sich europäische Städte wie Öko-Dörfer ausnehmen«. Im Wahn, nur das Neue sei das Gute, hat man auch in Peking in den Jahren vor der Olympiade so viele Altstadtgebiete und Hutongs ausradiert, dass das wenige, das stehen geblieben ist, mit der gewachsenen Wohnstruktur von damals nur noch sehr wenig gemeinsam hat. Ebenso in Shanghai. Die alten Wohngebiete hatten nie eine echte Überlebenschance gegen die modernen Hochhäuser.

Nun scheint in Peking und auch in Shanghai ein Denkprozess eingesetzt zu haben, der die Grundhaltung der Regierenden allmählich stärker beeinflusst. Der Besucher hat das Gefühl, dass man den winzigen verbliebenen Rest eventuell doch erhalten will. Es ist spät, sehr spät, vielleicht zu spät für einen substanziellen Erhalt der Altstadt, und noch streiten sich Befürworter und Gegner einer Altstadtsanierung, aber auch hier gilt: Die Hoffnung stirbt zuletzt, und Shanghai ohne Altstadt mag sich selbst der abgefeimteste Hochhaustycoon nicht auszumalen. Die Hochhäuser scheinen wie gefräßige Monster auf die alten Zwergenhäuschen herabzuschauen, doch hat nicht auch David am Ende gegen Goliath gewonnen?

Zurück zu unserem Kontrastprogramm. Dort, wo die Dongchang Fähre anlegt, biegen zwei kleine Gassen von den touristischen Hauptstraßen ab, die allabendlich zu chinesischen Fressmeilen werden und den krassen Gegenpol bilden zu den opulenten Restaurants der Hyatts und Hiltons. Die Kangjia Lu und die Sipailou Lu sind noch nicht modernisiert und manifestieren quasi das Unrestaurierbare. Es brutzelt, dampft, zischt, blubbert und köchelt an jeder Ecke, es wird geschaut, probiert, geleckt, geschlürft, Knöchelchen und Schalen werden gleich auf die Straße gespuckt, man sitzt auf kleinen Plastikstühlen und isst an Ort und Stelle oder lässt sich die Leckereien einpacken, um alles zu Hause wahrscheinlich vor dem Fernseher zu essen. Das einzige Zugeständnis an die Moderne ist neben dem Essen vor dem Fernseher das Verpacken des frischen Essens in Wegwerfplastikgeschirr. Wenn einmal 1,3 Milliarden Chinesen von Kunststofftellern essen, die sie nach der Mahlzeit wegschmeißen, dann könnte das in der Zukunft selbst mit vorbildhafter Mülltrennung zu einem großen Umweltproblem werden. Die schiere Bevölkerungsgröße macht hier wieder den großen Unterschied zu anderen Ländern, macht aus überschaubaren, kleinen Problemen schier unlösbar große.

Das Gedränge auf der Straße ist groß und zu allem Überfluss fahren ständig Mopeds durch die Menge. In meiner blühenden Fantasie stelle ich mir vor, wie es aussehen würde, wenn so ein ungestümer Zweiradfahrer einen Bratnudelstand umfahren würde. Ich wäre doch so gern wieder einmal Zeuge dieser charmanten chinesischen Art der spontanen Konfliktbewältigung. Aber niemand tut mir den Gefallen. Alle Garküchen bleiben heil und überstehen jeden noch so vehementen Ansturm ihrer Gäste.

Aber auch ohne Unfall scheint das Durcheinander groß. Die Hygienevorstellungen müssen gänzlich andere sein. Ein Gewerbeaufsichtsamt mit teutonischen Vorstellungen hätte wohl seine helle Freude und richtig viel zu tun. Vieles sieht appetitlich und lecker aus, manches auch zweifelhaft und gewöhnungsbedürftig und einiges würde man auch bei drohendem Hungertod bestimmt nicht über die Lippen bekommen. Als Europäer ist man schon froh, wenn man wenigstens ein knappes Drittel der angebotenen Gerichte ganz ungefähr einem bestimmten Tier oder einer Pflanze zuordnen kann. Wenn man es dann noch schafft, von diesem identifizierten Drittel vielleicht wiederum die Hälfte als für unsere Verhältnisse genieß- und essbar einstufen zu können, ja dann fühlt man sich fast schon heimisch. Vieles bleibt allerdings fremd, warum auch nicht?

An diesem Platz des Essens und Genießens ist Shanghai plötzlich gar nicht mehr kosmopolitisch und international, sondern sehr chinesisch und regional. Es gibt diese Orte noch in der Stadt, aber sie sind weniger geworden, liegen versteckt und müssen gesucht werden. Wenn man denn mag.

Shanghai setzt Maßstäbe in jedweder Richtung. Armut und Reichtum, Altes und Neues, bewahrte Tradition und bahnbrechende Veränderungen liegen nah beieinander.

Dies sollte eigentlich einen fruchtbaren Nährboden für moderne Kunst bilden – und tatsächlich, es gibt in der Zwischenzeit direkt im Volkspark mitten in Shanghai ein MOCA (Museum of Contemporary Art). Überall schießen Kunstgalerien und Designstudios wie Pilze aus einem feuchten Waldboden. Wenn man staunend durch die manchmal zwar etwas kommerziellen, teils aber auch sehr auf-, ab- und durchgedrehten Ausstellungen läuft, beschleicht einen wieder das in der Zwischenzeit wohlbekannte Shanghaigefühl. Wie passt das alles zusammen?

Aber das ist nur die erste Frage von vielen anderen. Waren Staatschef, Präsident und Parteiführung, waren Wen Jiabao und Hu Jintao schon einmal in den avantgardistischen Kunstgalerien von Shanghai? Wissen Sie, was dort ausgestellt wird, und wenn ja, finden sie es gut? Hat das, was in der Moganshan Lu und im Island No.6, den Hotspots für moderne Kunst in Shanghai, gezeigt wird, den sozialistischen Segen der großen und doch anscheinend so allmächtigen Partei? Ist das die pflichtbewusste Erfüllung eines großartigen 5-Jahres-Plans für maoistische Kunstformen? Wenn es aber den Parteikadern nicht gefällt, was sie hier sehen oder eben nicht sehen wollen, was eher zu vermuten ist, lassen sie dann die Künstler gewähren, weil sie damit die Freiheit der Kunst proklamieren wollen? Freie und gesellschaftskritische Kunst unter der parteigeführten Diktatur des Proletariats? Oder hat nicht schon der große und heute so angezweifelte Steuermann Mao Zedong einst gesagt: »Lasst hundert Blumen blühen, lasst hundert Schulen miteinander wetteifern«? Und hat er sich nicht selbst kurz danach korrigiert und gemeint: »Wenn man das Unkraut sprießen lässt, kann man es leichter jäten«? Und hat alle eliminiert, die ihm nicht gefallen haben? Will die Partei auch im 21. Jahrhundert das Unkraut erst einmal wachsen lassen, um es dann leichter mit Stumpf und Stiel ausrotten zu können?

Oder ist es doch ganz anders, und die Dinge entgleiten der einst so übermächtigen Partei allmählich? Sind die Bilder der Künstler sozusagen die auf Leinwand gepinselte Kraft des Faktischen? Ist der chinesische Sozialismus am Ende, und sucht die Kunst nach neuen Wegen für das Zusammenleben der Menschen im eng gewordenen Asien? Liegt der Schlüssel zum Öffnen der »Ich-verstehe-jetzt-die-Zukunft-Chinas-Tür« doch irgendwo bei den Künstlern im Moganshan Arts District und nicht auf den Partyterrassen der schicken Bundrestaurants? Wer wird in der Zukunft das Schicksal Chinas bestimmen?

Wieder viele Fragen ohne eindeutige Antworten. Klar und eindeutig ist allerdings die Preisgestaltung in den Galerien, und diese hohen Preise führen unweigerlich zu einer weiteren Frage: Wer kann sich diese Kunst leisten? Womit sich der Kreis schließt und man wieder zu den Schönen und Reichen am Bund und in Pudong zurückfindet, denn es werden offensichtlich nur die ganz Betuchten sein, die diese exorbitanten Preise bezahlen können. So manche Galerie hat schon eine Dependance hinter dem Bund eröffnet, um näher an den prall gefüllten Geldbeuteln der oberen Zehntausend in Shanghai zu sein. Vielleicht oder, besser gesagt, ganz offensichtlich muss Kunst in dieser Stadt in erster Linie Geld einbringen und nicht unbedingt die Welt verändern. Wer Kunst erschwinglich einkaufen möchte, fährt besser nach New York. In den Kunstgalerien ist Manhattan mit seinen Preisen im Gegensatz zu Shanghai regelrecht sozialistisch.

Je mehr man von Shanghai sieht, desto größer werden die Fragezeichen. Man ist einen Tag in der Stadt und hat schnell eine Meinung zu der gigantischen Riesenmetropole. Nach einer Woche wackelt das Fundament des schnell gefassten Urteils und man sortiert die Eindrücke um. Wenn man dann längere Zeit alle Winkel der Stadt erforscht hat, ist man eigentlich nur noch sprachlos, verwirrt und weit entfernt von der Ausgangsmeinung, ohne eine neue Erklärung für die Struktur des Ganzen gefunden zu haben. Shanghai ist ein Mythos, schwer zu verstehen und kaum zu greifen. Shanghai entzieht sich einem schnellen und eindeutigen Verständnis.

Am Ausgang der Künstlerstraße Moganshan Lu, kurz bevor man rechts über den Suzhou Creek läuft, findet man nach all der modernen und nach Veränderung schreienden Kunst ein kleines, heruntergekommenes Häuschen mit einer alten Holztür, die wahrscheinlich immer offensteht. Hinter der Tür sieht man einen billigen Plastiktisch, Klappstuhl, Reiskocher und ein gefülltes Teeglas mit klassischem Drehverschluss. Der Fußboden besteht aus gestampfter Erde, an einer Wäscheleine hängen lange Unterhosen und eine olivgrüne, alte Jacke. Vor der Tür gackern zwei abgehärmte Hühner. Die Toiletten sind außerhalb des alten Hauses. Es sind einfache Plumpsklos. Wie schon gesagt, wir sind immer noch mitten in Shanghai. Ringsherum nur neue gigantische Hochhäuser.

Rechts und links vom Eingang der bescheidenen Unterkunft – dort, wo man in China normalerweise an traditionellen Häusern die meist roten Neujahrsbilder oder sogenannten Chunlians findet – sieht man hier im verrücktesten Teil der Stadt zwei Spruchfahnen mit schwarzer Kalligrafie auf rotem Grund: »Lang lebe die Kommunistische Partei Chinas« und »Lang lebe das Denken von Mao Zedong«. Man gerät in Shanghai mit der Zeit etwas durcheinander, man bringt das Gesehene einfach nicht mehr zueinander, alles wird »huli hutu« und »luanzi bazao«, wie die Chinesen zu sagen pflegen und was man mit den Worten »verwirrend machendes Chaos« wohl nur unzureichend übersetzen kann. Wie passt Mao zur postmodernen Kunst? Ob die alte Parteiwächterin im baufälligen Hutzelhäuschen eine Meinung zu den Bildern und Skulpturen nebenan hat? Oder zu den Preisen für die Kunstwerke? Man wagt nicht zu fragen.

Ein paar Hundert Meter weiter, mitten in einer ganz normalen Hochhaussiedlung, ein kleiner, aber knallbunter und überhaupt nicht versteckter Laden, der ganz offen Dildos und Gummipuppen im Schaufenster ausstellt und als exquisite traditionsorientierte Besonderheit sogenannte *Witwentröster* anpreist: blauweiße Ming-Porzellankissen mit einem Geheimfach für den Trost spendenden Massagestab. Man vermutet, dass es zur Zeit der Mingkaiser noch keine »High Energy Alkaline Batterien« gegeben hat, aber ansonsten ist man schwer beeindruckt vom Erfindungsgeist der alten Chinesen. Ob das wirklich nur für Witwen war? Lang lebe das Denken von Mao Zedong. Er soll ja schließlich auch kein Kind von Traurigkeit gewesen sein, war sozusagen lebendiger Landmädchentröster. Sagt jedenfalls sein Leibarzt Li Zhisui. Der muss es ja schließlich wissen.

Ein Stückchen weiter die Straße hinunter gibt es nach vielen ausgesprochen rustikalen Garküchen und einfachen Lebensmittelläden in einem eher schlichten Wohngebiet plötzlich einen belgisch anmutenden Chocolatier mit allen möglichen Pralinen, die reich verziert sind und so gar nicht billig aussehen. Der winzige Laden ist voll mit Schokoladentieren, nicht nur Osterhasen, auch Rehe, Adler, Katzen sind zu entdecken und natürlich die in China so wichtigen Drachen. Und leckere Schokohunde aus Vollmilch in der Größe von ausgewachsenen Golden Retrievern mit Schnauzen aus dunkler Bitterschokolade. Ist das wirklich zum Essen oder nur zum Beeindrucken des nachbarschaftlichen Besuchs?

Ein paar Meter weiter wieder viele Hunde, aber dieses Mal nicht zum essen. Ein echter Hundefriseur ist hier zu Hause. Der ganze Salon pickepacke voll mit allen Pudelfarben dieser Welt. Da geht es bestimmt nicht um das Abendessen. Die Viecher werden ja nicht frisiert, um später fein toupiert und frisch gefärbt im Kochtopf zu landen. Es ist offensichtlich ein beliebtes Hobby. Wer es sich leisten kann, hält sich ein Haustier. Je mehr Geld man hat, desto größer darf es sein.

Und wer genug verdient, mag es gerne extravagant, schrill und bunt. Das durchschnittliche Jahreseinkommen eines Bürgers der Stadt Shanghai betrug im Jahr 2008 wohl bereits über 3.000 US-Dollar, und damit lagen die Einwohner der Stadt in Bezug auf das Durchschnittseinkommen an der ersten Position in China vor Shenzhen, Ningbo, Peking und Kanton. Viele verdienen allerdings schon viel mehr als der Durchschnitt. Dafür kann man schon mal den Pudel *lila* einfärben und ihm die farblich passenden Wintersöckchen dazu kaufen. Der Salon bietet alles an, was das Hundehalterherz begehrt. Unter vielem anderen sogar vergoldete Fressnäpfe. Vielleicht auch Hundetröster, wer weiß?

In den neunziger Jahren lag das Durchschnittseinkommen noch unter einem Zehntel des heutigen Betrags. Damals hat man sich in Shanghai noch mit Vögeln begnügt. Auch ein schönes Hobby, und man braucht lange nicht so viel Platz. Wenn das jetzt nur nicht missverständlich wird. Reden wir also besser über etwas anderes.

Mit dem wachsenden Einkommen haben sich auch die Fortbewegungsmittel verändert. Die früher obligatorischen Fahrräder werden immer mehr von Autos und vor allem von Mopeds und Motorrollern ersetzt. Sehr beliebt sind jetzt auch Elektrofahrräder. Komforttechnisch sehr beliebt, umweltpolitisch sehr vernünftig, aber für arglose Fußgänger sehr gefährlich. Das ist der kleine Nachteil dieser Dinger. Wenn man zu Fuß unterwegs ist, hört man sie nicht mehr. Man ahnt nur noch den Hauch eines Fahrtwinds flüstern zu hören und wird schon von hinten überrollt. Die Stadt ist gnadenlos, sie sortiert erbarmungslos aus. Man wird vorsichtiger beim Überqueren einer Straße.

Shanghai bietet eine gewaltige Geräuschkulisse. Wenn es irgendwo einmal einen Moment ruhig zu sein scheint, keine Musik, keine Lautsprecherdurchsage, kein knatterndes Moped, kein ins Megafon schreiender Marktverkäufer, keine quäkende Müllabfuhr und keine andere Geräuschquelle zu hören sind, dann bimmelt bestimmt ein Handy. Mobiltelefone sind überall und allgegenwärtig. Und sie werden benützt. Ohne Rücksicht und Zurückhaltung. An jedem Ort und zu jeder Zeit. Es bimmelt, vibriert, sirrt, piepst und leuchtet in vielen Taschen und an allen Ohren. Dass es in Shanghai noch irgendjemanden ohne Mobiltelefon gibt, kann ohne Weiteres als irreführendes Falschgerücht eindeutig und klar verworfen werden. Shanghai telefoniert mobil. Auf dem Moped, im Auto, auf der Fähre, in der U-Bahn. Und sehr gerne im Restaurant, egal, ob man allein oder mit vielen Personen am Tisch sitzt. Man unterhält sich bevorzugt mit seinem Telefon und nicht mit dem Tischnachbarn. Bei einem romantischen Abendessen zu zweit bei Kerzenschein muss man die Frau gegenüber wahrscheinlich anrufen, um mit ihr zu sprechen.

Man telefoniert nicht nur beim Essen, sondern auch beim Laufen, beim Joggen, im Fitnessclub, beim Einkaufen, beim Arbeiten, eigentlich überall. Man weiß nichts Genaues, und es gibt wohl noch keine empirischen Erhebungen, aber man kann wohl sicher davon ausgehen, dass der normale Shanghaier auch beim Sex und im Schlaf telefoniert. Und die modernen Witwentröster haben bestimmt noch ein Mobiltelefon im Geheimfach.

Die Männer telefonieren auf jeden Fall auch beim Pinkeln, das muss allerdings gelernt sein und geht auch schon mal daneben. So geschehen am Flughafen von Pudong. Dort stand in der Männertoilette ein gut gekleideter Geschäftsmann am Urinal neben mir und bereitete sich auf die Verrichtung seines kleinen Geschäfts vor. Er zog hektisch am Reißverschluss seines edlen, teuren und sicherlich bestimmt auch schlitzverstärkten Nadelstreifenhosenladens und operierte danach freihändig, in dem er das zum Pipi machen notwendige Körperteil einfach heraushängen ließ. Man ahnte schon von Anfang weg, dass so etwas schief gehen muss, aber er hatte auch wirklich keine Hand mehr frei. Während er seine Blase entleerte, las er die aktuelle Tageszeitung, die er mit der einen Hand geschickt gefaltet festhielt, sodass er die Schlagzeilen der Weltpolitik rasch überfliegen konnte. In der anderen Hand war eine Zigarette, die er immer wieder genüsslich zum Mund führte, um einen tiefen Zug zu nehmen. Der Arm, der zur Zigarettenhand gehörte, drückte gleichzeitig seine lederne Aktentasche an den Körper. Zwischen Schulter und Ohr klemmte sein Telefon, das immer wieder von irgendeiner Hand – und auch er hatte nur zwei – so stabilisiert werden musste, dass der Toilettengang zu keiner Beeinträchtigung der Telefonate führte. Das ganze Bild erinnerte an einen äußerst talentierten Jongleur. Da der unabkömmliche Geschäftsmann derart intensiv mit seinem Mobilteil beschäftigt war, versteht es sich von allein, dass er dabei nicht mehr in der Lage war, sein Festteil in der Hand zu halten.

So viele Dinge auf einmal zu tun, ist schon eine Meisterleistung. Dass er noch kein großer Meister war, konnte man daran feststellen, dass aus seinem mächtigen Dobermann während des Pinkelns so langsam und von ihm unbemerkt ein winziges Spitzchen wurde und er sich am Ende auf die eigenen Schuhe und die feine Hose pisste. So kann es gehen. Auch in Shanghai gilt: Er ist kürzer als du manchmal denkst. Aber noch mehr gilt, dass man hier eben alles schnell machen muss und wirklich viele Dinge am besten gleichzeitig. Dabei weiß man doch, dass dies vielleicht bei Frauen noch ganz gut klappen mag, bei Männern aber nie. Anscheinend auch nicht in China. Multitasking geht bei Männern buchstäblich weltweit in die Hose.

Merkwürdig ist allerdings, dass niemand in Shanghai zu wissen scheint, dass man in Mobiltelefone normalerweise nicht hineinschreien muss, um sich verständlich zu machen. Schon die Begrüßung ist meistens nicht das in China übliche »Wei« im ansteigenden Ton, sondern ein urwaldschreiähnliches »Ooahuäähh«, das die ganze Umgebung des Telefonierenden an eine freischwingende Liane denken und jeden sofort den Kopf einziehen lässt. Die nachfolgenden Gespräche werden nicht viel leiser geführt, sodass man immer gut darüber informiert ist, was so los ist zwischen den Menschen. Wenn man denn die Sprache versteht.

Das ist gut so, denn im modernen Shanghai geht eine andere Informationsquelle immer mehr verloren. Früher saß man noch gemeinsam – nur nach Geschlechtern getrennt – ohne kommunikationshemmende Trennwände über einfachen Löchern auf der Toilette und konnte sich entspannt über das aufregende Leben in der Großstadt austauschen. Heute gibt es fast in jedem Winkel der Stadt moderne Klohäuser mit allem möglichen Komfort und meistens sogar mit der Wahl zwischen asiatischer Steh- oder europäischer Sitztoilette. Es kostet im Regelfall einen Yuan, und dafür ist man dann bis zu zwanzig Minuten allein. Danach öffnet sich die Stahltür aus Sicherheitsgründen automatisch. Ob man im Notfall Geld nachwerfen kann, ist nicht bekannt. Aber es hat ja eh niemand Zeit in Shanghai, wahrscheinlich auch nicht dafür. In den meisten Klokabinen findet man installierte Aschenbecher vor, was in China auch Sinn macht, denn man versucht in dieser hektischen Stadt ja eh immer alles auf einmal zu machen, und das eine und das andere, auf die Toilette gehen und rauchen zum Beispiel, gehört hier in China wirklich auch immer noch untrennbar zusammen. Was in den hochmodernen Toilettenanlagen allerdings bis jetzt noch fehlt, sind Ladestationen und Freisprecheinrichtungen für Mobiltelefone. Es wäre eigentlich wichtig, so manche Hose würde trocken bleiben.

Wer allerdings den Gang zur Toilette etwas eleganter gestalten will, geht in eines der mondänen Hotels, deren öffentlichen Räume und auch sanitären Anlagen sich zumeist in hohen Stockwerken befinden. Wer danach zum Beispiel aus dem

84. Stock des Jinmao Towers auf Shanghai hinunterblickt, versteht mit einem Rundblick mehr von der Dynamik dieser Stadt als durch stundenlange Erklärungen. Wer regelmäßig in die Stadt kommt, sieht von oben die rasanten Veränderungen. Wer das erste Mal in der Stadt ist, fühlt sie. Alles ist in Bewegung, Stillstand gibt es nicht.

Das Tempo der Veränderung ist faszinierend und erschreckend zugleich, begeistert und beängstigt. Seit man es im Jahr 2004 geschafft hat, den Formel 1-Zirkus mit einer spektakulären Rennstrecke nach Shanghai zu locken, scheint diese Motorsportklasse das wahnsinnige Tempo vorzugeben. Die unglaubliche Geschwindigkeit der Entwicklung bringt vor allem uns Europäer aus dem Gleichgewicht, die Chinesen gehen damit sehr viel flexibler um und sehen vor allem die Chancen, die sich daraus ergeben. Geld ist es, was die Stadt antreibt. Für Politik hat man keine Zeit. Die Möglichkeit allerdings, zusätzlich Geld zu verdienen, setzt bei den meisten Menschen in Shanghai ungeahnte Energien frei. Diese Kraft bewegt die Stadt in erster Linie, eventuelle Probleme, die das ungeheure Entwicklungstempo mit sich bringt, werden verdrängt, zurückgestellt und klein geredet. Für Probleme scheint man in Shanghai ebenso wenig Zeit zu haben wie für Politik. Alles muss eben schnell passieren, viele Dinge tut man gleichzeitig und wer sich vor lauter Tempowahn auf die Hose pinkelt, kann sich ja eine neue kaufen. Von »Gulli«. Oder von »Elvis«.

»Ich habe versucht, Indien zu verstehen. Leider muss ich zugeben, dass mir das nie gelungen ist.«

Jawaharlal Nehru (1889-1964)

BRAHMANEN UND ROTE FLECKEN

DELHI - HARIDWAR / INDIEN

September

Wenn man zu einem Ausflug in die Berge eingeladen wird, dann freut man sich. Wenn diese Berge Himalaja heißen, dann gesellt sich zur puren Freude noch große Neugier und erwartungsvolles Interesse. Und wenn dann das Ausflugsziel sogar auch noch direkt über dem heiligen Ganges liegt, ja dann wird aus Freude geradezu ungebremste Euphorie. Die Mutter aller Flüsse soll an diesem Ort Berichten zufolge mit anscheinend unbeschreiblicher Wucht und noch völlig unberührt direkt aus dem Gebirge in das indische Flachland rauschen. Kalt, frisch und rein soll das Wasser hier sein. Den heiligen Ganges einmal ganz ohne Verschmutzung zu erleben, kann allein schon der Grund für einen solchen Ausflug in die indischen Berge sein.

Aber da ist mehr. Endlich zu den Wurzeln des indischen Daseins durchdringen. Tiefgläubigen Hindus, heiligen Männern, Sadhus und Asketen an einem der heiligsten Orte Indiens begegnen, Yoga, Meditation und transzendentalen Aufbruch live miterleben, dabei sein, wenn erkannt wird, was die Welt im Innersten zusammenhält. Klingt Rishikesh noch ein wenig nach Beatles und durchgeknallten Freaks, dann steht Haridwar als »Tor zum Himmel« für die indische Suche nach der großen Wahrheit und dem Weg zur Erlösung. Am großen heiligen Fluss sitzen, frische Luft atmen, über den Sinn des Lebens nachdenken und eine Antwort auf die Frage finden: »Wieso bin ich eigentlich hier?« Vielleicht nicht unbedingt das Schlechteste nach zwei Monaten Indien und vierzehn Tagen Monstermetropole Neu-Delhi. Warum tut man sich so etwas wie diese urbane Katastrophe denn überhaupt an?

Wer zwei Wochen kreuz und quer durch Delhi gelaufen ist, der sehnt sich nach unberührter Gebirgslandschaft und frischer Luft. Die indische Hauptstadt ist als Fußgänger eigentlich nicht zu bewältigen, aber genau das macht den Reiz aus, es mutig zu versuchen. Kein Inder wird dies jemals verstehen, und die Bewohner der indischen Hauptstadt schon gleich gar nicht. Zu Fuß durch Delhi wäre in Indien definitiv eine ausreichende medizinische Begründung für die sofortige Einweisung in eine Klapsmühle.

Neu-Delhi ist ein städtischer Riesenkraken, unheimlich groß und in jeder Richtung um sich greifend. Elf Millionen Menschen leben momentan in der Stadt, aber wer schon kann diese Bevölkerungszahl wirklich als die definitiv richtige ansehen? Jede Art der Bevölkerungszählung muss hier zum Scheitern verurteilt sein. Viele der Einwohner, sehr viele, leben in unsäglicher Armut. Die Slums werden immer größer und immer mehr, und mit den wuchernden Armensiedlungen gerät das Wachstum der Megametropole völlig außer Kontrolle. Delhi ist Lärm, Schmutz, Dreck, Abgase, Armut und oftmals schier mit den Händen greifbare Verzweiflung. Überall Menschen über Menschen und oft qualvolle Enge. Wo keine Menschen sind, stehen Kühe. Die sind heilig, die Menschen nicht. Die einen kämpfen und arbeiten, die anderen betteln, viele resignieren und akzeptieren ihr vorbestimmtes Schicksal.

Manches Karma allerdings meint es ja auch gut. Besonders gut sogar. Neben der unendlichen Armut gibt es auch einen feudalen Reichtum, der fremde Besucher nur noch ungläubig staunen lässt. Die Diskrepanz zwischen Arm und Reich ist oftmals ungeheuerlich, und der Gegensatz zwischen den sehr vielen sehr Armen und den sehr wenigen sehr Reichen erschüttert jeden außenstehenden Betrachter bis ins Mark. Verstehen geht hier eigentlich gar nicht. Neu-Delhi kommt einem spazierenden Europäer vor wie ein großes unfassbares soziales Desaster. Das ist die eine Seite der Wahrnehmung. Aber nicht die ganze indische Wahrheit.

Der irische Regisseur Danny Boyle hat mit seiner Romanverfilmung »Slumdog Millionaire« 2009 viele Oscars gewonnen und einen riesigen Publikumserfolg gelandet, den man in diesem Ausmaß nicht erwartet hatte. Die Dreharbeiten zum Film fanden in Bombay statt, über die Stadt im Süden des Subkontinents sagte er in einem Interview: »Den Fehler, den man als Westeuropäer machen kann, ist folgender: Man will etwas tun gegen diese Gegensätze! Vergesst es! Nehmt die Stadt hin, wie sie ist!« Was er so treffend über Bombay sagte, gilt ganz genauso auch für Neu-Delhi. Wenn man versucht, die indische Hauptstadt von einem anderen und entspannteren Blickwinkel aus zu betrachten, dann ist diese Metropole ein großartiges Kaleidoskop von allen Kulturen und Religionen des Landes, von grundsätzlichen Übereinstimmungen und unauflösbaren Konflikten, von hinduistischen Überzeugungen und islamischen Gegenentwürfen, von Farben und Gerüchen, von Kleidern und Turbanen, von Problemen und Lösungen, von persönlichen Schicksalen und vielen kleinen indischen Geschichten. Die legendäre Premierministerin Indira Gandhi soll einmal gesagt haben: »Wer Indien verstehen will, muss auf alle Vorurteile verzichten. Bloß keine Vergleiche! Indien ist anders.«

Man mag noch etwas hinzufügen: Wer Indien verstehen will, muss einfach einmal ein paar Tage ohne Reiseführer und ohne Stadtplan durch Delhi laufen und sich treiben lassen. Man könnte dabei wahnsinnig werden, aber man versteht viel von Indien. Oder gar nichts.

Nachdem man wahnsinnig geworden ist oder eben viel oder gar nichts verstanden hat, tut es gut, aus der Stadt herauszukommen. Und um vielleicht doch etwas zu verstehen, sollte man Zug fahren. Mit der Eisenbahn reisen ist eine ganz besondere indische Erfahrung. Man trägt Vorstellungen und Bilder mit sich herum. Nennt man nicht manche der indischen Züge »Palace on Wheels«? In der Realität hat die indische Staatsbahn allerdings überhaupt nichts Palastartiges zu bieten, harte schmale Kunststoffsitze mit rostigen Eisenkanten und verschmierte Scheiben sind die erbarmungslose Wirklichkeit für jeden Bahnreisenden. Man ist versucht, bei der Deutschen Bundesbahn und auch bei Mitropa für so manches erteilte Unrecht Abbitte zu leisten.

Die Reise in das höchste Gebirge der Welt begann stilvoll mit einer frühmorgendlichen Fahrt in einem chauffeurgelenkten Ambassador, diesem nostalgisch angehauchten Taxigefährt, das man auf Indiens Großstadtstraßen fast so häufig sieht wie heilige Kühe. Aber nur fast, Kühe gibt es schon noch ein paar mehr, und die müssen auch keine Straßenverkehrsordnung einhalten. Dass es nachvollziehbare Regeln für das Fahren von Autos geben soll, ist aber auch wieder nur ein unbestätigtes Gerücht, das mein Fahrer hartnäckig zu widerlegen versucht. Und trotzdem! Bei der Fahrt vom Hotel zum Bahnhof hatte ich das Gefühl, dass mir die Straßen von Delhi zu dieser frühen Morgenstunde gar nicht mehr so schmutzig und unorganisiert vorkamen. War es die Uhrzeit oder war es nach zwei Monaten in Indien gar schon die Gewöhnung an die hiesigen Zustände? Quasi eine schleichende Verinderung. Oder eine Entdeutschung. Da kommt es wohl auf den Blickwinkel an. Gewisse Dinge störten mich einfach nicht mehr, anderes war einfach so, wie es war, und rauschte unbemerkt an mir vorüber.

Zu immer noch unmenschlich früher Tageszeit, es dämmerte so langsam, erreichten wir den Bahnhof. »Die Old Delhi Railway Station ist mehr als ein Bahnhof. Unter der gewaltigen Dachkonstruktion aus verrostetem Wellblech und spröden Eisenträgern findet ein täglicher Aufruhr statt, eine Revolution ohne Waffen. Hier, in einem Inferno aus ohrenbetäubendem Metall, kämpfen die Menschen nun schon seit über hundert Jahren um ihre Rechte. Die Reichen beharren auf ihren Privilegien, und die Armen betteln um Almosen. Hier offenbart sich Indien in konzentrierter Form und zeigt sein ganzes Spektrum an Kasten, Religionen, Sprachen, Hautfarben, Kleidern und Nationalitäten. Hier leben Liebe und Hass Seite an Seite.«

Treffender als der wunderbare norwegische Reiseschriftsteller Tor Farovik kann man den Bahnhof von Alt-Delhi eigentlich nicht beschreiben. Viele Besucher sprechen einfach nur von einem dreckstrotzenden, chaotischen Durcheinander. Mir aber kam auch der Bahnhof organisiert vor, nicht so, wie in Europa, eben indisch organisiert. Hunderte von Menschen lagen auf dem Boden und schliefen anscheinend tief und fest. Das hoffte ich auf jeden Fall, denn die meisten lagen ganz mit einer Decke oder einem Lumpen umhüllt wie in einem Stoffsack und glichen fatal ägyptischen Mumien, bevor sie in den Sarkophag gelegt werden. Da ich aber in Indien war und nicht in Ägypten, hatte ich die berechtigte Hoffnung, dass diese vor mir liegenden Mumien noch lebten.

Aber es stellte sich eine andere Frage: Wer kann nur schlafen, wenn permanent und vollkommen unterbrechungslos eine Lautsprecherdurchsage nach der anderen menschenverachtend laut durch die zahlreichen knarrenden und quietschenden Lautsprecher geplärrt wird? Eine unglaubliche Lärmdecke drückte auf die Schlafenden, laut, unmenschlich, verstandraubend. R. K. Narayan, einer der bekanntesten indischen Romanautoren des vergangenen Jahrhunderts, hat einmal geschrieben, dass er dafür beten würde, dass »die Vereinten Nationen uns eine Anti-Lärm-Charta geben mögen, durch die wir uns verpflichten, alle Quellen unnötigen Krachs aus der menschlichen Gesellschaft zu eliminieren. Wir werden alle entsetzlichen und monströsen Klänge aus unserer Mitte verbannen. Wenn die Übeltäter keinen Verstand annehmen, werden wir Sanktionen gegen sie verfügen. Wenn dies geschieht, entgeht unser Zeitalter dem Stigma, die lauteste Zeit in der Geschichte der Menschheit genannt zu werden.«

Jeder Schläfer am Bahnhof von Alt-Delhi würde dem berühmten Schriftsteller sicherlich vorbehaltlos zustimmen. Aber sie waren wohl zu müde, um in ihren Stoffsäcken an Widerstand zu denken. Sie nahmen den furchtbaren Lärmterror stoisch hin, schliefen einfach wie eingepackte Leichen weiter. Tief beeindruckt von so viel innerer Seelenruhe wollte ich die Schlafenden nicht unnötig stören und stakste zwar unbeholfen, aber dennoch vorsichtig zwischen schnarchenden Mumienschläfern und frischen roten Betelnusssaftflecken Richtung Bahnsteig.

In Europa ärgert man sich über Zigarettenstummel, Taubenscheiße und vor allem über ausgespuckten Kaugummi, der selbst mit ausgefeiltesten Reinigungsmethoden nicht wegzukriegen ist. Überall dunkelschwarze Punkte im Bahnsteigboden. In Indien sind die Flecken rot, dunkelrot. Der Schleimauswurf der Betelnusskauer färbt alle Gehsteige und öffentlichen Plätze. Man spuckt gern in Indien, und nach jedem zischenden Spuckgeräusch inspizierte ich hektisch meine schicken Wildlederboots nach rubinroten Flecken.

Die Betelnuss wird mit gebranntem Kalk in den Mund gesteckt und färbt Zähne und Speichel tiefrot, darüber hinaus wird der Speichelfluss stark angeregt. Da kann man ja verstehen, dass das Zeug auch wieder raus muss und der Boden am Bahnhof von Old Delhi aussieht wie das Sommersprossengesicht von Pippi Langstrumpf. Rote Flecken überall.

In Indien ist die Betelnuss wie in Arabien und auch in anderen Teilen Asiens ein gängiges Genussmittel. Der Samen der Betelpalme soll euphorisieren, wach machen und anregen. Manche glauben an die Stärkung des Immunsystems, andere sehen in der roten Speichelfarbe einen gewissen Kariesschutz. Die meisten Gebisse der Betelnusskauer widerlegen diese Annahme allerdings drastisch. Eine weitere medizinische Erkenntnis klingt spannend. An Schizophrenie erkrankte

Männer, die viel Betelnuss kauen, haben weniger und leichtere Symptome der Krankheit als diejenigen, die es nicht tun.

Ich fühlte mich am Bahnhof von spuckenden Betelnusskauern geradezu verfolgt. War es wirklich so oder war es meine ganz persönliche Wahnvorstellung? Vielleicht hätte ich eine Betelnuss kauen sollen, denn was gegen Schizophrenie hilft, könnte ja auch meinen Verfolgungswahn austreiben?

Schließlich stand ich in einer betelnusskauerfreien Ecke des riesigen Bahnhofs und genoss dann doch die Szenerie. Irgendwie hatte ich hier eigentlich so etwas wie Sodom und Gomorrha erwartet, das vollständige Fehlen von System und Ordnung, aber es war eher eine Szene aus dem Turmbau zu Babel. Jeder schien seine Rolle genau zu kennen. Fasziniert schaute ich den Gepäckträgern bei ihrer Arbeit zu. Sie sind nicht nur die wahren Heroen der indischen Moderne, sie sind viel mehr als das: Sie sind fleischgewordene Gabelstapler, trickreiche Balancekünstler, herumrasende Gewichtheber, langarmige Anatomiewunder, sie alle schlagen und brechen jede Minute Rekorde, ohne dass sie jemals Medaillen dafür bekommen hätten. Bis zu drei große Koffer auf dem Kopf, und als ob das noch nicht schon genug wäre, hängen an beiden Armen, die all die Koffer auf dem Kopf mühsam im Gleichgewicht halten, noch zusätzlich zwei riesengroße Reisetaschen. Nun stellt man sich vor, dass diese Gepäckartisten muskelbepackte Superathleten sind, aber dieses Bild geht weit an der Wirklichkeit vorbei. Schmal, dünn, hungrig, fast unterernährt sehen sie aus, aber sie tanzen durch die große Ankunftshalle wie Shiva Nataraja als König der Tänzer. Manchmal scheinen die Gepäckträger für Momente frei von allen Wirkungen der Schwerkraft zu sein. Sie sind die wahren Herrscher eines jeden indischen Bahnhofs.

Man kann natürlich auf einem indischen Bahnhof auch – wie sagt man so schön – austreten, also auf die Toilette gehen, nur ganz schnell mal, klein, Wasser lassen, als Mann ja wohl kein Problem. Man weiß nie, wie es später im Zug aussehen wird. Der weit gereiste Kosmopolit geht also sozusagen prophylaktisch. Aus Erfahrung. Als ich dann die sanitären Einrichtungen endlich gefunden hatte, verfluchte ich jeden einzelnen Tropfen Kaffee, den ich am Morgen zu mir genommen hatte. Vielleicht meinte Indira Gandhi auch die Toiletten, als sie sagte: »Indien ist anders!« Öffentliche Bahnhofstoiletten sind auch in Europa keine ästhetische Offenbarung, doch dieses auseinanderfallende Stinkbombendepot, zu dem mich meine Nase geführt hatte, ließ dann doch eine entscheidende Grundsatzfrage in mir aufkommen: Musst Du wirklich?

Ich musste! Meine Geruchsnerven überschwemmten das Gehirn mit Warnmeldungen. Am Eingang zur Klobaracke wurde Eintritt verlangt. Eine Rupie. Dafür kann man nun wirklich nichts erwarten. Sechs Urinale an der Wand. Mit gefliesten Schamwänden voneinander getrennt. Damit man sich nicht gegenseitig auf die Männlichkeit schaut. Aber ich passte nicht zwischen die Mäuerchen, ich war zu breit. Obwohl ich für einen Europäer ganz normal gebaut bin und mich nicht als dick bezeichnen würde, war ich hier am Urinal in Delhi in der

Hüfte einfach zu breit. Nichts zu machen. Richtiges Klo ging auch nicht, denn an diesem Morgen standen wahrscheinlich so ungefähr zehn Prozent der männlichen indischen Bevölkerung am Bahnhof von Alt-Delhi zum Kacken an, was ich in meiner persönlichen Notsituation wiederum echt Scheiße fand. Entschuldigung, aber genau dieses Wort ging mir in meiner verzweifelten Lage durch den Kopf. Kein anderes.

Aber es half alles nichts, ich musste einfach. Sollte ich mich schräg zwischen die Schamwände stellen und um die Hüfte pinkeln? Dafür war der Schlauch zu kurz. Das Wasser mit Abstand im hohen Bogen abschlagen? Strahl zu schwach. Ich musste eine Entscheidung treffen. Ich stellte mich halbschräg zwischen zwei dreckig verschmierte Schamwände, drehte mich dann gerade, verrichtete mein dringendes Geschäft und wischte dabei mit meiner Hüfte, genauer gesagt mit meiner noch relativ sauberen Jeans zwei geflieste Schammäuerchen ordentlich sauber. War auch nötig. Die Kacheln zeigten nach meinem Beckenschwenk wieder ein hygienisch unbedenkliches Weiß, mein Hüftstoff hatte ganze Arbeit geleistet. Persil bei 120 Grad wird es hoffentlich wieder richten. Auf jeden Fall werden meine Mitbringsel aus Indien immer origineller. Ich hatte jetzt ein echtes Stück Indien an der Hose. Ich war mir sicher, dass meine Familie eine solche Art von Souvenir ganz besonders schätzt.

Es gab immer noch Zeit bis zur Abfahrt des Zuges. Ich lief einfach herum und je mehr ich sah und beobachtete, desto weniger verstand ich. So viele Fragen gingen mir durch den

Kopf, aber ich ahnte, dass ich keine plausiblen Antworten erhalten und meine indischen Rätsel und Fragezeichen eher wieder größer werden sollten. Wo auch immer ich hinschaute, überall ergaben sich aus dem Gesehenen Fragen über Fragen. Gibt es für die vielen Schuhputzer wirklich wenigstens ab und zu das ein oder andere Paar Schuhe, das es blank oder schwarz zu machen gilt? Wie viel verdient so ein Schuhputzer? Kann man damit leben oder sogar eine Familie ernähren? Muss er seine Einnahmen versteuern? Was für Steuern zahlt er? Umsatzsteuer? Gewerbesteuer? Schafft er Rücklagen für das Alter? Oder geht ein maßgeblicher Teil seines Geldes an eine Art Schuhputzermafia? Aber wie soll man die Wahrheit erfahren? Der Blick auf die gigantischen Gepäckberge ließ weitere Fragen aufkommen. Wo verstaut man die riesigen, in Sackleinen verpackten Gepäckwürfel, die zu Hunderten auf dem Bahnsteig stehen und wohl ihre Besitzer direkt begleiten sollen? Findet jeder Würfel sein Bestimmungsziel? Was ist da drin? Passen diese Würfel überhaupt durch eine Zugtür? Und wenn der Passagier erst einmal mit dem Würfel im Zug ist, wohin damit?

Während ich noch fasziniert auf diese akkurat verschnürten Monstergepäckwürfel schaute und mir überlegte, wie so ein Ding wohl aussehen würde, wenn ich es verpackt hätte, ist am gegenüberliegenden Gleis ein sogenannter »Local Train« angekommen, eine Art S-Bahn sozusagen. Noch nie vorher hatte ich jemals einen solch vollen Zug gesehen oder erlebt. Erinnerte das Menschenknäuel im Innern des Zuges noch entfernt an eine Tokyo-U-Bahn zur Rushhour, so gab es keinen tragenden Vergleich mehr für all die Passagiere, die irgendwo außen am Waggon klebten. Wo konnten sich all die Leute festhalten und wie lange reichte die Kraft? Waren das alles blinde Passagiere oder mussten sie selbst für diese höchst abenteuerliche Art des Personentransports eine Fahrkarte lösen? Wenn dem so sein sollte, wie kontrolliert dann der Schaffner die neu zugestiegenen Fahrgäste? Oder muss man besser sagen, die neu angehängten Fahrgäste. Gibt es dafür eventuell sogar Platzkarten? Die Passagiere aus dem Innern des Zuges quollen förmlich heraus. Wo kommen all diese Menschen her und wo wollen die alle hin? Ich hatte das Gefühl, die erste Milliarde der indischen Bevölkerung sei genau in dem Zug unterwegs gewesen, der sich da gerade vor meinen Augen entleerte.

Ich selber hatte eine Sitzplatzreservierung in der ersten Klasse und machte mir keine großen Sorgen um meinen Platz, als der Zug nach Haridwar auf die Minute pünktlich einfuhr. Die Passagiere aller anderen Klassen stürmten ihre Waggons wie wohl einst das französische Volk 1789 die Bastille. Der Zug wurde quasi geentert, bevor er überhaupt stand. Aber ich hatte ja die gebuchte Garantie auf einen bequemen Sitzplatz. Es kam allerdings ein wenig anders.

Die fünfstündige Zugfahrt von Delhi nach Haridwar am heiligen Ganges sollte sich in vielfacher Weise in mein Gedächtnis einbrennen und für immer einen bevorzugten Platz in meinen Reiseerinnerungen einnehmen. In Europa gibt es eine weitverbreitete Tendenz, das Innere des Körpers und damit auch alle Körperöffnungen als etwas Schmutziges anzusehen, was wiederum bedeutet, dass die Reinigung einer Körperöffnung immer diskret zu geschehen hat. So manche Ehefrau mag hinzufügen, es sei denn, man ist lang genug verheiratet. Normalerweise sind aber die Körperöffnungen im Westen mit einem Tabu belegt. Mit dem Finger in der Nase bohren zum Beispiel. Geht in der Öffentlichkeit eigentlich gar nicht. Die Inder dagegen reagieren auf das öffentliche Räuspern, Rülpsen, Popeln und Ablassen von Darmwinden mit relativer Gleichgültigkeit. Eine tolle Heimat für Nasenbohrer. So etwas lernt man am Besten im Zug. Aber der Reihe nach.

Meine Reservierung war für einen Großraumwagen. Es gab in jeder Reihe jeweils drei schmale Plätze auf beiden Seiten des auch nicht sehr breiten Ganges, und diese harten grünen Kunststoffsitze sahen alles andere als bequem aus. Meine Platznummer war dann auch nicht gerade das große Los, denn zu meiner erst einmal sehr begrenzten Begeisterung war für mich ein Mittelplatz vorgesehen. Ich nahm mir in diesem Moment trotzdem einfach fest vor, nicht undankbar zu sein. Der Mittelplatz war vielleicht auf den ersten Blick unbequem, aber für meine empirisch-ethnologisch-religions- und sozialwissenschaftlichen Feldstudien nahezu unerlässlich. Deswegen grollte ich nicht, sondern freute mich darüber, im Dienste der Wissenschaft und höheren Erkenntnis uneigennützig leiden zu dürfen. Das grundsätzliche Verstehen der indischen Gesellschaft und ihrer Strukturen verlangte geradezu nach Selbstlosigkeit, mein Forschungsdrang schrie förmlich nach Selbstkasteiung. Schon der Anblick meiner noch unbesetzten und außerordentlich asketisch wirkenden Sitzreihe ließ mich zum Reportage-Gandhi werden. Dieser enge Mittelplatz würde mich zum großen Indienversteher machen. Es gab ja auch eh kein Zurück mehr.

Rechts neben mir am Gang setzte sich ein indischer Geschäftsmann mit weißem Hemd, Krawatte und dunklem Anzug. Eher der zurückhaltende, unauffällige Typ, der langweiligerweise auch nur seinen eigenen Platz benötigte. Links von mir am Fenster setzte sich ein brahmanischer Pensionär, der wesentlich mehr als seinen eigenen Platz brauchte und auch sofort alle Freiräume in Beschlag nahm. Gepäckmäßig vermutete ich Umzug. Er verteilte flink seine zahllosen Taschen und verschnürten Pappkartons. Hocherfreut stellte ich meinen Fußraum zur Verfügung und verbuchte so den ersten Bonus für eine hoffentlich gute, fünfstündige Nachbarschaft. Zum Lächeln oder gar zum Reden konnte ich meinen Nachbarn mit meiner kleinen Gepäckunterstützung allerdings zu diesem frühen Zeitpunkt noch nicht bewegen.

Ein Brahmane fährt wahrscheinlich grundsätzlich im Schneidersitz Zug. Dies hatte bei den schmalen Sitzen der indischen Staatsbahnen zwangsläufig zur Folge, dass er auch wesentliche Teile meines Hüftraums mit seinen knorrigen Zehen in Anspruch nahm. Wenn es doch nicht anders geht. Ich hatte totales Verständnis und es störte mich auch gar nicht, dass sich ein dunkel verfärbter Zehennagel in meinen Oberschenkel bohrte. Sollte ich diesem ehrenwerten Mitglied der allerhöchsten Kaste sagen, dass an meiner Jeans gerade dort, wo sich der Brahmanenzeh mollig an den Stoff schmiegte, Unterkastenpipi von einer versifften Schamwand dran war? Ich war mir sicher, der Herr Brahmane hätte sich bei dieser Vorstellung sofort den Fuß amputieren lassen. Ich überlegte noch, ob ich ihm die Hygienegeschichte meiner Hose bei der Ankunft in Haridwar stecken sollte, dann hätte er seinen Fuß für zweihundert Stunden in den heiligen Ganges hängen können. Das hätte bestimmt geholfen.

Ich verzichtete auf die Wahrheit und genoss meine hautnahen indischen Erlebnisse. Der fremde Zeh wurde sozusagen Teil meiner selbst. Ich nahm mir fest vor, diese Aura einer großen Persönlichkeit intensiv auf mich abstrahlen zu lassen. Ich war mir vollkommen sicher, dass der Mensch neben mir eindeutig zur höchsten Kaste der hinduistischen Gesellschaft gehörte und dass es ein außergewöhnliches Privileg war, neben ihm sitzen und seinen Zeh wärmen zu dürfen. Der Brahmane redete immer noch nichts mit mir, was ich natürlich gleich unterwürfig als Zeichen höchster Weisheit deutete. Der meditative Blick des heiligen Mannes war auf seine Finger gerichtet, die Lockerungsübungen machten und sich auf eine filigrane Aufgabe oder was auch immer vorbereiteten. Was es auch sein mochte, meine Spannung wuchs mit jeder Sekunde. Diese Person befand sich mit absoluter Sicherheit – jedenfalls für mich – in direkter Annäherung auf die Erlösung von allem Irdischen. Auf jeden Fall auf die Erlösung von irgendwas.

Und ich durfte dabei sein. Einfach großartig! Erste Reihe, unverfälscht, besser ging es einfach nicht. Das war Wissenschaft vom Feinsten. Würde er jetzt beten oder vedische Verse rezitieren? Oder gar die Upanishaden aufschlagen, das grundlegende metaphysisch-philosophische Buch über das Wissen und die Weisheit? Würde er wohl im wichtigsten Werk der indischen Philosophie versinken und über die fundamentalen Fragen der menschlichen Existenz nachdenken? »Wer bin ich, woher komme ich, wohin gehe ich, was ist der Sinn des Ganzen, wie erlange ich Befreiung?«

Nein, ein Buch schlug er nicht auf, aber ja, um Befreiung ging es ihm schon, nur ging es ihm um eine ganz andere Art der Befreiung. Ich durfte hautnah miterleben, wie der Brahmane versuchte, sich von einem Popel zu erlösen, der anscheinend sehr weit hinten in die linke Nasenkammer gerutscht sein musste. Ich lernte schnell und viel. Brahmanen popeln offensichtlich mit jeweils zwei Fingern beider Hände gleichzeitig in einem Nasenloch. Dazu muss dieses erst einmal geweitet werden und dies geschah durch Blasen und Ziehen gleichzeitig. Beim Blasen vergrub sich sein Zeh tief in meiner Hüfte, beim konzentrierten Ziehen entkrampften sich die Extremitäten ganz langsam und der Zeh zog sich wieder ein wenig zurück. Nach den Belüftungsaktivitäten wurde der lästige Popel durch Nase rümpfen noch einmal von außen lokalisiert und in der Mitte des Nasenlochs isoliert. Dort wurde er dann mit vier Fingern aufgegriffen, ans Tageslicht befördert und direkt vor meinen Augen selbstverständlich auch noch einmal eingehend untersucht.

Ich musste zugeben, es war ein Prachtexemplar und aller Mühen wert. Die Operation am offenen Nasenloch dauerte ungefähr zehn Minuten und muss auch für das Wohlbefinden meines Nachbars einen äußerst positiven Effekt gehabt haben, denn er stimmte einen inbrünstigen vedischen Röchelgesang an, der nur den indischen Popelgöttern gelten konnte und wohl als Dankeshymne an die Nasenheiligen gedacht war. Es gibt heute im Westen viele Menschen, die es bedauern, dass das Heilige aus unseren Alltagsbeschäftigungen verschwunden ist. Hier war es exklusiv für mich wieder da. Es war ein großes Erlebnis. Ich werde es in der religiösen Schatzkammer meiner indischen Erfahrungen einschließen. Auch ich war auf einmal den Göttern des hinduistischen Pantheons dankbar. Ohne den unbequemen Mittelplatz wäre viel Spiritualität unbeachtet an mir vorüber gerauscht. Ich denke noch einmal an Indira Gandhi und mache schon wieder einen Änderungsvorschlag. Wer Indien verstehen will, muss Bahn fahren und zwar auf einem Mittelplatz im Großraumwagen!

Es blieben zwei Fragen unbeantwortet. Sind erstens indische Nasenlöcher so groß oder indische Finger so schmal, dass davon vier in ein Loch passen, und wo kam zweitens der Popel hin? Das Eine scheint mir einfach eine Frage der Technik und der filigranen Beherrschung der Finger zu sein, das Andere war mir einfach entgangen. Nachdem ich während des gesamten Bohrrituals angestrengt nach links geschaut hatte, und das noch ohne den Kopf zu drehen, ließ ich die Pupillen für einen kurzen Augenblick in der Geradeausstellung verweilen, um sofort danach wieder beobachtend zur Seite zu schielen. Der Popel war weg, ein Taschentuch war sicher nicht im Einsatz, mein Nachbar schien gelöst oder erlöst – wie man es nimmt – und hielt seine Hände nach getaner Arbeit entspannt gefaltet. Meiner empirischen Feldforschung mangelte es an der Beantwortung einer Frage: Wo war der Popel? Der Forscher in mir wurde hart bestraft für einen kurzen Augenblick der Unaufmerksamkeit. Der Detektiv hatte einen Minimoment nicht aufgepasst – und schon war die Leiche verschwunden.

Die Zugfahrt ging trotzdem weiter. Nachdem wir lange in östlicher Richtung gefahren sind, ging es dann nach Norden hinauf, immer entlang dem heiligsten aller Flüsse, dem Ganges. Noch war vom höchsten Gebirge der Welt nichts zu ahnen, und so konzentrierte ich mich weiter auf die Vorgänge um mich herum. Man muss wissen, dass es in einem indischen Zug in den besseren Klassen nicht immer bequeme Sitze gibt, dafür aber einen pausenlosen Servicebetrieb zum Wohle des Bahnreisenden. Allein schon die Versorgung mit Essen ist phänomenal, auch wenn die angebotene Eiscreme unprobiert an mir vorüberziehen muss. Allein die Erinnerung an die Toiletten am Bahnhof in Delhi lääst eine mögliche Diarrhö zum albtraumhaften Horrorfilm werden. Es wird nicht nur Eis angeboten, alle Viertelstunde gibt es etwas anderes. Sandwich, dann Cola im Becher, Kuchen, danach ein komplettes Frühstücksmenü, Mineralwasser, Joghurt, noch mal Eiscreme und so weiter und so fort. Es hörte einfach nicht auf.

Jede Person, die irgendeine Dienstleistung im Zug ausübt, hat eine schwarze Hose an, dazu ein Hemd, das wahrscheinlich irgendwann einmal weiß gewesen ist, und eine schwarze Fliege. Eine Eisenbahngesellschaft soll sich dazu durchgerungen haben, ihr Personal mit grauen Hemden auszustatten. Das kommt mir dann doch sehr weitsichtig vor.

Mein Brahmane schien einen von den Göttern gesegneten Appetit zu haben. Er verspeiste alles, was ihm angeboten wurde. Als man ihm das volle Frühstücksmenü hinstellte, sah ich ihn das erste Mal ganz leicht, vorsichtig zurückhaltend lächeln. Euphorie sieht anders aus, aber auch der zuckende Zeh in meiner Hüfte deutete auf wenigstens ein bisschen Freude hin. Ab sofort galt seine vollständige Konzentration dem gefüllten Frühstückstablett. Das wiederum lenkte seine gesamte spirituelle Energie vom Popeln auf eine Portionspackung Marmelade um. Zuerst knetete er sie ayurvedisch durch, dann sprach er mit ihr, um sie danach lange Zeit einfach böse anzuschauen. Nach dieser Phase der meditativen Auseinandersetzung mit einer Marmeladepackung entschied sich mein Nachbar zum öffnenden Messerangriff, glitt aber immer wieder am Kunststoff des Konfitürendeckels ab. In der Nase bohren war eindeutig einfacher.

Die indische Religion ist grundsätzlich allumfassend und kennt zahllose Götter. Der Hinduismus ist eine reich mit mythologischem Material gefüllte Schatzkammer, in der sich das Individuum leicht verirrt und vor lauter Glanz blind wird. Der weise Mann neben mir allerdings kennt und versteht Shiva,

Vishnu, Brahma und wie sie sonst alle heißen. Er wandelt zielsicher auf dem Weg der Erleuchtung – aber dies hier im Zug war eindeutig seine erste Konfrontation mit einer Plastikverpackung.

Sollte ich wagen, ihm zu zeigen, wie man den Nippel durch die Lasche zieht oder, genauer gesagt, wie man die Konfitürenpackung am Zipfel aufreißt? Ich traf die Entscheidung, weiterhin defensiv zu bleiben und die Lage schweigend zu beobachten. Der Brahmane traf die Entscheidung, die Marmelade einzustecken, um sie wahrscheinlich seinen Kollegen zur Konsultation vorzulegen. Vielleicht gibt es ja bei den vielen Göttern im Hinduhimmel auch einen, der für Marmeladen und deren gottverdammten Portionspackungen zuständig ist.

Derweilen schrie ein Verkäufer zum wohl hundertsten Mal: »Softpaper, Softpaper, Softpaper.« Sogar das Klopapier wird dem Reisenden im indischen Zug bis zum Sitzplatz gebracht, was den riesigen Vorteil hat, dass man in aller Öffentlichkeit entscheiden darf, wie viel Kilo Papier man für seinen Gang zur Toilette braucht. Und dann darf man anstehen mit der Rolle unter dem Arm. Erinnert stark an alte Campingzeiten. Da es in Indien auch keine vernünftigen Papiertaschentücher gibt, man sich also in einem »Tempo«-freien Land befindet, wird das Toilettenpapier auch sehr gern kosmetisch eingesetzt und für all das, was man eventuell so aus der Nase holt. Mein Nachbar kam allerdings ohne »Softpaper« aus. Noch immer plagte mich die Frage, die ich einfach nicht aus dem Kopf bekam. Wo zum Teufel hatte er den Popel hingeschmiert?

Fast ist es schade, dass man bei so vielen Erlebnissen irgendwann einmal auch mit der indischen Staatsbahn an seinem Zielort ankommt. Der Geschäftsmann zu meiner Rechten verabschiedete sich freundlich von mir und vergaß auch nicht zu fragen, ob er mir noch in irgendeiner Form behilflich sein könnte. Mein Nachbar auf der anderen Seite sprach auch nach fünf Stunden gemeinsamer Bahnfahrt nichts mit mir, sein Abschiedsgruß bestand folgerichtig darin, ruckartig seinen krummen Zeh aus meinem Hüftfleisch zu ziehen und mich dabei ziemlich streng anzuschauen. Sein Empfangskomitee kam in den Zug gestürmt, was gegen den Strom der aussteigenden Passagiere gar nicht so einfach war, aber mit der richtigen Portion Oberkastenarroganz und Rücksichtslosigkeit locker geschafft wurde. Er wurde aus dem Zug eskortiert, und viele helfende Hände schafften sein gesamtes Hab und Gut nach draußen. Nur etwas blieb zurück, ein fetter glänzender Popel an der linken Seite seiner Sitzlehne. Der Detektiv in mir hatte seine Leiche gefunden.

Woher wusste ich, dass mein Nachbar ein Brahmane und somit ein Angehöriger der höchsten Kaste war? Ich ahnte es – und als er für einen Moment Richtung Toilette verschwand, bestätigte es der Geschäftsmann neben mir. Kopfschüttelnd meinte er, dass sich nur die oberen Kasten auf diese Art und Weise benehmen würden, und niemand wirklich etwas dagegen tut. Auf meine Nachfrage, wie man denn nun einen Brahmanen äußerlich von Angehörigen anderer Kasten unterscheiden könne, kam die Antwort prompt und ließ auch keinen Widerspruch zu: »Wir Inder sehen und erkennen das!«

Hunderte von Affen warteten am Bahnhof von Haridwar auf uns Neuankömmlinge. Die bekannte Pilgerstätte gilt als eine der sieben heiligen Städte am Ganges. *Mata Ganga* nennen die Inder den großen Fluss, übersetzt heißt dies wohl »heilige Mutter Ganges«. Für die indischen Gläubigen ist dieser Fluss der Inbegriff aller göttlichen Energie. Ein Bad im Ganges kann Wunder bewirken und sogar das unveränderbare Karma verändern.

Ich habe es aber erst gar nicht versucht. Warum auch? So schlecht war mein absehbares Karma für die bevorstehenden Tage in den Bergen ja nicht, dass ich hätte etwas verändern wollen. Auf mich wartete ein Fahrer, der mich mit einem Jeep direkt in das gerade eröffnete Ananda Spa Resort hoch über dem heiligen Fluss bringen sollte. Fünf frische Hotelsterne und der diskrete Luxus vieler dienstbarer Geister sollten meine Erholung in den Bergen sicherstellen. In diesem Augenblick scherte mich der Gegensatz von Arm und Reich überhaupt nicht mehr. Hauptsache, man war auf der richtigen Seite des Ufers und mit Privilegien ausgestattet. Wenn man erst einmal im weißen Damast ausgeschlafen, an einem reich gedeckten Tisch gut gefrühstückt und danach noch eine wohltuende Massage genossen hat, dann war immer noch genügend Zeit für das soziale Gewissen und etwas Scham. Erst einmal war ich froh, dass ich den Affen heil und unbeklaut entkam, war zuversichtlich, dass ein angenehmes Hotelzimmer auf mich wartete und sehr dankbar, dass mein Fahrer kein Brahmane war und während der einstündigen Fahrt hinauf in die Berge fröhlich über Gott und die Welt plauderte. Mit seinen Fingern konzentrierte er sich voll und ganz auf das Steuern seines Fahrzeugs und blieb den Nasenlöchern fern. Auch gut!

Wie hat es Wolfgang Büscher in seinen »Asiatischen Absencen« ausgedrückt? Indien ist »ein Land voller Götter, ihnen auszuweichen war unmöglich, die Luft war erfüllt von Opferrauch und Devotion; ein indischer Atemzug enthielt mehr Religion als ein ganzer deutscher Advent.« Hier oben im Norden sind die Atemzüge noch inbrünstiger und noch religiöser als im ganzen restlichen Teil des indischen Subkontinents. Haridwar und vor allem Rishikesh sind Ausgangsorte für eine Pilgerfahrt zur Gangesquelle, aber die beiden berühmten Städte, von denen man Traumblicke auf die Schneeberge des Himalaja hat, sind viel mehr als das. Wenn Indien ein Körper wäre, befände sich an diesem Platz das Herz. Oder besser die Seele. Vielleicht beides. Hier trifft man mehr Sadhus, Wandermönche, Yogis und Asketen als sonst irgendwo in Indien, hier gibt es unzählige Ashrams und Meditationszentren, Rishikesh bezeichnet sich selbst als »Yoga-Hauptstadt der Welt«. Das ganze Jahr hindurch kommen Suchende und wohl auch Verwirrte aus der ganzen Welt nach Rishikesh, um in den Ausbildungsstätten zu beiden Seiten des heiligen Flusses Yoga und transzendentale Meditation zu erlernen. In den sechziger Jahren waren auch die Beatles hier und suchten die Erleuchtung. Als Erster gab Ringo Starr auf. Er fand die Gespräche mit den Gurus langweilig und meinte nach elf Tagen lapidar: »It‘s just stupid. I‘m leaving!«

Haridwar und Rishikesh sind eigentlich streng vegetarische Zone, vielleicht ließ auch dieser Umstand den Schlagzeuger der Beatles die Flucht ergreifen. Schon ein einfaches Omelett gilt als sündige Mahlzeit. Aber hoch oben über Rishikesh und dem Ganges im luxuriösen Ananda Spa Resort sieht man das aus durchaus nachvollziehbaren Gründen entspannter, jeder Gast isst, was er mag, Hauptsache, er zahlt. Der Hotelgast hat es in der eigenen Hand, wann und wie er sich der Erleuchtung nähert. Man kann unter Anleitung Yoga versuchen, man kann meditieren oder man kann sich im Liegestuhl suhlen und so tun, als ob man meditiert. Ist ja egal, für was man bezahlt. Und wenn man viel bezahlen will, lässt man sich ayurvedisch untersuchen und beraten. Es wird nach sorgenfaltenbegleiteter Konsultation eigentlich bei jedem Hotelgast festgestellt, dass er die teuerste Ölmassage aus dem Programmangebot des Spas buchen sollte. Ansonsten wäre Genesung mit nachfolgender Erleuchtung stark gefährdet. Genauso wie die ertragsorientierten Kalkulationen des Hotelmanagements.

Auch ich hopste mit Begeisterung in einen schmalen ausgehöhlten Baumstamm, ließ mich vollständig mit Öl übergießen und danach von vier zarten, aber wohl auch sehr unerfahrenen Händen volle zwei Stunden massieren. Es war durchaus nicht unangenehm, aber meine Rückenprobleme blieben dieselben und Erkenntnis hatte ich eigentlich nur eine, wie mir auf dem Rückweg in mein Zimmer klar wurde. Wenn jetzt jemand meinen öldurchtränkten Körper mit einer Kerze anzünden würde, wäre die ganze Hotelanlage erleuchtet. Aber das wäre es dann wohl auch zum Thema große innere Erleuchtung. Das Massageritual hatte mich glitschiger gemacht, aber bestimmt nicht weiser.

Die meisten Gäste in der Anlage waren aus Europa und weiblich. Sie waren alle auf der Suche, aber ob es dabei immer um Erleuchtung ging, hätte ich nicht beschwören wollen. Die Schönheitsbehandlungen waren über Tage ausgebucht, und ob viele der hier herumirrenden Trümmerhaufen in meinen schmalen Beölungsbaumstamm gepasst haben, war auch stark zu bezweifeln. Ich nahm mir vor, die Massageabteilung einmal zu fragen, ob es auch einen ausgehöhlten Mammutbaumstamm für Fette auf dem harten Weg zur Erleuchtung gibt.

Eine solche übergewichtige deutsche Erleuchtungsgranate stand schließlich auch am Frühstücksbüfett vor mir, an der Eierstation, und gab mir eines dieser Sinn spendenden Erlebnisse, für die man doch so gerne reist und unterwegs ist. Die Dame hatte schätzungsweise knappe hundert Kilo Lebendgewicht und versuchte wahrscheinlich gerade hier im Luxusressort davon ungefähr fünfzig Kilo wegzumeditieren. Mit den Portionen, die sie allein an diesem Morgen vom Buffet wegtransportierte und in ihren massigen Leib schaufelte, würde dieses Gewichtreduzierungsvorhaben allerdings hoffnungslos zum Scheitern verurteilt sein. Ich musste wieder an den schmalen Massagebaumstamm denken. Da würde nicht einmal ein Schenkel von diesem grell geschminkten Fleischberg hineinpassen.

Die traditionelle indische Medizin lehrt, dass Nahrung ein Heilmittel sein kann. Neben ausgewogenen Körperübungen, wie sie zum Beispiel im Yoga betrieben werden, und einer positiven geistigen Einstellung, wie sie durch Meditation angestrebt wird, bildet gerade in Indien die Nahrung eine weitere große Stütze unserer Gesundheit. Der Koch wird zum Heiler im umfassenden Sinne, und auch im Konzept des Ayurveda wird eine ausgewogene Ernährung angestrebt, die dem Menschen Wohlbefinden und die Konzentration auf die geistige Ebene ermöglichen soll. Die Suche nach der spirituellen Vollkommenheit verträgt sich eben nicht mit einem belasteten Magen.

Die hungrige Frau vor mir suchte allerdings im Moment statt höherer Erkenntnisse eher die Vollkommenheit auf ihrem Frühstücksteller. Sprachlich konnte ich heraushören, dass sie aus Deutschland kam, ihr Englisch war – zurückhaltend formuliert – noch verbesserungswürdig. Aber weder ihr unzulängliches Sprachvermögen noch der ayurvedische Imperativ der asketischen Zurückhaltung konnten sie davon abhalten, allwissend, überheblich und arrogant aufzutreten. Es war der berühmte Elefant im Porzellanladen, aber für diesen Vergleich muss man sich eigentlich bei allen Elefanten dieser Welt entschuldigen. Die Dame forderte das perfekte Frühstück, die Tonne musste gefüllt werden.

Wie schon gesagt, Tatort Eierstation. Alles wird ganz nach individuellem Gästewunsch frisch zubereitet. Es gibt von allem reichlich und nur ein einziges Problem: Man muss sagen, was man will. Der weibliche Yogafeldwebel vor mir wollte drei gewendete Spiegeleier, also einmal kurz umgedreht. Wahrscheinlich wegen möglicher Salmonellengefahr. Ich dachte mir dabei nur, dass die stäbchenförmigen Bakterien doch eine superschnelle Variante zum schlank werden und zu allen vorangegangenen und wohl gründlich misslungenen Diätversuchen wären. Egal, die Matrone wollte die Spiegeleier einmal umgedreht, was in der englischen Sprache entweder »turned over« oder auch etwas geläufiger »eggs over easy« wäre. Die Dame verlangte aber energisch »three eggs oversized«. Drei Eier in Übergröße also. Ihre lautstarke Bestimmtheit ließ keinen Zweifel darüber zu, dass sie immer exakt das will, was sie bestellt.

Der Eiermeister wurde sofort nervös und geriet ins Stocken. Von was sprach dieser Gast? Eine schwierige Situation. Er, der normalerweise souverän seine Eierpfannen schwingt und sich durch nichts aus dem Konzept bringen lässt, versuchte daraufhin, eine vernünftige Alternative anzubieten: »We no have! You want six?« Seine Eier hatten nur Standardgröße, also bot er zum Ausgleich großzügig die doppelte Menge an. Sehr vernünftig, dachte ich.

Die Antwort der Eierbestellerin war jedoch klar und unmissverständlich, fast ein wenig angespannt und ungeduldig: »No, three, oversized!« Aber ein bisschen dalli, dachte sie sich bestimmt noch, war sich dann aber wohl doch zu fein, dies auszusprechen.

Eines wurde allen Anwesenden klar: Dieser weibliche Django wartete nicht gern! Dem armen Frühstückskoch juckten jetzt schon allmählich vor lauter Nervosität die eigenen Eier, die er mit der rechten Hand kräftig nach unten zog. Vielleicht wurden die dann wenigstens größer. Was sollte er tun?

Vor den Augen des verzweifelten Kochs drehte sich lautmalerisch die fleischige Hand der herrischen Dame, die allmählich hyperventilierte und immer lauter schrie: »Oversized!«

Laut schreien macht sich immer gut, vor allem in Asien. Allein durch die Phonstärke könnte ja unverständliches und schlechtes Englisch an Richtigkeit und Kraft gewinnen. In der Zwischenzeit zitterte der Eierinder wie Espenlaub, und die Bestellgouvernante hatte rote Flecken im Gesicht. Ich erbarmte mich, beendete das Eierdrama und klärte den verzweifelten Inder darüber auf, dass die resolute Dame durchaus auch mit drei ganz normal großen Eiern zufrieden wäre und sie diese Durchschnittseier gerne als gewendete Spiegeleier hätte.

Noch nie habe ich einen Koch so zufrieden und glücklich Eier braten sehen. Die Frau würdigte mich keines Blickes. Was popelnde Brahmanen und hektische Matronen doch alles so gemeinsam haben!

Meine Eierintervention brachte mir ganz nebenbei auf Umwegen die Bekanntschaft einiger deutscher Hotelgäste ein, die mich dazu einluden, mit ihnen gemeinsam einen Nachmittagsbummel durch die Ashrams von Rishikesh zu machen. Ich nahm das Angebot gerne an, denn ich wollte etwas mehr von der berühmten Pilgerstadt sehen und freute mich auf den unmittelbaren Kontakt mit den Sadhus und Asketen. Diese heiligen Männer, die sich der materiellen Welt im Regelfall total verweigern, versuchen durch Entsagung und den verschiedensten asketischen Yogaübungen mit den Göttern eins zu werden, was allein mir schon als origineller Gegenentwurf zu überfüllten Frühstückstellern gut gefiel.

Ich wollte mehr über die Lebensentwürfe dieser heiligen Männer erfahren und freute mich auf den Nachmittag in Rishikesh. Schauen, zuhören, erfahren, staunen und darüber berichten wollte ich, so, wie es sich für einen interessierten Reisenden in einem so fremden Land gehört. Aber es kam wieder völlig anders.

Das teutonische Erkundungsgeschwader nahm mich beschützend in seine Mitte und brabbelte mich vom ersten Ashram bis zum letzten Meditationszentrum ohne Punkt und ohne Komma voll. Es ging um Waschpulver, gescheiterte Ehen, um Mineralwasser mit Kohlensäure oder Mineralwasser ohne Kohlensäure, um Blähungen und Völlegefühl, um missratene Kinder und solche, die dem Ideal entsprachen, man redete über Kreuzworträtsel und das schwedische Königshaus – und natürlich über die sensationelle Qualität deutscher Wurstwaren. Und man erzählte mir in epischer Breite, dass irgendein Vorstand eines deutschen Automobilclubs irgendwo vierzig Stundenkilometer zu schnell gefahren ist, und schob sogleich eine intensive ethische Bewertung dieses äußerst unkorrekten und verwerflichen Fahrverhaltens nach.

Auf meine Frage, ob dies in Indien geschehen sei, bekam ich sofort die präzise Antwort: »Nein, auf der Autobahn zwischen Adelzhausen und Odelzhausen ist er geblitzt worden!«

Der Saubär, der elendige, wollte ich am liebsten hinzufügen. Aber warum waren wir eigentlich in Rishikesh? Wieso rannte ich nicht einfach weg und versuchte, diesen spazierenden Klatschreportern zu entkommen? Dann hätte ich mir auch das heitere Kuhzählen ersparen können, wahrscheinlich die liebste Beschäftigung aller Ausländer in den Straßen und Gassen von Indien. Das Nichtverstehen macht Fremde nämlich zu Kuhzählern. Fast alle tun es. Man kaschiert das Unverständnis der indischen Bilder und deren Zusammenhänge mit einem ordentlichen Tagesendergebnis. Indien als Summe von Kühen! In den Wochen einer Reise keine Antworten auf das Warum und Wieso gefunden, aber jeden Tag eine genaue Anzahl von Kühen in Indiens Straßen ermittelt. So etwas beruhigt. Und macht überheblich. Die Kühe werden als Schuldige für alle Probleme des Subkontinents identifiziert. Warum hungern so viele Menschen in Indien? Weil sie ihre heiligen Kühe nicht schlachten. So einfach ist das. Oder eben gar nicht.

Indien entzieht sich dem westlichen Denken. Vielleicht ist das der Grund, wieso man bei einem Spaziergang durch eine indische Stadt über alles Mögliche redet, nur nicht über Indien und das, was man in den Straßen und Gassen sieht und so gar nicht zueinander bringt. Indien ist immer eine Reise in eine ganz andere, für uns Europäer vollkommen unverständliche Welt. Die Sadhus, die an den Einäscherungsstätten am heiligen Ganges aus dem Fluss gefischte Schädeldecken als Bettlerschalen verwenden, sind nur ein über der Wasseroberfläche liegender und damit sichtbarer Teil eines riesigen Eisbergs des Nichtverstehens. Es mag pure Verlegenheit sein, über deutsche Schinkenwurst zu reden, während sich vor unseren Augen ein

Bogen an Bildern entfaltet, die man in kein normales Album einordnen kann.

Für die Rückfahrt nach Neu-Delhi bekam ich eine Reservierung am Fenster, die ich dann doch dankbar und einigermaßen erleichtert akzeptierte. Bequemlichkeit besiegte Wissensdurst. Eine offene Berührungsflanke sollte für diese Fahrt reichen, ich wollte einfach meine Ruhe haben. Der Mittelplatz auf der Hinfahrt hatte mich ja leider auch nicht zum Indienversteher gemacht, die Fragezeichen sind geblieben. Der etwas angenehmere Platz auf der Rückfahrt ließ mich wenigstens durch die verschmierten Scheiben auf das vorbeiziehende Indien schauen. Wo sah ich und wie verstand ich mehr von diesem nicht zu verstehenden Land? Mitten im Zug als genervter Nachbar eines eigenwilligen alten Mannes oder außerhalb des Zuges auf der anderen Seite der Fensterscheibe, wo Siedlungen, Dörfer, Städte und viele alte, neuere und ganz neue Ruinen an mir vorüberzogen?

Nachdem ich eine längere Zeit aus dem Fenster geschaut hatte, ergab sich für mich die Frage, ob ich mehr fertige Häuser oder mehr Baustellen gesehen hatte. Eine recht eigenwillige Antwort fand ich, als ich nach einer Weile des Beobachtens zu lesen begann. Der in Großbritannien lebende, indischstämmige Schriftsteller und Literatur-Nobelpreisträger V. S. Naipaul erkennt in Indien »Ein Land in Aufruhr« und beschreibt in seinem großen Indienporträt genau das, was ich gerade draußen sah: »Wir mussten vorsichtig gehen, uns unseren Weg über aufgebrochene oder unfertige Gehsteige suchen. Nach ebenen oder fertiggestellten Gehsteigen besteht in Indien kein allgemeines Bedürfnis, und die Straße in einer indischen Stadt ist oft wie ein ausgezackter, holpriger, stark geflickter Asphaltpfad zwischen Staubwehen und Dingen, die an der Straße weggeworfen werden und dann liegen bleiben, Dinge wie Sand, Kies, nasser Abfall, trockener Abfall: Nichts sieht je fertig aus, kein Bordstein, keine Mauer, alles ist irgendwie halb im Begriff zu werden oder halb im Begriff kaputtzugehen.«

Naipaul machte seine Beobachtungen vor vielen Jahren, aber hatte sich bis heute im Grundsätzlichen etwas verändert? Nicht wirklich, der Nobelpreisträger des Jahres 2001 kommt auch noch im 21. Jahrhundert in einem gewissen Sinn mit seiner ganz einfachen Straßenbeschreibung einer universellen Erklärung des indischen Phänomens vielleicht näher als so manche wissenschaftliche Forschungsarbeit. Und trotzdem bleiben so viele Fragen und mit jeder Indienreise, die man unternimmt, werden es mehr, nicht weniger. Indien hat tausend Gesichter. Und auch hier gilt: eher mehr, nicht weniger. Mein alter Brahmane im Zug war nur ein einziges dieser vielen Gesichter – und wohl ein ganz spezielles obendrein. Ob alle älteren Brahmanen so streng mit ihrer jüngeren Umgebung sind? Ich weiß es nicht, aber ich glaube schon, dass es nettere und umgänglichere Ausgaben dieser höchsten hinduistischen Kaste gibt. Der neben mir war eben rein zufällig ein finsterer Schweiger mit viel Gepäck und großem Hunger, der gerne mit vier Fingern gleichzeitig in der Nase bohrte, verzweifelt Marmeladepackungen attackierte und ansonsten eben etwas griesgrämig schwieg. Schade eigentlich, ich hätte so viele Fragen gehabt. Es war wohl schlechtes Karma meinerseits, dass der Brahmane nicht mit mir reden wollte. Ob er die Antworten auf all meine Fragen gewusst hätte?

Eine Antwort wäre wohl immer wieder aufgetaucht, aber die kennen wir ja schon seit Indira Gandhi: »Indien ist anders!«

Und das stimmt auf jeden Fall. Keine Frage.

»Reisen ist Leben und Leben ist Reisen.«

Jean Paul (1793-1825)

SCHLANGENFRESSER UND SCHWARZE HÜHNER

TAIPEI - TAIWAN / REPUBLIK CHINA

April

Ja, was jetzt? Taipei, Taipeh oder Taibei? Republik China oder doch einfach Taiwan? Alternativ vielleicht sogar ganz schlimm: *Autonome Sonderverwaltungszone der Volksrepublik China* gar? Um aller Ahnen willen, bloß das nicht. Ein China oder doch zwei China? Wie geht eigentlich die Mehrzahl von China? Weiß man in der Welt überhaupt, wo dieses Land oder dieser kleine Teil eines großen Landes geografisch gesehen liegt und was die jungen Bewohner der Insel Taiwan von der Welt und von sich selbst erwarten? Gibt es gute Gründe, einen gewissen Anteil seiner knapp bemessenen Lebensreisezeit der »Ilha Formosa« zu widmen? Haben die portugiesischen Entdecker in der Tat eine wunderbare Insel gefunden? Was ist daraus geworden?

Oder anders herum gefragt: Was soll man bloß in Taiwan?

Sagen wir es einmal so. Taiwan geht es so ähnlich. So ähnlich wie Deckenpfronn, von dem auch niemand sagen kann, wo es denn liegt. So ähnlich wie dem Ruhrgebiet, von dem man eigentlich keine Ahnung hat und deshalb auch nicht weiß, warum man dorthin reisen sollte. So ähnlich wie einem zentralafrikanischen Staat, von dem man zwar schon einmal gehört, aber nicht den blassesten Schimmer hat, wie man denn dorthin kommt. So ähnlich wie einem Lichtjahre entfernten Sonnensystem, von dem niemand behaupten kann zu wissen, was das in Wirklichkeit überhaupt ist und ob es denn tatsächlich existiert. Taiwan geht es viel zu ähnlich. Man sucht es auf der Weltkarte erst gar nicht.

Aber Taiwan ist sehr wohl eine Suche und eine Reise wert. Der Spaß fängt in der Regel schon bei der Planung an. Man erzählt den lieben Mitmenschen zu Hause, dass man eine Reise nach Taiwan machen wird. Sofort hat man Familie, Freundeskreis und gegebenenfalls die gesamte Menschheit in zwei ziemlich gleich große Hälften gespalten. Die vermeintlich Blöderen fragen: »Wohin?« Und vermuten einen Hörfehler und Thailand als touristisch durchaus lohnende Destination der Reise.

Die anderen, die offensichtlich Gescheiteren, wollen dagegen wissen: »Warum?« Und glauben, auch dann die ganze

Welt zu kennen, wenn sie die Fluchtburg Tschiang Kai-sheks nicht gesehen haben.

Nun gut, versuchen wir einmal, Vorurteilen zu begegnen und gute Gründe für eine Reise nach Taiwan zu finden. Ich beispielsweise reise gerne in Städte, in denen es kein Wetter gibt. Das hat zwar den kleinen Nachteil, dass man dort nie aufwacht, den Vorhang zur Seite zieht, aus dem Fenster schaut und denkt: »Mensch, tolles Wetter, blauer Himmel und die Sonne scheint!« Es hat aber den viel größeren Vorteil, dass man nie schlechtes Wetter hat, denn wer kein Wetter hat, kann ja auch kein schlechtes haben. Alles klar? Laut dem berühmtesten Nachrichtensender der Welt, CNN, hat Taipei kein Wetter. Die Millionenmetropole kommt jedenfalls im Weltwetterbericht des Senders niemals vor. Dafür, dass es kein Wetter hat, regnet es aber ziemlich häufig in Taipei und oft auch nervig lang. Wer an »Regen bringt Segen« glaubt, ist in Taipei genau richtig, er darf in den meisten Monaten auf reichlich Segen hoffen.

Aber es gibt noch viel mehr, was eine Reise nach Taipei ausgesprochen erstrebenswert macht. Bevor wir die wichtigen Sehenswürdigkeiten aus den aktuellen Reiseführern zitieren, wenden wir uns doch erst einmal den häufig unterschlagenen Besonderheiten zu, die Taiwan zu einem höchst seltenen Gewächs in unserem Reiseherbarium machen könnten. Zum Beispiel den Müllwagen, die Tag und Nacht unterwegs sind und sich mit grausamen Melodien, schauriger Trötmusik und ohrenfeindlicher Lautstärke zu erkennen geben. Da gibt es aus Gründen der effektiven Müllentsorgung an jeder Ecke der Stadt ganz schön was auf die Ohren. Einmalig und in dieser krassen Form so nur auf Taiwan zu erleben.

In die Nase gibt es auch etwas. Fast an jeder Ecke findet man Chou Doufu, eine Spezialität für alle, die glauben, Doufu oder Sojabohnenkäse würden nie nach etwas schmecken oder riechen. Schon richtig, Chou Doufu riecht nicht – er stinkt und zwar brutal. Eigentlich ist dieser mit einer Gemüse- und Fischlake behandelte Bohnenquark eine gesamtchinesische Spezialität, aber nirgends kommt er so häufig vor und stinkt so bestialisch wie in Taipei. Man isst das Geruchsmonster mit etwas Sojasoße oder eben gar nicht. Man liebt es oder man hasst es, die Belästigung der Nase aber ist für alle unvermeidbar.

Wenn man als Fußgänger die scharfen Geruchsschwaden der stinkenden Käsewürfel überlebt, erhält man einen weiteren taiwanesischen Superlativ unter die Fußsohlen gelegt. Auf fünfhundert Metern Gehweg bekommt man in dieser doch eigentlich modernen Stadt ungefähr vierzig verschiedene Beläge auf schätzungsweise dreißig verschiedenen Höhen mit gefühlten hundert verschiedenen Arten, diese unterschiedlichen Höhen miteinander zu verbinden. Damit es für den Stadtwanderer nicht langweilig wird, ist die eine Hälfte der Beläge glatt und abschüssig, was bei Regen viel Spaß erzeugt. Die andere Hälfte ist mit Löchern und schrägen Gullydeckeln versehen, was den Spaziergang zu einem heiteren Parcourslaufen macht. Auf allen Gehwegen stehen dann neben den unverzichtbaren Hausaltären auch noch rote Öfen zum Verbrennen von Himmelsgeld und überall Mopeds kreuz und quer in der Gegend herum. Da geht man gerne spazieren, vor allem nachts.

Eine der berühmtesten Sehenswürdigkeiten von Taipei ist der Longshan Tempel und der zwei Straßen weiter zu findende Huaxi Touristennachtmarkt. Man kann die Gegend in drei Bereiche unterteilen. Der eine Abschnitt ist für die etwas empfindlicheren Gemüter, quasi die Weicheier, ein weiterer Teil ist für die etwas abgebrühteren Entdecker und der schlimmste für die ganz harten Besucher. In den harmlosen Straßen kann man Souvenirs kaufen und am Straßenrand eine Kleinigkeit essen. Im zweiten Teil müssen Schildkröten und Schlangen einen ebenso sinnlosen wie grausamen Tod sterben, um die obskuren Bedürfnisse von beknallten Schlangenfressern zu befriedigen. Die dunkle Nacht ist dann die richtige Zeit, um den etwas verborgener liegenden Teil drei zu erobern und durch die Bordellgassen des Schlangenmarktes zu gehen. Die erwünschte Wirkung des frisch getrunkenen Schlangenbluts muss ja abgeprüft und der erhoffte Effekt kanalisiert werden.

Nun sollte man in der ganzen Welt die Gebiete des horizontalen Gewerbes bevorzugt in den späten Abendstunden erkunden, aber in Taipei ist diese Regel ganz besonders penibel einzuhalten, wenn man auch nur ansatzweise verstehen will, was hier passiert. Die Straßen sehen tagsüber aus wie die Ruinen der Menschheit nach dem Weltuntergang. Bei Dunkelheit findet dieser Weltuntergang abends täglich live und wahrhaftig statt. Da geht alles unter: der menschliche Verstand, das mindeste Hygienebewusstsein, die Umgangsformen, der gegenseitige Respekt und vor allem die Würde des Menschen. Die versifften Bretterbuden sind natürlich offiziell keine Freudenhäuser, sondern elegante Teestuben, rustikale Bierkneipen, zum Singen animierende Karaokeclubs oder Ähnliches. Tatsächlich hört man auch den einen oder anderen sturzbetrunkenen Schlangenfresser grausam falsch in ein quietschendes Mikrofon grunzen. So eine erbärmliche Jodelvorstellung passt eigentlich nur noch in ein musikverachtendes Gesangspanoptikum. Um den Rest in dieser vermeintlichen Teehausstraße mitzumachen oder auch nur zu ertragen, muss man sich vorher allerdings wohl mindestens 3,8 Alkoholpromille ins Blut ballern. Und sieben Liter Schlangenblut auf ex und hopp weggedonnert haben. Oder so ähnlich.

Das berühmte frische Schlangenblut wird mit Schnaps und Galle getrunken. Es soll nach asiatischen Vorstellungen die Potenz anregen, lässt aber wohl auch gleichzeitig große Teile des männlichen Gehirns absterben. Anders lassen sich manche Dinge nicht erklären. Was man in Europa den Hühnern durch straffere Tierhaltungsgesetze ersparen möchte, ist hier für den Menschen die Regel. Die Prostituierten warten wie Hühner auf der Stange, und der bezahlte Verkehr findet in Käfigbatterien statt. So grausam sieht man es selten auf der Welt. Es ist wie auf einer Geisterbahn ohne Schienen. Dabei wäre es so einfach. Man könnte die Schlangen leben lassen, niemand müsste sich überwinden, frisches Schlangenblut zu trinken, und den Rest würde man dann ja wahrscheinlich auch nicht mehr brauchen. Taipei hätte eine sehr bekannte Attraktion weniger und wäre attraktiver. Nicht nur für Schlangen. Klingt komisch, ist aber so.

Ich will es nicht vergessen. Wenn man den wirklich nicht besonders schönen, aber in der Welt so berühmten Huaxi Nachtmarkt fast bis zum Ende durchläuft, dann gibt es auf der linken Seite ein kleines Open Air Teppanyaki Restaurant. Restaurant ist vielleicht zu viel gesagt, es gibt ungefähr zehn Sitzplätze an der heißen Platte. Alles ganz unspektakulär und sehr sauber. Es gibt Huhn, Rind, Schwein, Fisch, Gemüse und andere Normalitäten frisch auf der heißen Platte zubereitet, und weit und breit keine Schlange. Man kann mit Händen und Füßen bestellen, aber es existiert sogar auch eine englische Speisekarte. Ohne einen Fehler. Hat die Tochter des Besitzers gemacht. Sie arbeitet als Stewardess bei Eva Air. Das Restaurant existiert seit mehr als zehn Jahren an dieser Stelle, und wenn einem das unappetitliche Vorprogramm auf dem Schlangenmarkt noch nicht den Hunger genommen hat, kann man dort richtig frisch, sauber und gut essen.

Essen ist überhaupt für viele ein herausragender Grund, nach Taiwan zu kommen. Man sollte vielleicht hinzufügen: ganz besonders für viele Chinesen, Japaner und andere Nationalitäten, die durch ihre engeren Augenschlitze anders auf die Welt, ihre Teller und darüber hinaus auf ihren eigenen Körpermittelpunkt schauen. Gutes Essen, Gesundheit und die Manneskraft bedingen sich gegenseitig, viele Restaurants sind gleichzeitig Delikatessengeschäft, Apotheke und Tierpanoptikum. Asiaten essen in der Regel und im Gegensatz zum Rest der Welt mit Stäbchen, aber auch sonst etwas anders. Vielfältig muss es sein, und je eigenartiger das Tier auf dem Teller, desto besser scheint es zu munden. Egal, ob Gemüse, Früchte, Fisch oder eben erst recht Tier, so richtig zu schmecken scheint es nur, wenn es selten oder teuer ist und am besten vom Aussterben bedroht. Und wenn es dann noch gut ist oder besser gesagt, man daran glaubt, dass es gut ist für eine wie auch immer geartete Steigerung der sexuellen Leistungsfähigkeit des doch so sehr libidobeherrschten Mannes, umso besser. Für den Mann, eventuell für die Frau, ganz bestimmt nicht für das Tier. Man isst in China, um satt zu werden, aber auch, um gesund zu bleiben, für ein gutes Omen und immer wieder auch, um Männerkräfte zu stärken. Wieso chinesische Frauen essen, weiß ich nicht so genau, wahrscheinlich einfach nur, weil sie hungrig sind. Männer scheinen immer auf die potenzsteigernde Wirkung der Nahrungsaufnahme zu schielen. Ob all diese geheimen Rezepte und die teilweise grauslichen Sexdiäten auch zum gewünschten Ergebnis führen oder ob alle Chinesen in dieser Hinsicht einfach spinnen, vermag ich nicht zu beurteilen. Aber ich habe einen Verdacht: Sie spinnen einfach! Jedenfalls beim Thema der Stärkung von Manneskräften. Gerüchten zufolge verbünden sich im Moment alle Nashörner der Welt in einem Tiererhaltungskomitee mit den Schlangen und den Haien, um einen Vernichtungsfeldzug gegen alle impotenten asiatischen Schlangenfresser und Gourmetidioten zu organisieren.

Europäer haben mit dieser Art des Essens ihre Probleme. Der Schlangenmarkt in Taipei ist ein Touristenziel, das bei Besuchern von außerhalb Asiens zwiespältige Gefühle erzeugt. Oder reine Ablehnung hervorruft. Die meisten Schlangen und Schildkröten entkommen in der Zwischenzeit den Marktschreiern von Huaxi, da auch die Stadtregierung den zweifelhaften Werbeeffekt gequälter Schlangen bemerkt hat. Die Tiere, die es immer noch erwischt, sterben einen öffentlich beglotzten und qualvollen Tod. Pochendes Herz, warmes Blut und bittere Galle verschwinden in den sabbernden Schlünden von fickbereiten alten Säcken. Und jungen Ichtumalsowieeinalter Sack-Typen, die sich für keine wichtigtuerische Aktion zu blöde sind. Oder handelt es sich etwa nur um Mutproben von chinesischen Kegelclubausflügen? Wer von uns konsterniert zuschauenden Europäern weiß das schon so genau? Sinnlos ist es allemal.

Eines steht aber fest. Trotz der geschilderten Absurditäten ist Taiwan auch für Europäer ein Feinschmeckerparadies, das locker mit Paris oder Hongkong mithalten kann. Wenn man bereit ist, Sprachbarrieren zu überwinden. Englische Sprachkenntnisse sind in Taipei genauso weit verbreitet wie Mongolisch im Schwarzwald. Wenn man den Schlangenmarkt einmal hinter sich gelassen hat, dann sieht alles so lecker aus, man bekommt automatisch Appetit, aber man kann eigentlich nichts wirklich identifizieren, selbst italienische Gerichte sehen ein wenig aus wie das Chop Suey beim Chinesen in Wanne-Eickel. Ein klärendes Gespräch ist nicht möglich, kaum einer spricht Englisch. Es gibt nirgends auf der Welt so viele einladende Restaurants wie in Taipei, und man bekommt nichts, weil einen keiner versteht. Der Hungertod ist schlimm. Wenn es nichts zu essen gibt. Aber wenn einem die gebratenen Tauben am Mund vorbeifliegen und man zu blöd ist, sie zu schnappen, dann ist es besonders schlimm.

Man kann aber beim Essen die Konfrontation mit der chinesischen Sprache vermeiden. Wenn man das berühmte Din Tai Fung in der Xinyi Straße sucht und auf der gegenüberliegenden Straßenseite läuft, dann hat man es in dem Moment gefunden, wenn auf der anderen Seite ein Menschenpulk zu sehen ist, den es normalerweise nur gibt, wenn Barack Obama eine öffentliche Ansprache hält. Das Din Tai Fung hat viele Zweigstellen in ganz Asien, was einen aber ebenso wenig davon abhalten sollte, hier in der Xinyi Straße zu essen, wie der unglaubliche Menschenauflauf vor dem Restaurant. Man pirscht sich vorsichtig an den Pulk heran und bekommt von Kellnern mitten auf der Straße bereits eine bebilderte Speisekarte gereicht. Diese Bedienungsvorhut sagt einem – bei Schlechtwetter auch mitten im strömenden Regen unter einem Regenschirm geduckt – sehr freundlich, aber bestimmt, dass man 1) alle Speisen draußen fest bestellen muss, 2) drinnen nichts mehr ändern kann, 3) ungefähr eine Stunde zwanzig Minuten auf einen Tisch warten wird, 4) allein an einem Tisch gar nicht so richtig chinesisch essen kann, 5) den Empfehlungen des Hauses am besten nachkommt und so bestellt, wie der Küchenchef es gerne hätte und 6) ja nicht so blöd rummachen soll, schließlich wäre ja Nachmittagszeit, zur Lunchzeit würde man über zwei Stunden warten. Wenn man Glück hat.

Also bestellt man auf der Straße. Im Regen. Zwischen gefühlten dreihundert ankommenden und wegfahrenden Mopeds. Man ordert fast ausschließlich in Teig gefüllte Dinge, Maultaschen, Jiaozi, Kleine-Drachen-Taschen, alles gedämpft oder gebraten, trocken oder mit Soße – oder auch alles in einer Suppe. Man bekommt eine Nummer zugeordnet, kann also die Wartezeit mit spazieren, einkaufen oder der Suche nach einem schnelleren Restaurant verbringen.

Wenn es dann so weit ist und man Pech hat, muss man zum Essen in den fünften Stock hinauf. Es gibt keinen Aufzug und das Treppenhaus dieses berühmten Restaurants ist eng, verdammt eng und richtig steil. Und alle sind sie auf der Treppe unterwegs. Hungrige Gäste, die kommen, satte Gäste, die gehen, Kellner, Köche und Geschirrspüler. Alles Menschen, nicht Maschinen. Die würden nicht in dieses enge Kaminloch passen. Apropos Kamin. Lohnt es sich, darüber nachzudenken, was hier los ist, wenn ein Feuer ausbricht? Nein, das Essen ist das Risiko des Feuertods mehr als wert. Maultaschen in einer Qualität, einer Auswahl, einer Schönheit und einem so wunderbaren Geschmack mit genau der richtigen Konsistenz, dass man sich im Teigtaschenparadies wähnt und diesen so wichtigen Teil der chinesischen Speisekarte nur noch hier im Din Tai Fung in Taipei essen möchte. Und da ich als Stuttgarter aus der vermeintlichen Weltzentrale der Maultaschen komme, glauben sie es mir einfach. Verlassen sie Taiwan nicht, ohne Teigtaschen der hiesigen Art probiert zu haben.

Es gibt ebenfalls Abreiseverbot für alle, die keine klassische chinesisch-taiwanesische Rindfleischnudelsuppe mit Stäbchen geschlürft haben. Es gibt so viele gute Plätze, dass man sich besondere Empfehlungen eigentlich sparen kann. Old Chang Sichuan Style Beef Noodles wäre ein solch unnötiger Tipp, aber man darf ruhig auch der eigenen Nase folgen und rustikalere Optionen wählen. Es ist mit umgerechnet ungefähr zwei bis vier Euro so preiswert, dass man einen eventuellen Flop gut verkraften kann. Man sollte allerdings wissen, dass das Rindfleisch sehr oft mit Sehnen und viel Fett in der Suppe schwimmt. Viele Chinesen mögen es so, wem es nicht gefällt, der legt das Fleisch einfach zur Seite. Es kommt in erster Linie auf den Geschmack der Brühe an. Und noch ein Ratschlag für ungeübte Stäbchendilettanten: Ziehen sie vorher kein frisches Hemd an und sicherheitshalber auch keine helle Hose. Dann können sie sorgenfrei schlürfen und genießen. Lange Nudeln stehen für langes Leben.

Eine weitere Spezialität, die man in guter Qualität fast nur auf Taiwan findet, ist die chinesische Spielart des mongolischen Essens. Es gibt einige sogenannte Menggu Kaorou Restaurants in der Stadt, die alle ähnlich aussehen. Man geht am Eingang oder auf der Treppe zum Restaurant über einen Teppich, der den Eindruck erweckt, dass Generationen von Kellnern gestolpert wären und alle Grundzutaten der mongolischen Küche über der hochflorigen Auslegeware verschüttet hätten. Die zahllosen Gäste haben der Sojasoße, dem Speiseöl und den anderen Schmierstoffen noch den Straßendreck hinzugefügt und mit ihren Schuhen einen ranzigen Laufgrund festgetrampelt, der kaum noch an einen Teppich erinnert und die erfolgreichen Jahrzehnte des Restaurants bewahrt und dokumentiert. Ab und zu einen neuen Teppich zu verlegen, wäre wohl Ahnenschändung. Gerüchten zufolge müssen immer wieder Gäste von mongolischen BBQ-Restaurants mit der Seilwinde vom Teppich geholt werden. Manche hungrigen Besucher steigen auch aus den festgeklebten Schuhen aus und essen barfuß. Die neuen Restaurants verzichten wohlweislich auf Teppich, dort klebt man dann mit den Schuhen eben direkt auf dem Stein fest. Vielleicht ist das zumindest hygienischer, wer weiß?

In der Küche und an den speziellen Bratstationen sieht es nicht viel besser aus. Der Anblick des Bodens lässt das Gefühl aufkommen, ein voll mit Sojaöl beladener Tanklastzug wäre hier vor schätzungsweise fünfzig Jahren mitten in der Küche mit einem Knoblauch-Chili-Traktor zusammengeprallt, und das Blut der unschuldigen Opfer würde bis zum heutigen Tage konserviert in der scharfen Würzlake schwimmen. Von einem so komponierten Hausdressing zu sprechen, wäre wohl perfide. Aber irgendwie auch naheliegend. Die Beschreibung der Ventilatoren ersparen wir uns. Nur so viel: Sie können für Archäologen später einmal sehr wichtig sein. Welches Öl hat man in der Qing-Dynastie verwendet und wie haben sich die Bratfette im Verlauf der letzten hundert Jahre verändert? Honigschlaufen zum Fliegen fangen braucht man hier nicht, die ungeliebten Brummer verenden alle im ranzigen Fett eines sich schon lange nicht mehr drehenden Propellers. Manche Insektenleiche hängt da wohl schon seit der Erfindung des Ventilators.

Nein, mongolische Restaurants wären kein guter Platz für eine Stichprobe durch ein deutsches Gewerbeaufsichtsamt, aber die Vielfalt der Zusammenstellungsmöglichkeiten, der Spaß an der spektakulären Zubereitung und der tolle Geschmack des Essens lassen auch den europäischen Gast bezüglich der Sauberkeit sehr tolerant werden. Da man sich alle Zutaten selbst roh zusammenstellt, weiß man genau, was man später in der Schüssel hat. Man glaubt jedenfalls, es zu wissen, und das tut Nichtasiaten schon sehr gut. Es schmeckt ausgezeichnet, man isst im Regelfall zu viel, und wenn noch ein paar Schnäpse dazu kommen, kann es auch passieren, dass man barfuß nach Hause geht. Die Schuhe bleiben im Schmiersumpf eines Sojapersers stecken. Die mongolische Variante des »Hollywood Walk of Fame«.

Essen scheint für die Bürger der Republik China so etwas wie eine Kompensationsbedeutung für die fehlende Weltgeltung ihres Staates zu haben. Man hat zwar keinen Sitz in der UNO, kein Veto im Sicherheitsrat und findet so gut wie keine Botschaften in Taipei, dafür aber sind alle Küchen Asiens auf das Beste vertreten – und auch westliche Restaurants mannigfaltig präsent. Taiwan vertritt und repräsentiert China nach außen in seiner ganzen Geschmacksvielfalt. Küchendiplomatie sozusagen. Ob Kanton, Shanghai, Sichuan oder Hunan, jede besondere Küchenregion Chinas ist in Taiwan zu erleben und zu genießen. Wenn man das altehrwürdige Celestial-Restaurant für die Pekingküche hervorhebt, tut man den anderen Entenrestaurants fast unrecht.

Aber so gut die chinesischen und die anderen asiatischen Restaurants in Taipei auch sein mögen, der Besuch einiger Nachtmärkte und das Ausprobieren der verschiedenen Garküchen, Obststände, Suppenstationen, Grillbuden und anderer Fressplätze ist unumgänglich. Taipei ist die Heimat des Nachtmarkts. Wenn man auf die Idee eines täglichen Nachtmarkts ein Patent oder Gebrauchsmusterschutz anmelden könnte, die Taiwanesen würde es bestimmt tun. Bei Auslandsreisen haben sie oft Heimweh. Auf die Frage, was sie am meisten vermissen, antworten sie fast immer mit einem sehnsüchtigen Seufzer und betonen, dass ihnen ganz besonders der Nachtmarkt fehlt. Früchte zum Beispiel werden immer mundgerecht angeboten, nach einiger Zeit in Taipei vergisst man völlig, dass man Obst normalerweise schälen muss. Eigentlich hat jedes noch so kleine Stadtviertel seine eigene nächtliche Fressmeile, und je weiter man in die Vorstädte kommt, desto uriger wird das Angebot. Für einen Europäer aber ist jeder Nachtmarkt in Taipei ein exotisches Erlebnis, bei dem man auch ohne Sprachkenntnisse satt wird. Wenn man Mut hat. Man deutet einfach auf das, was einem lecker auszusehen scheint, bekommt dann das daneben und hat nicht den Hauch einer Ahnung, was man gerade in der Hand hält und eigentlich in den Mund schieben soll. Hier genau beginnt das taiwanesische Abenteuer. Das weltberühmte Palastmuseum oder die lebendigen Nachtmärkte, man weiß nicht genau, welches die wahre Hauptsehenswürdigkeit von Taipei ist. Es kommt wohl auf den Hunger an.

Die Nachtmärkte gab es schon immer und während meiner Studienzeit auf Taiwan ersetzten sie nach und nach die Mensa und auch den Hörsaal, denn auf dem Nachtmarkt lernte man mehr über Schrift, Sprache und Menschen als an der Universität. War man beim ersten Nachtmarktbesuch noch konsterniert von der oft unidentifizierbaren Fremdheit des Speisenangebots, so wurde im Lauf der Jahre und der wachsenden Erfahrung aus der vorsichtigen Zurückhaltung ein uneingeschränkter Enthusiasmus für die Vielfältigkeit und die Frische der abendlichen Essensmöglichkeiten. Die Begeisterung für die nächtlichen Fressgassen erstreckt sich im Übrigen durchaus auch auf die Sauberkeit der Stände und ganz bestimmt auch auf die mehr als erschwinglichen Preise. Es war und ist ein Gourmeteldorado für arme Studenten, aber auch für mittellose Schriftsteller. Und für sonst alle, die gerne Essen gehen und einfach nicht so viel Geld zur Verfügung haben. Ob es meinen ersten alten Nachtmarkt von damals noch gibt? Wie sieht es nach fünfundzwanzig Jahren dort an der Peripherie von Taipei heute aus?

Es zieht mich wieder an meine alte Universität zurück. Ich suche im Stadtzentrum von Taipei den Linienbus, der Richtung Xinzhuang fährt und mich zur katholischen Furen Universität bringen soll. Mein Chinesisch ist gerade noch stabil genug, um die Fahrpläne am Straßenrand zu entziffern und mich für den 299er zu entscheiden. Trotzdem frage ich sicherheitshalber beim Einsteigen den Fahrer höflich im reinsten Chinesisch oder dem, was ich dafürhalte, ob seine Fahrtrichtung mit meinem gewünschten Endziel und meinen festgelegten Tagesplänen in Übereinstimmung zu bringen wäre. Mein Anliegen muss für ihn wohl obszönen Charakter gehabt haben, denn er pfeift mich in militärischem Kommandoton zusammen. Leider auf taiwanesisch, sodass ich nur Bahnhof verstehe, was ich aber wiederum gar nicht so schlecht finde, denn dann stimmt wenigstens die grobe Richtung für mich – der Bahnhof liegt durchaus auf meinem Weg. Die meisten Taiwanesen sprechen ein gut verständliches Hochchinesisch, aber der taiwanesische Dialekt ist in seiner Aussprache auch nicht näher am Chinesischen als schwäbisch oder plattdeutsch. Um es mit der Mengenlehre zu sagen: Schnittmenge gleich null.

Anscheinend gibt es auch sonst zwischen dem Fahrer und mir keine emotionalen Gemeinsamkeiten oder intellektuellen Schnittmengen. Er knurrt vor sich hin, während ich einfach mit dummdoofem Ignorantengesicht im Einstieg stehen bleibe. Nach dem Knurren folgt Bellen, das wohl heißen soll, dass ich verdammt noch mal endlich bezahlen soll. Ich ziehe meinen kleinsten Geldschein hervor, eine rote 100 New Taiwan Dollar Note, Wert umgerechnet 2,20 Euro. Der wohl viel zu große rote Schein wird zum roten Tuch, der knurrende Fahrerhund zum tobenden Stier. Mein schüchtern vorgetragenes Angebot, dem aufgewühlten Fahrer zur Beruhigung den Restbetrag zu schenken oder – vorsichtiger gesagt – unterwürfigst zu überlassen, führt zu einer weiteren wüsten Beschimpfungstirade und zum Herausschleudern eines mächtigen Spuckbrockens, glücklicherweise in die andere Richtung durch das Schiebefenster auf die Straße. Mein lieber Mann, hier willst Du nicht Fahrradfahrer sein, so eine Nasenschleimgranate kann dich glatt aus dem Sattel hauen. Der Busfahrer will mich wohl am liebsten dem Auswurf hinterher aus seinem Bus schmeißen, aber seine Bösartigkeiten kommen alle auf taiwanesisch, und da ich nichts verstehe, bleibe ich weiterhin wie Kleindoofi auf der Treppe stehen und versuche, mit Treuhundchenblick die angespannte Lage zu deeskalieren, was aber völlig in die Hose geht.

In der vordersten Busreihe sitzt eine nette junge Frau, die Mitleid hat oder einfach nur die Schnauze voll von lamentierenden Fahrern und nichts verstehenden Großnasen. Sie bezahlt für mich. Ich biete ihr meinen Geldschein an. Sie will mein Geld nicht. Meinen Dank auch nicht. Da sie sehr attraktiv ist, ich mindestens so dankbar wie sie gut aussehend und darüber hinaus erotisch völlig unausgelastet, biete ich ihr meine körperliche Nähe an und schiele auf den freien Sitzplatz neben ihr. Sie gibt mir mit Handzeichen klar zu verstehen, dass ich meiner Verbundenheit gefälligst dadurch Ausdruck verleihen soll, indem ich mindestens zehn Sitzreihen hinter ihr Platz nehme. Schade eigentlich, dabei sind soziale Kontakte so wichtig zur ständigen Verbesserung der Sprachfähigkeiten und der bilateralen Beziehungen zwischen der Bundesrepublik Deutschland und der Republik China. Aber meine elegante Retterin signalisiert durch ihren abweisenden Augenaufschlag klar und deutlich den sofortigen Abbruch jeglicher diplomatischer Bemühungen.

Der Bus fährt immer weiter aus dem eigentlichen Stadtzentrum hinaus – ich erkenne nichts wieder. Irgendwo steigt meine hübsche Retterin aus und ich wage mich auf die vorderste Reihe in der leichten Hoffnung, ein wie auch immer geartetes Déjà-vu würde sich einstellen, aber das Einzige, was in der ersten Reihe ins Auge sprang und mich unwohl fühlen ließ, war der überaus nervöse und höchst aggressive Fahrstil meines neuen Busfahrerfreundes. Wenn er genauso vögelt, wie er Bus fährt, wird jede Nacht mit ihm zu einer Vergewaltigung. Während er mit der einen Hand versucht, den Schaltknüppel aus seiner Verankerung zu reißen, beschäftigt sich die andere Hand mit irrwitzigen Spurwechseln. Dass eine der beiden Hände mit einem funktionierenden Gehirn in Verbindung stehen könnte, ist in diesem Moment gänzlich auszuschließen.

Der Verrückte deutet ganz nebenbei mit hektischen Gesten an, dass ich noch nachzahlen müsste. Meine warmen und herzlichen Gefühle für meine nette Retterin kühlen schlagartig und dramatisch ab. Hätte sie nicht für die ganze Fahrt bezahlen können? Vielleicht hat sie ja gar nicht gewusst, wo ich hin wollte. Aber der Fahrer weiß doch genau, dass ich schon beim Einstieg kein Kleingeld hatte. Was will diese Landstraßendummnuss von mir? Kann er wirklich kein Wort Hochchinesisch? An der Universität kotzt mich der Fahrer schließlich aus seinem Bus auf die Straße wie zuvor einige Spuckbrocken aus dem Fenster. Auf das Nachzahlen verzichtet er, ich soll wohl für immer und ewig in der Hölle der Schwarzfahrer schmoren und ihm nie wieder unter die Augen kommen. Er kann mich mal. Immerhin bin ich dort, wo ich hin wollte, und diesen ungehobelten Linienbustorero werde ich nach menschlichem Ermessen nie wieder sehen.

Ich suche das kleine Dorf hinter der Universität, wo ich ein Jahr gewohnt, Chinesisch gelernt und das taiwanesische Leben studiert habe. Und zum froschforschenden Froschhasser mutierte. Mein Heimweg führte mich damals zum Hintereingang des Campus hinaus, zwischen grünen Reisfeldern hindurch, an einer Hühnerfarm vorbei in das kleine Dorf Taishan, wo ich zusammen mit einem Freund bei einem chinesischen Ehepaar Untermieter wurde. Direkt vor meinem Fenster begannen die Reisfelder. Ein idyllischer Ausblick für die Augen, ein Horror für die Ohren. Was akustisch in den Reisfeldern passierte, stellte die bereits erwähnten Müllwagen bei Weitem in den Schatten. Die zigtausend Frösche, die damals nervtötend in den schlammigen Reisfeldern quakten, wurden anscheinend zwar gegessen, aber nicht gezüchtet. Das war auch nicht nötig. Man konnte das Froschzeug wohl gar nicht so schnell in die Pfanne schmeißen, wie es sich vermehrte. Der Krach, den diese aufgeblähten Schreihälse jeden Abend machten, war so laut und durchdringend, dass ich so manche Nacht nicht einschlafen konnte. Während sich unter meinem Fenster Herr und Frau Frosch quakend fröhlich um die Erhaltung ihrer Reisfeldpopulation kümmerten, durfte ich verzweifelt erforschen, mit welchen Methoden man sich in einer solchen Situation in den Schlaf bekommt. So viel sei verraten: Schäfchen zählen nützt nichts gegen eine derart vielstimmige Quakwand.

In meinen verzweifelten Wachträumen wurde ich zum Froschkönig, der lieber im Reisfeld seinen stammeserhaltenden Froschpflichten nachkam, als unausgelastet auf eine womöglich sogar noch frigide Prinzessin zu warten, die erst nie kommt, einen anschließend an die Wand klatscht und dann nur Küssen im Kopf hat. Wenn ich nicht träumte, war es die Zeit, in der ich herrliche Rezepte für Froschgulasch entwarf und jedem Froschschenkelfresser ein langes Leben und ewigen Appetit wünschte.

Wenn die Ernährung Taiwans durch die Reisfelder hinter der Furen University abgesichert gewesen sein sollte, dann sähe es heute schlecht aus um die Versorgung der Insel. Reisfelder gibt es hier wohl schon lange nicht mehr. Werkstätten und Industriebetriebe, so weit das Auge blicken kann, nur unterbrochen von sechs- bis zehnstöckigen, uniformen Wohnbunkern. Nicht unbedingt schön, aber wohl der Preis für den wirtschaftlichen Erfolg Taiwans.

Ich frage ein paar Studenten, wo es denn nach Taishan ginge.

Klare Antwort: »Die Straße nach rechts immer geradeaus.«

Nachdem ich diesem Ratschlag eine Weile gefolgt bin, erkundige ich mich noch einmal bei einem Mann in einer Werkstatt.

»Andere Richtung, immer geradeaus!«

Ich laufe eine ganze Weile den Hinweisen meiner einheimischen Navigatoren entsprechend, also vollkommen wirr und unkoordiniert durch die Gegend und gebe nach einer Stunde auf. Mein Dorf gibt es so nicht mehr. Alles hat sich verändert, aber so muss es wohl sein nach über fünfundzwanzig Jahren. Dörfer sehen ganz anders aus, Reisfelder verschwinden völlig, Frösche quaken nicht mehr und junge attraktive Frauen in alten Bussen wollen nicht mit mir sprechen. Soll ich jetzt behaupten, früher war alles besser?

Ich kehre ziemlich enttäuscht auf den Campus der Universität zurück und setze mich unter ein paar knorrige alte Bäume, die hier wohl auch schon zu meiner Studienzeit ihre Wurzeln in die Erde gegraben haben. Ich versuche, meine Eindrücke ein wenig niederzuschreiben, aber ich werde unterbrochen. Ganz vorsichtig und schüchtern nähern sich drei junge Studenten und beratschlagen wild gestikulierend direkt vor meinen Augen, mit welchem englischen Lehrbuchsatz sie das Gespräch mit mir eröffnen und damit schlagartig ihre begrenzten Sprachkenntnisse hundertfach verbessern könnten. Sie ahnen nicht im Geringsten, dass ich ihr Chinesisch ganz gut verstehe. Der Wortführer will die Sache voranbringen und schlägt vor, mit dem Schere-Stein-Papier-Spiel die arme Sau zu bestimmen, die mit mir Englisch reden muss.

Schon bald steht der Verlierer zitternd vor mir und legt mit großem Elan los: »Sollen wir heute eine Konversation starten?«

Mann oh Mann, Weiber aufreißen kannst Du so aber vergessen!

»Mein Name ist Himonk, wie heißen sie?«

Ich antworte freundlich: »Himonk ist aber ein interessanter Name, ist das buddhistisch und bedeutet so etwas wie ›Hallo Mönch‹?«

»Nein, ich heiße Himan!«

Ich bin begeistert. »Auch super, klingt noch cooler, ich heiße Holger, hallo Himan.«

Mein Gesprächspartner korrigiert mich ein weiteres Mal: »My name is SSSimon!«

Aber jetzt: »Oh, hello Simon. Sorry about that, my ears are so bad.«

Auf diesem Niveau plänkeln wir uns ein paar Minuten durch die Seiten eins bis zehn im Lehrbuch Grundstufe eins, und ich verspüre allgemeine Erleichterung, als ich vorschlage, auf Chinesisch weiterzureden. Wahrscheinlich klingt mein Schmalspurchinesisch in taiwanesischen Ohren mindestens so schlecht wie deren Englisch in meinen, aber man ist sehr höflich und lobt meine Sprachkenntnisse über den grünen Klee. Hauptsache, man muss nicht mehr Englisch sprechen.

Ich versuche, von den Studenten zu erfahren, wie sie ihre Heimat sehen und ob für sie Taiwan zu China gehört oder eben nicht. Der Führung der Volksrepublik China würden die klaren Antworten der jungen Leute gar nicht gefallen. Sie bevorzugen einen unabhängigen Staat Taiwan und sehen große Unterschiede zwischen dem Festland und der Insel. Sie alle waren schon einmal »drüben« – für sie war es eine Reise in ein relativ fremdes Ausland. Ihre Eltern sehen dies sicherlich aber noch ganz anders. Auch das gestehen die Studenten freimütig zu. Tschiang Kai-shek liegt seit seinem Tod im Jahr 1975 in einem schwarzen Marmorsarkophag in seiner Sommervilla am See des Wohlwollens in Taoyuan und wartet auf die Rückeroberung des chinesischen Mutterlands. Erst dann soll er in seiner alten Heimat beigesetzt werden. Die Zweifel werden immer größer, ob dies jemals so geschehen und ob der ehemalige Präsident der Republik China überhaupt einmal einen endgültigen Ruheplatz auf dem Festland finden wird.

Vielleicht wird er ja auch als Eröffnungsleiche durch den Wiedervereinigungstunnel transportiert werden. Dieser Tunnel soll irgendwann einmal auf dem Meeresboden gebaut werden und die fast 150 km zwischen Insel und Festland mit einer Straße verbinden. Erste technische Umsetzbarkeitsstudien wurden bereits diskutiert, im April 2007 gab es sogar schon ein Machbarkeitsseminar, wo hochkarätige Wissenschaftler das Projekt analysierten. Seitdem ist es ruhig geworden. Man weiß nicht zu sagen, was wahrscheinlicher ist: die Rückeroberung des Festlands durch Taiwan oder die Fertigstellung eines Tunnels zwischen China und der dicht besiedelten Insel? Was hätte dem toten General wohl besser gefallen? Tunnel statt Krieg? Klingt auf jeden Fall nicht schlecht, aber alles in allem auch heute noch sehr utopisch.

Die chinesische Hallstein-Doktrin bleibt allerdings vorläufig erhalten. Wer diplomatische Kontakte zur Volksrepublik China unterhält, kann nicht gleichzeitig eine offizielle Botschaft in Taiwan haben. Da fast jeder Staat auf dieser Welt die gedeihliche Zusammenarbeit mit dem bevölkerungsreichsten Land auf dieser Erde für unabdingbar hält, gibt es in Taiwan sehr wenige Botschaften von sehr unwichtigen Staaten oder von Ländern, die aus spezifischen Gründen keine Botschaft in Peking haben können. 2008 hat Taiwan wieder einen internationalen Verbündeten verloren. Malawi hat seine diplomatischen Beziehungen zu Taiwan abgebrochen und eine Botschaft in Peking eröffnet. Die einzige offizielle Botschaft Europas in Taipei gehört dem Vatikan und dürfte nach Stand der Dinge auch vorläufig dort bleiben. Auch die Botschafter aus Kiribati, Swasiland und den Salomonen fühlen sich wohl in Taipei. Hört man jedenfalls aus gut unterrichteten Kreisen – oder wie sagt man so schön?

Die Studenten, die sich so offen und nett mit mir unterhalten, interessieren sich nicht die Bohne für diplomatische Verstrickungen und wollen eher wissen, was ich vom neuesten James Bond halte. Meine Kenntnisse auf diesem Gebiet halten sich eigentlich in engen Grenzen, aber glücklicherweise kämpfte 007 bei meinem letzten Lufthansaflug wenige Zentimeter über meinem ungenießbaren Abendessen auf einem Minibildschirm in der Rückenlehne meines Vordermannes für die Rettung der Menschheit, so konnte ich ein wenig über den Agenten seiner Majestät mitplaudern. Ob ich mir einen Chinesen als James Bond vorstellen könne? Ehrlich gesagt nicht. Ihre Majestät würde ja ihren eigenen Agenten nicht mehr verstehen. Selbst wenn er Englisch sprechen würde: »Mein Name ist Monk, Hi Monk!« Nee, das geht gar nicht.

Zum Schluss unseres Gesprächs frage ich die Studenten nach einer ultimativen Restaurantempfehlung für junge Leute.

Wieso ich alter Humpelgrufti gerade nach einer Essenskneipe für junge Leute frage, weiß ich wohl selber nicht. Sie sind sich alle einig und empfehlen mir das »Modern Toilet«, das ich trotz meines gehobenen Alters am nächsten Tag auch besuche. In diesem Restaurant sitzt man beim Essen auf Toiletten und wäscht sich die Hände in einem Waschbecken, das auch wie eine Toilette aussieht. So etwas kostet dann beim ersten Mal doch gehörige Überwindung und situative Anpassungsfähigkeit. Selbstverständlich werden auch die verschiedenen Gerichte in kleinen Toilettenschüsseln serviert. Das geschabte Eis, das in allen Variationen angeboten wird, sieht besonders mit Schokoladensoße aus wie ein echter Scheißhaufen. Wenn Himbeersoße oder die allseits beliebte Rote-Bohnen-Paste dazu kommen, denkt man auch schnell mal an Hämorrhoiden. Lecker ist irgendwie anders.

Der Besitzer erzählt, dass das Restaurant sehr gut läuft und die Gäste im ersten Jahr bis weit auf die Straße hinaus warteten, um einen Sitzplatz auf einer Toilettenschüssel zu ergattern. Vielleicht sind die neugierigen Besucher des Etablissements mutig und erfahrungsdurstig auf der Spur eines deutschen Literaturnobelpreisträgers. Wer weiß es schon? In Günter Grassens Buch »Der Butt« versammeln sich ja Steinzeitler zum Hordenschiss in gemütlicher Plauderrunde, in der jeder sein Bestes gibt. Wenn das mal nicht nachahmenswert ist! Zum besseren Verständnis sollte aber noch gesagt werden, dass man die freie Wahl hat, ob man auf einem geöffneten oder auf einem geschlossenen Deckel sitzen möchte, und dass es trotz Toilettenschüssel absolut nicht erlaubt ist, während des Essens zu kacken. Und noch etwas sollte nicht unerwähnt bleiben. Es ist tatsächlich alles überaus authentisch, das Essen schmeckt richtig scheiße.

Aber noch einmal zurück zu meinen Studenten. Sie sind sicher, dass es mir in ihrem Lieblingsrestaurant gut gefallen wird. Nach ein paar jugendlich weisen Ratschlägen für den Umgang mit chinesischen Frauen verabschieden wir uns voneinander. Das Gespräch mit mir hat ihnen gut gefallen. Vor allem fanden sie es toll, dass wir fast kein Englisch gesprochen und trotzdem die vom Lehrer verlangten Hausaufgaben abgearbeitet haben. Konversation mit einem großnasigen Ausländer und Knipsen eines Beweisfotos. Vorsichtshalber im Querformat, wegen der langen Nase. Schön war es und ich konnte chinesische Konversation üben.

Es gibt in der englischsprachigen Taipei Times eine Rubrik »Survival Chinese«. Da geht man ja davon aus, dass dort so überlebenswichtige Dinge abgehandelt werden wie »wo ist hier die Toilette?« oder »wie viel kostet das?« oder vielleicht noch wichtiger auch »Sie, Herr Busfahrer, wenn Sie mich noch einmal in diesen unverschämten Ton antröten, haue ich Ihnen so was von eins auf Ihre blöde Fresse, dass Sie beim nächsten ungehörigen Rotzen ihre vergammelten Stummelzähne gleich mit ausspucken können.« Man denkt eben, dass man das lernt, was wirklich wichtig ist und was man in den Straßen von Taipei jeden Tag braucht. Und was bekommt man stattdessen? »We are going fishing over the weekend.« Und einen Tag später? »Do you think, I should get cabel TV?« Diese Frage braucht man doch jeden Tag! Das hätte ich doch heute Morgen meinen Busfahrer fragen können. Der träumt bestimmt davon, mit mir über das Wochenende Fischen zu gehen.

Chinesisch ist bestimmt nicht einfach, aber die Chinesen in Taipei machen es einem besonders schwer. Es fängt schon mit der Schreibrichtung an. Man schreibt lustig von links nach rechts, von rechts nach links, von oben nach unten, die Umschrift in lateinischen Buchstaben folgt mal dem einen System, mal dem anderen, meistens wohl gar keinem und nie dem einzig vernünftigen, weil es wohl vom Erzrivalen auf dem Festland kommt. An solch einem Wirrwarr muss der Turmbau zu Babel gescheitert sein. Das Einzige, was man sicher weiß, ist, dass nicht von unten nach oben gelesen wird, aber ganz sicher bin ich mir da auch nicht mehr.

Aus diesem phänomenalen Durcheinander ergeben sich auch die drei Schreibweisen für Taiwans Hauptstadt, nämlich das schon erwähnte *Taipei*, *Taibei* und *Taipeh*. Und da will ich nach meinem nostalgischen Universitätsbesuch auch wieder hin. Mit dem Bus natürlich. Gleiche Linie. Fährt alle zehn Minuten.

Als der erste 299er Bus hält und die Tür aufgeht, weiß ich nicht, wen es härter trifft. Ich jedenfalls kapituliere für heute und lasse mich wieder rückwärts aus der Tür fallen. Es war der gleiche Fahrer wie auf dem Hinweg. Nein, danke! Ich warte lieber auf den nächsten Bus – und siehe da, bekomme einen äußerst netten und ausgesprochen freundlichen Fahrer, der mir sogar die beste Haltestelle zu meinem Hotel empfiehlt und andeutet, ich solle ruhig die Augen zumachen, er würde mich rechtzeitig wecken. Man braucht eigentlich nicht mehr hinzufügen, dass er auch ruhig und sicher gefahren ist. Mit so was kannst du vögeln. Aber das wäre eine andere Geschichte.

Eigentlich wird im Allgemeinen auf Taiwan ein blitzsauberes Hochchinesisch gesprochen. Trotzdem fällt lockere Konversation manchmal schwer. Gibt es ein Satzgebilde oder einen bestimmten Ausdruck, den ich ausgesprochen gerne aus chinesischem Munde höre? Ja, eindeutig, ganz oben auf der Hitliste der Worte, die ich ganz besonders liebe, steht das immer wiederkehrende »Tingbudong«, was so viel bedeutet wie »ich verstehe gar nichts« oder besser übersetzt »ich verstehe überhaupt gar, gar, gar nichts«. Eine wichtige Nebenbedeutung, die man nicht unterschlagen sollte, ist dann noch das »ich möchte auch gar, gar, gar nichts verstehen«. »Tingbudong« wird panisch jeder Person entgegen geschleudert, die sich mit irgendeinem Anliegen nähert und deren Nase etwas weiter aus dem Gesicht ragt als ein durchschnittlicher chinesischer Busen aus dem weiblichen Thorax. Das »Tingbudong« hat bei heranfliegenden Ausländern für Chinesen wohl dieselbe Funktion wie Knoblauch und Kreuz bei Dracula. *Weg, zurück in Deine Heimat, ab in den Sarg, beiß mich nicht!* Ohne gefestigte chinesische Sprachkenntnisse und viel Selbstbewusstsein ist da kaum etwas zu machen.

Nun liegt es mir fern zu behaupten, dass ich perfekt Chinesisch spreche, aber ich habe doch die leise Hoffnung, dass ich nach Jahren des Studiums dieser komplexen Sprache in der Lage bin, einfache Sätze korrekt auszusprechen wie zum Beispiel »was kostet das?« oder »haben sie dieses Hemd auch noch in einer anderen Größe?« oder auch ganz einfach nur »ich habe eine Frage«. Ich komme aber in der Regel mit meiner Großnase nicht einmal bis dorthin.

Sobald meine Nasenspitze die Türschwelle überquert – und das tut sie nach chinesischem Verständnis wegen ihrer Überlänge lange bevor sich der viel zu stark behaarte Körper nachschiebt – erschallt ein nervöses »Tingbudong«.

Ich lasse mich natürlich durch so etwas nicht aus dem Konzept bringen und sage in meinem feinsten Hochchinesisch: »Ich möchte dieses Hemd kaufen. Wie viel kostet das?«

Hektische Flecken in den Gesichtern des Verkaufspersonals: »Tingbudong.«

Ich versuche daraufhin, die sprachlichen Grundlagen für ein vernünftiges Gespräch zu schaffen: »Hallo, ich spreche Chinesisch.«

Es bleibt dabei: »Tingbudong.«

Zurück nach Transsilvanien, hinweg mit Dir, sonst pfählen wir Dich. Glücklicherweise bin ich furchtlos und verfüge über ein gesundes Selbstbewusstsein, ich zweifle auch in einer solch heiklen Situation nicht an meinem Sprachvermögen: »Ganz langsam und noch mal zum Genießen: Ich spreche Hochchinesisch, verstehen sie? Chinesisch, verdammt noch mal.«

Dann irgendwann einmal fällt endlich der Groschen und alles ist gut. Dracula darf bleiben, und plötzlich spricht man mit mir, als ob man davon ausgehen kann, dass Chinesisch meine zweite Muttersprache ist. Komplimente werden großzügig verteilt, und die Tatsache, dass die Chinesen in diesem Moment nicht mehr Englisch sprechen müssen, lässt Sie nahezu überschäumend euphorisch werden. Denn Englisch ist der große Feind der Taiwanesen.

Die Beschriftungen in den Straßen von Taipei werden immer internationaler. Das U-Bahn-System lässt sich auch mit einem unterdurchschnittlichen Intelligenzquotienten und nur rudimentären Englischkenntnissen eines Volkshochschulanfängerkurses locker bewältigen. Man bereitet sich in Taiwan sprachlich auf große internationale Veranstaltungen vor. Auf die Weltspiele der nichtolympischen Sportarten in Gaoxiong zum Beispiel. Die besten Sportler in so wichtigen Disziplinen wie Kegeln und Faustball treten in Taiwan an, um ihre Besten zu ermitteln. Diese Worldgames sind das größte Sportevent, das jemals auf Taiwan stattgefunden hat. Da wird es eigentlich höchste Eisenbahn, neben dem Sport ein bisschen Englisch zu trainieren. Es hat wohl eine besondere Begründung, dass neben den Worldgames gerade auch die Deaflympics mit über 4000 Athleten in Taipei stattfinden. Die gehörlosen Sportler werden ja nicht von der furchtbaren Aussprache des taiwanesischen Englisch geplagt. So wird eine schwere körperliche Behinderung plötzlich zum großen Vorteil.

Wenn auch die Beschriftungen in der Zwischenzeit in Ordnung sind, mit der aktiven Benutzung der englischen Sprache sieht es immer noch düster aus. Selbst Hotelmanager stottern sich ein Kauderwelsch zusammen, dass einem die Haare ausfallen. Auch die Prostituierte, die mich am Abend vor dem Hotel anspricht, bietet sich mir mit einem unverständlichen Wortbrei an: »Bodyfull, bodyfull«.

Was meint sie bloß? Voller Körper? Oder Hucke voll?

Und sie preist weitere Vorzüge an: »Eng, eng.«

Mit diesen Urwaldlauten kann ich nun gar nichts anfangen.

»Hexe, Hexe.«

Hoppla, sogar Deutsch gehört zu ihrem sprachlichen Repertoire, aber warum macht sie sich zur Hexe? Erst spät verstehe ich, dass sie »beautiful, young und sexy« als ihre herausragenden Eigenschaften anbot. Nun ja, vor allem die ersten beiden Adjektive bedurften großer Fantasie, um sie der Dame zuzuschreiben – und auch unter sexy stelle ich mir etwas anderes vor.

So war meine Antwort eindeutig, ehrlich und klar: »Tingbudong.«

Nun scheint es in Taiwan so zu sein, dass Fremdsprachenkenntnisse nicht nur bei Prostituierten ausgesprochen begrenzt sind. Während sich Englisch in den meisten asiatischen Metropolen zur fast gleichgestellten zweiten Umgangssprache entwickelt hat, bleibt die aktive Nutzung der allgemein anerkannten Weltsprache in Taipei genauso wie auch in Tokyo weit hinter den Wünschen der nach Internationalität lechzenden Regierungen zurück. Die Taiwanesen sind grandiose Zungenakrobaten, wenn es darum geht, das Innerste eines Sonnenblumenkerns im Mund aus der Schale zu befreien oder auch eine Krabbe nur mit Zähnen und Zunge aus dem Panzer zu schälen. Aber wenn es um die korrekte Aussprache eines einfachen englischen Satzes geht, versagen sämtliche Gesichtsmuskeln, und es kommt zu einer temporären Zungenlähmung, die erst durch den Einwurf eines gesalzenen Sonnenblumenkerns gelöst werden kann.

Aber welches Fremdsprachenniveau soll man erwarten, wenn einer der bekanntesten Sprachkurse »Beauty English« heißt? Man ist sich in der Ausländergemeinde Taipeis bis heute nicht wirklich sicher, ob es bei dieser Broschüre um das Erlernen der englischen Sprache geht oder es sich nicht vielleicht doch um eine Schminkanleitung von Paris Hilton handelt. Wahrscheinlich sind es gerade auch die sprachlichen Defizite, die der Hotel-, Restaurant, und Appartementlandschaft von Taipei zu so wunderbaren Namenskreationen verhelfen. Wenn man einfach und schlicht essen möchte, geht man wohl am besten ins »Primitive Curry House«, wer wohlhabend ist und dies auch nicht verschweigen will, wohnt bevorzugt im Appartementhaus »Rich and Famous«.

Man darf sich sicher sein, dass man in Taipei ist, wenn die englischen Hotelnamen – gelinde gesagt – merkwürdig werden. Ich selbst schlafe in Taipei gern königlich, jedenfalls ein bizchen, im Royal Biz Hotel. Es mag einer spezifisch deutschen Befindlichkeit entspringen, dass man nicht gern im »Führer« oder »Leader«-Hotel übernachtet, aber was man in den Hotels »Grand Forward« und »We Love Home« oder im

Hotel »Feeling« zu erwarten hat, kann man nur vermuten. Das »Fortune Haiyatt Hotel« gehört höchstwahrscheinlich nicht zu der großen, bekannten amerikanischen Hotelkette mit ähnlichem Namen, obwohl die Hotelmanager dieses Hauses die Verwechslungsgefahr liebend gern in Kauf nehmen. Im »Sense Hotel« wird man beim Einchecken wahrscheinlich gleich mal gefühlvoll umarmt.

Wie man aber ein Hotel mitten in einer der zubetoniertesten Städte der Welt »Charming City Hotel« nennen kann, versteht man wohl nur, wenn man sich vorher drei Flaschen Hirseschnaps hinter die Kommode gezogen hat. Taipei ist interessant, vielfältig, spannend, vielleicht sogar aufregend, einmalig und ganz bestimmt sehenswert, aber niemals »charming«. Ein Hotel am berühmten Sonne-Mond-See dagegen heißt »Fullhouse Hotel«, obwohl dort weder gepokert noch gekniffelt wird. Was der Besitzer des Hauses mit dem Namen sagen will, konnte er mir nicht verständlich erklären, nicht auf Chinesisch und schon gar nicht auf Englisch. Eine Steigerung wäre nur noch ein »Overbooked Hotel«, aber das gibt es bestimmt auch schon.

Dass ein Hotel mitten in Taipei »Riviera« heißt, versteht man im ersten Moment auch nicht. Doch beim Durchblättern eines reich bebilderten nationalen Hotelführers für Taiwan fällt auf, dass fast alle Hotels in jedweder Kategorie einem eigenwilligen europäischen Vorbild nacheifern. Den Fotos nach zu urteilen, versucht jede noch so kleine Herberge, dem Schloss von Versailles einrichtungsmäßig den Rang abzulaufen. Das Ganze ist dann noch nett garniert mit Tupfern von Neuschwanstein und Sprengseln von mediterranem Monacoflair. Das grausliche Stilgulasch wird aber in den meisten Hotels durch eine ausgeprägte Servicebereitschaft genießbar gemacht. Die Dienstbeflissenheit findet ihre Grenzen nur, wenn es am Grundverständnis mangelt. Beim Kaffee zum Beispiel.

Morgens beim Frühstück: Ich drücke den Cappuccinoknopf an der modernen Kaffeemaschine. Es kommt nur Milch mit heißem Wasser.

Meiner Bitte um Hilfe folgt eine knackige Erläuterung: »Das ist chinesischer Cappuccino!«

Ich hake nach: »Ohne Kaffee?«

Die deutliche Antwort: »Das sehen sie doch!«

Es war nicht einfach, den Restaurantmanager davon zu überzeugen, dass seine moderne Maschine auch beim Cappuccinoknopf ein Fach für Kaffeebohnen hat.

Er schilderte mir glaubhaft, dass die Maschine seit fast einem Jahr kaffeebohnenlosen Cappuccino für seine chinesischen Hotelgäste produziert und diese Milchwasserplörre nie Grund für Beanstandungen gewesen sei. Es gibt also wohl ziemlich viele Taiwanesen, die der Meinung sind, Cappuccino sei verdünnte, heiße Milch.

Die Bedienungsanleitung für den Toaster am Frühstücksbuffet hatte auch einen gewissen Charme: »Please do not toast the bread with jam or peanut butter!« Wer hätte das gedacht? Mit Nutella geht es anscheinend. Jedenfalls steht es nicht auf der Toastverbotsliste. Meine Kinder wird es freuen.

Ein weiterer wichtiger Hinweis erwartet den internationalen Reisenden an der Tür zur Sauna: »Do not use mobile phone or camera in the sauna!« Es ist absolut in Ordnung, wenn man noch einmal an die selbstverständlichen Abläufe eines Saunagangs erinnert wird, aber eine Frage bleibt. In welche Brust- oder Hosentasche stecken Taiwanesen ihr Mobiltelefon, wenn sie in die Sauna gehen?

Die Dinge, die einem fremden Besucher das Leben wirklich etwas einfacher machen würden, findet man leider nicht. Was soll man von einem Land halten, über das aktuell zwei Reiseführer in der Weltsprache Englisch veröffentlicht wurden und die in diesem Land nirgends zu bekommen sind. Nicht in den Buchläden der Stadt, auch nicht in denen, die sich international nennen. Nicht in den Hotels, auch nicht in einem Sheraton. Nicht am Flughafen, wo ja alle Besucher ankommen und auch wieder abreisen. Wieso um aller Ahnen willen will man keine Reiseführer verkaufen? Man ist doch sonst so sehr am Geld verdienen interessiert. Auf meine Nachfrage, ob diese Bücher irgendwo zu bekommen wären, taumelt die gestresste Buchhändlerin nahe der Ohnmacht durch ihren Laden. Von solchen Büchern hätte sie noch nie gehört und ob ich die wirklich lesen wolle? Zum Abschluss unserer etwas abwegigen Unterhaltung fragt sie mich noch einmal eindringlich, ob es sich dabei wirklich um Bücher handeln würde. Nach der nervigen Sucherei war ich überzeugt, dass die Bücher aus politischen Gründen auf dem Index der verbotenen Schriften stehen würden. Als ich die Reiseführer dann nach einigen Tagen in der hintersten Ecke eines Buchladens doch noch fand, durfte ich feststellen, dass beide Autoren die Schönheiten Taiwans so euphorisch schildern, dass dies den strengsten Zensor nicht stören würde. Wenn es in der Republik China überhaupt noch Zensur gibt. Wenn ich aber so weiter schreibe, schaffe ich es vielleicht, zum Testfall zu werden. Also sage ich es einfach mal so zwischendurch: Ich liebe Taiwan und seine Menschen, und gerade die beschriebenen Eigenwilligkeiten machen das Land so liebenswert. Um jedes Missverständnis vollends aus dem Weg zu räumen, fordere ich Sie auf: Machen sie eine Reise nach Taiwan und besuchen sie die Republik China! Sie werden mehr erleben als in manch anderem Land. Glauben sie es mir.

Trotzdem, die fremdsprachlichen Defizite sind gewaltig. Auf einem Streifzug durch Taipei stand ich durstig vor einem Saftladen mit einer großen Leuchtaufschrift »Big Thirsty, Big Wish«, was mich optimistisch stimmte, dass man hier mit großem Durst einen großen Wunsch nach einem Orangensaft auch auf Englisch loswerden könnte. Weit gefehlt. Es lagen Orangen auf dem Tresen, eine Saftpresse war da, aber die englische Bestellung wurde ignoriert: »Tingbudong!« War es denn die Möglichkeit? So ein Saftladen! Ich hatte keine Lust auf Chinesisch, also musste ich eine bühnenreife pantomimische Vorstellung eines drückenden und drehenden Saftpressers darbieten, bevor ich mit Applaus und einem großen Orangensaft belohnt wurde. Dann aber immerhin *für umme*.

Das sprachliche Manko wird vielfach durch die ungeheure Freundlichkeit und die überaus herzliche Gastfreundschaft der Taiwanesen mehr als wettgemacht. Busfahrerausnahmen bestätigen die Regel. Schöne Beispiele gibt es immer wieder. Der Einheimische versteht die Frage des Touristen überhaupt nicht, beantwortet sie aber ausführlich gestikulierend in einem dem Fragenden völlig unverständlichen Kauderwelsch. Noch besser: Der Taiwanese versteht das gesuchte Ziel des Fremden nicht, aber er führt ihn hin – jedenfalls irgendwohin. Auf diese Weise kann man ein fremdes Land auch kennenlernen. Es lauert überall, das taiwanesische Abenteuer.

Aber nur fast überall. Immerhin ist wenigstens die Gefahr gering, dass man als Besucher in Taiwan heiraten wird. Eine Hochzeit in China ist eine heftige Stressveranstaltung, eine Hochzeit in Taiwan übertrifft alles. Ang Lees filmisches »Hochzeitsbankett« ist ein Meisterwerk und gibt eine Idee von den hiesigen Vorstellungen, wie eine solche Festlichkeit abzulaufen hat. Gegenüber des Eingangs zur mächtigen Tschiang Kai-shek Gedächtnishalle, die jeder Tourist besucht, gibt es eine ganze Straße für Hochzeitsbedarf, deren analytische Besichtigung jeden vernünftig tickenden europäischen Mann ein für alle Mal davon abhalten wird, sich in unüberschaubare amouröse Abenteuer mit hübschen, aber auch heiratswilligen Taiwanesinnen zu verstricken. Die Auslagen scheinen alle überdreht, überzogen und überteuert. Man soll quasi doppelt heiraten, chinesisch rot und westlich weiß.

Es muss auf jeden Fall teuer sein. Was ich durch die Schaufenster beobachten kann, sind Verkäufer, die sich wie Überfallkommandos auf die armen Pärchen stürzen. Die Augen des Bräutigams sind panisch aufgerissen, aber ein Entkommen ist in diesem Stadium nicht mehr möglich. Es scheint Ähnlichkeiten zu geben zwischen einer europäischen Beerdigung und einer taiwanesischen Hochzeit. Hat man in Europa angesichts der beklemmenden Situation des Todes die unheilvolle Ahnung, dass der Sarg und die individuelle Innenausstattung viel zu teuer sind und der pietätsbeladene Verkäufer die Trauersituation zu seinem Vorteil nutzt, so passiert das Gleiche in Taiwan bei der Hochzeit, nur mit anderen Vorzeichen.

Der Verkäufer schaut den Bräutigam an, dann die Braut, und sein Blick spricht Bände: »Liebe Braut, wenn dieser kleinmütige Abkömmling einer nichtsnutzigen Familie niedrigster Stufe jetzt schon knauserig beim wichtigsten Tag eures zukünftigen Lebens kleinkariert nur ans Sparen denkt, dann wird euer gemeinsames Leben billig und nichtswürdig sein. Wenn dein zukünftiger Gatte jetzt nicht das teuerste Hochzeitspaket kauft, dann soll er sein Yang bis an das Ende seiner erbärmlichen und entbehrlichen Existenz durch die Nase ziehen und in einen verrosteten Spucknapf schleudern. Die unzähligen Götter und der legendenumwobene Jadekaiser mögen bitte gnädigst verhindern, dass solch abscheulichen Geizhalskreaturen das strahlende Reich der Mitte auch noch mit Nachfahren belästigen!«

Jeder Bräutigam, der sein Yang fröhlich und ausgelassen in einem von beiden Seiten gewollten Sexualaustausch an die Frau bringen will und von Nachkommen träumt, greift da doch gleich, sofort und hektisch zum Wucherpaket mit Filmteam, Fotografen, Glanzkleidern, Blumen und einem Festbankett mit mindestens zweihundert Gästen. Und ja nicht die Hochzeitsreise zu einem idiotisch teuren Preis vergessen. Man braucht doch dafür nicht ins Reisebüro zu gehen. Man zahlt im Hochzeitsladen den doppelten Preis und alle sind glücklich. Auch der Bräutigam strahlt, der geregelte Yang-Abfluss scheint gesichert. Doch der Eintrittspreis für eine chinesische Ehe ist hoch, sehr hoch.

Ich beschließe, dass ich nach einer Weile des neugierigen Schauens der Meinung sein darf, dass die einzelnen Vermählungsschicksale auch ohne meine platte Nase am Schaufenster ihren unweigerlichen Verlauf nehmen werden, und wende mich um. Vor mir schließt gerade ein Mann mit kleinem Kind und Cockerspaniel seinen Motorroller auf. Die Art, Kinder zu transportieren, ist in Taipei das diametrale Gegenteil zur ADAC-geprüften Römer-Sicherheitssitzphilosophie. Man stellt das Kind einfach vor sich auf den Motorroller, und der Kleine hält sich am Lenker fest. Ganz schön aufregend. Denken wir Europäer. Chinesische Kinder schlafen dabei im Stehen. Der Cockerspaniel passt da auch noch gut zwischen die Beine. Der Hund freut sich über jede rote Ampel, die in Taiwan entgegen jedem asiatischen Normalverhalten tatsächlich auch zum Stopp führt. Der chinesische Motorrollerhund vertritt sich an Kreuzungen gern die Beine und weiß anscheinend ganz genau, wann er wieder aufspringen muss.

Ich habe keine Ahnung, wie das funktioniert.

Es gibt nicht viele Plätze auf der Welt, an denen Cockerspaniel in einem Motorroller davonfahren, aber das allein kann doch kein Grund sein, nach Taiwan zu kommen? Und schon bin ich wieder bei der Frage angelangt, wieso man eigentlich hierher kommen soll? Vielleicht, weil sie hier auf der Insel die chinesische Kultur ohne jegliche Unterbrechung immer beschützt haben? In Taiwan gab es keine zerstörende Kulturrevolution, keine kulturvernichtenden zehn wirren Jahre. Hier wurden zwischen 1966 und 1976 keine Jahrhunderte alten Tempel geschliffen und platt gemacht.

Auf dem Festland gab es zu jener Zeit einen Generalangriff auf alles Alte und damit auf 5.000 Jahre chinesische Kultur, in Taiwan nicht. Nun gut, hier gab es auch – außer im Palastmuseum – keine 5.000 Jahre alten Kulturgüter, aber wenn es welche gegeben hätte, dann wären sie ganz geblieben. Die vom Festland auf die Insel flüchtenden Parteianhänger von Tschiang Kai-shek agierten sogar prophylaktisch. Sie sahen weise voraus, wie die siegreichen Kommunisten einmal schändlich mit den großen Kulturdenkmälern Chinas umgehen würden. Sie ahnten wohl etwas. Also transportierten sie 1949 alles, was zu bewegen war und in Holzkisten passte, auf ihre Schiffe und tuckerten damit Richtung Taiwan. Sie taten dies nicht aus Gier. Ganz bestimmt auch nicht, weil sie wussten, dass diese Kunstschätze ein Vermögen wert waren. Sie taten dies nur zum Erhalt der Kultur. Vollkommen selbstlos. Und zum Schutz des Goldes. Das hat man nämlich auch noch mitgenommen. Sicherheitshalber. Wahrscheinlich, damit die Barren nicht zerstört werden. Man schützte das Gold vor Vandalismus, indem man es auf die sichere Insel brachte. Man hat quasi die gesamten Goldvorräte des chinesischen Reichs gerettet und den Grundstein dafür gelegt, dass Taiwan heute zu den Ländern mit den größten Goldreserven der Erde gehört. Wenn es einen Nobelpreis für Goldschutz gäbe, Tschiang Kai-shek hätte ihn bekommen.

Immerhin hat der andere, der kunstvolle Inhalt der über sechstausend Holzcontainer gepaart mit dem kunsthistorischen Sachverstand der zuständigen Fachleute der Welt das wohl schönste und größte Museum für chinesische Kunst geschenkt. Das Palastmuseum in Taipei hat für China die gleiche Bedeutung wie der Louvre in Paris für Europa. Da ist es fast egal, dass es sich wohl, wie oben schon angedeutet, um eine gigantische Raubkunstsammlung handelt. Während der Verschiffung ist anscheinend nicht ein einziges Stück beschädigt worden, und durch Ankäufe und vor allem Schenkungen wächst der Bestand weiter. Man spricht von sechshundertfünfzigtausend Exponaten, die in atombombensicheren Magazinen lagern, wenn sie nicht gerade ausgestellt werden. Wer sich auch nur ein wenig für Kunst, Kultur und Geschichte Chinas interessiert, muss ein paar Tage im Palastmuseum verbracht haben. Wenn einen vieles abschreckt und einem manches vielleicht nicht gefällt in Taiwan, das Museum allein ist schon Grund genug, hierher zu kommen.

Das nationale Palastmuseum ist einzigartig, unvergleichlich und verdient ein eigenes Buch. Ich erlaube mir, eine eher kleine und aktuellere Museumsepisode herauszupicken. Bei allem Respekt für die wunderbare Sammlung eine Schmunzelgeschichte.

Es gibt so viele weltbekannte und noch mehr nur chinabekannte, aber deshalb nicht minder spektakuläre Meisterwerke zu bewundern, doch zwei davon habe ich ganz besonders ins Herz geschlossen. Es sind relativ kleine Exponate aus Jade, sie stammen aus der Qing-Dynastie. Das eine Ministück ist bräunlich und stellt ein Stück gekochte Schweineschwarte dar, so wirklichkeitsgetreu, dass man am liebsten hineinbeißen möchte. Das andere Meisterwerk ist aus smaragdgrüner und weißer Jade und sieht aus wie ein Chinakohl, in dessen Blättern sich ein kleiner und ein großer Grashüpfer versteckt haben. Es ist so gut gemacht, dass hier in Taipei ein kleiner Chinakohl zur Mona Lisa wird. Es ist nicht einfach, an die Vitrine vorzudringen.

Nun wird es peinlich. So sehen es jedenfalls viele Taiwanesen. Den berühmten Jadekohl kann man für teures Geld in genau 81 Variationen als Souvenir mit nach Hause nehmen, und wenn man weiß, wie wichtig Reisemitbringsel für Chinesen sind, dann hat man eine Ahnung davon, wie viel Jadekohlimitate hier jeden Tag über den Tresen gehen. Und jetzt kommt die große Katastrophe. Einige Plastikausgaben des berühmtesten

Kohls der Welt sind »Made in China«, was in Taiwan so nicht sein darf. Hier hat der Einkaufsleiter des Museums bestimmt ein günstiges Schnäppchen gemacht, aber er hat nicht mit der heftigen Entrüstung seiner Landsleute gerechnet. Hektisch wurden neue Labels hergestellt, um – wie es der Museumsdirektor zum Ausdruck brachte – näher an der Wahrheit zu sein: »Designed in Taiwan, Made in China«. Was man doch so alles tut, um die schäumende Volksseele zu beruhigen.

Der ausländische Besucher ist erstaunt darüber, mit welcher heißblütigen Vehemenz auf der einen Seite über die korrekte Auszeichnung eines Plastikanhängers gestritten wird und wie andererseits die nahezu systematische Zerstörung eines mindestens ebenso wichtigen Kulturguts von der taiwanesischen Öffentlichkeit ohne größeren Widerstand hingenommen wird. Die relativ kleine Insel Taiwan ist gesegnet mit einer der schönsten Landschaften der Welt. Es gibt nicht viele Plätze auf unserem Planeten, wo eine bis zu 4.000 m hohe Berglandschaft nach nur wenigen Kilometern auf eine so dramatisch schöne Küstenformation trifft. Die Realisierung eines chinesischen Landschaftsrollbilds oder das Paradies auf Erden könnte es sein, aber die Macht, mit der diese natürliche Schönheit zerstört wird, ist ungeheuerlich. Wenn man all die trostlosen Betonkästen und gesichtslosen Hochhäuser am Ufer rund um den Sonne-Mond-See sieht, dann mag man dies als Europäer bereits als schlimme Verschandelung der Landschaft ansehen. Man kann aber hier am wohl berühmtesten und beliebtesten Ausflugsziel der Taiwanesen mit viel Toleranz und asiatischer

Gelassenheit gerade auch noch geteilter Meinung sein. Geschmäcker sind bekanntlich verschieden, und Asiaten haben im Gegensatz zu uns Europäern auch eine ganz andere Vorstellung davon, wie ein Touristenort auszusehen hat. Wo der Europäer von möglichst unberührter Natur und ursprünglicher Originalität träumt, erwartet der chinesische Tourist eher ein unterhaltsames Disneyland und freut sich über lärmende Vergnügungsangebote. Aber die hässlichen Betonbunker am Traumsee in den Bergen können auch den Chinesen nicht gefallen. Oder vielleicht doch?

Es gibt allerdings ein noch viel schlimmeres Beispiel, über dessen grausame Hässlichkeit man auch mit Asiaten nicht mehr streiten muss. In der Nähe von Taidong gibt es den bekannten Kurort Chih Pen, genauer gesagt den drei Kilometer entfernten Teilort Chih Pen Wen Quan, der von der Nähe zur wirklich dramatischen Schönheit der Küstenlandschaft profitiert und mit heißen Quellen und Kuranwendungen Werbung für sich macht. Ein Ort, der auf Besucher angewiesen ist und der bei Taiwanesen zu den beliebtesten Kurorten gezählt wird. Das allerdings verstehe, wer will. Es sprengt die menschliche Vorstellungskraft, sich einen Ort vorzustellen, der hässlicher sein könnte. Der Kurort, an dem übersetzt die Weisheit entspringt, sieht aus wie eine leibhaftige Szene aus »Day After«. So stellt man sich einen Platz vor, der vor vielen Jahren von den Menschen verlassen wurde, weil sie in den grauen Betonburgen, in denen sie sich eigentlich erholen sollten, keine Luft mehr bekamen. Über jeder heißen Quelle steht ein gesichtsloser Betonblock mit unzähligen

Stockwerken. Ein Unterbringungsmonster neben dem anderen. Plattenbauarchitektur der trübseligsten Art.

Die Stadtregierung muss eine Arbeitsgruppe eingesetzt haben unter dem Motto: »Unser Dorf muss hässlich werden«.

Man hat ganze Arbeit geleistet.

Sollte es jemals einen Wettbewerb für den hässlichsten Kurort der Welt geben, rate ich möglichen Mitbewerbern, gar nicht erst anzutreten. Die Goldmedaille ist eindeutig vergeben. Warum sich ein Ort so entwickeln kann und wieso immer noch Menschen dort Urlaub machen, bleibt ein ungelöstes Rätsel. Nicht einmal die Beantwortung der letzten Frage gelingt mir. Wieso war ich eigentlich dort?

Taiwan hat glücklicherweise so viel landschaftliche Schönheit zu bieten, dass es selbst die abgefeimtesten Bauunternehmer nicht schaffen werden, dieses Naturparadies komplett zu vereinnahmen und zu zerstören. Taiwan ist auch landschaftlich eine Reise wert. Wegen Wolkenkratzerrekorden muss man nicht mehr kommen. Das höchste Hochhaus der Welt steht jetzt irgendwo anders in der arabischen Wüste, aber was soll es? Wichtig ist es den Taiwanesen doch nur, dass es nicht auf dem Festland steht. Das Palastmuseum bleibt. Das steht fest. Jedenfalls für die Taiwanesen. Da können die Festländer noch so sehr schimpfen. In Taiwan wartet man einfach ab und trinkt Tee. Auch ein Grund, nach Taiwan zu kommen. Man trinkt hier Tee in jeder nur erdenklichen Art, nur meistens nicht schwarz. Dafür isst man sehr gern schwarze Hühner. Sollen gut schmecken und Kraft geben. Alles ist eben ein wenig anders in Taiwan, und gerade das Andere ist vielleicht der beste Grund für eine Reise auf die Insel.

Hat man Asien nicht gesehen, wenn man nicht einmal auf Taiwan gewesen ist? Nicht unbedingt, aber man verpasst viele Überraschungen, wenn man Taiwan links liegen lässt. Selbst im hochmodernen Taipei kann man mehr über moderne chinesische Religiosität erfahren als an jedem anderen Ort Chinas. Taiwan tickt einfach anders und verblüfft immer wieder. Der Welt konzentriertester Hersteller von hypermodernen Laptops, Mobiltelefonen und Flachbildschirmen huldigt auch heute noch seinen vielen Gottheiten.

Wieder mal ein letzter Tag vor dem Abflug in die Heimat. Ich versuche, die Zeit bis Mitternacht noch mit Anstand und möglichst vernünftig zu verbringen. Das Wetter ist gut, also will ich noch einmal etwas durch die Straßen laufen. Beim Verlassen des Hotels platzt mir fast das Trommelfell. Es sieht alles nach Tempelprozession aus. Bunte Wagen, dumpfe Trommeln, scheppernde Schellen, alte Holzfiguren werden auf Sänften getragen. Das allein ist schon ein lautes Spektakel. Das Sahnehäubchen auf dem Lärmsalat sind aber Feuerwerkskörper, die unablässig gezündet werden. Ich gehe ein paar Meter die Straße entlang und stelle fest, dass eigentlich vor jedem Haus Altäre und Opfertische aufgestellt wurden, reich beladen mit Früchten, Reis, Räucherstäbchen, Himmelsgeld und auch dem einen oder anderen schwarzen Huhn. Und heller Flüssigkeit in kleinen Gläsern. Wasser oder Schnaps? Ich weiß es nicht.

Ich ziehe mich erst noch einmal ins Hotel zurück und befrage dort das Personal nach den Hintergründen. So etwas wie ein Gott hat Geburtstag, wird mir gesagt. Hat dieser so etwas einen Namen? Tianshang Shenmu! Eigentlich hätte ich es wissen müssen. Tianshang Shenmu heißt so viel wie »himmlische heilige Mutter« und ist die volkstümliche Bezeichnung für Mazu, eine Göttin, die früher vor allem für den Schutz der Seeleute angebetet wurde. Heute ist Mazu so ziemlich für alles zuständig, für Gesundheit, Karriere, Ernte, Beziehungen, Schulabschlüsse und manchmal auch noch für den Wunsch nach Kindern. Allein in Taiwan gibt es 800 bis 1.000 Tempel, die ganz oder teilweise der Gottheit gewidmet sind. Der Geburtstag von Mazu ist der 23. Tag des dritten Monats im chinesischen Mondkalender. Also immer Ende April, Anfang Mai im Gregorianischen Kalender. Heute ist Mazus Geburtstag und ich hätte es fast vergessen. Kein Wunder, dass meine Karriere manchmal infrage steht. Wer Mazu vergisst, wird bestraft. So ist es nun einmal. Da hilft nur glauben und ja nicht zweifeln. Und Räucherstäbchen anzünden.

Auf der Suche nach dem nötigen Rüstzeug wage ich mich investigativ wieder auf die Straße. Mazu muss an ihrem Geburtstag auf Inspektion durch die Nachbarschaft gehen und schauen, ob alle ihre Opfergaben gemacht haben. Sie wird heute mehr als zufrieden sein können. Die Tische biegen sich unter dem Dargebotenen, und alle verbeugen sich mit Räucherstäbchen in der Hand, wenn wieder mal ein Wagen mit dem göttlichen Passagier vorbeikommt. Ausnahmen gibt es nur wenige. Fast alle sind dabei und machen mit. Man muss sich mit den Göttern gut stellen, egal, ob man an sie glaubt oder nicht. Eine tiefe chinesische Überzeugung. Das Land, das die Welt mit den modernsten Computern versorgt, verbeugt sich inbrünstig vor alten Holzfiguren, die auf Sänften vorbeigetragen werden. Mazu segnet die Gläubigen und vertreibt mithilfe des Feuerwerks die teuflischen Mächte. Die haben heute ganz bestimmt keine Chance. Es raucht, stinkt, zündet, knallt, rattert und explodiert an jeder Ecke, dass ich Angsthase wie ein gejagtes Kaninchen durch Taipei hoppele. Besonders beliebt scheint es zu sein, ganze Lkw-Ladungen mit Knallkörpern auf einmal hochgehen zu lassen. Wenn man diesen zu nahe kommt, wird die Welt auf einmal angenehm leise für die noch verbleibenden Lebensjahre. Aber egal, die Chinesen haben mit viel Spaß und Freude die bösen Mächte wieder für ein Jahr ferngehalten.

Ich laufe trotz meiner Feuerwerksphobie kreuz und quer durch Taipei, und das Spektakel nimmt kein Ende. Von Zeit zu Zeit sehe ich Kaninchenkollegen. Ausländer auf der Flucht vor Knallkörpern. Woher weiß man eigentlich, dass man an einem Ort ist, an dem nur sehr wenige Ausländer sind? Wenn sich die wenigen Fremden auf der Straße mit gütigem Blick grüßen. Wo man doch anderenorts einen großen Bogen um andere Touristen macht, die einem die Besonderheit der eigenen Reise zunichtemachen.

Nach einem Zickzacklauf durch die explodierende Stadt komme ich zum Museum of National History, das ich für einen

Moment der Ruhe zum explosionsfreien Fluchtbunker auserkoren habe. Ein tolles Haus mit traditioneller Architektur, modernster Museumstechnologie und einer bemerkenswerten ständigen Ausstellung, die auch noch dazu mit guten englischsprachigen Erklärungstafeln glänzt. Ein echter Geheimtipp. Nach einer langen, ohrenerholenden Tour durch dieses wunderbare Geschichtsmuseum setze ich mich im dritten Stock an das Panoramafenster und schaue über einen Lotusteich und den botanischen Garten auf die Häuser von Taipei und sehe im Hintergrund die Berge mit dem weltberühmten Palastmuseum. Die Stadt scheint keine Grenzen zu kennen. Das Häusermeer reicht bis zum Horizont. Überall um uns herum knallt und explodiert es. So muss es sich für die Korrespondenten auf der Terrasse des Rex-Hotels angehört haben, als 1975 die Truppen von Ho Chi Minh auf Saigon zumarschierten.

Aber hier sind wir im modernen Taipei des 21. Jahrhunderts und es herrscht kein Krieg. Gut so.

Es geht nur um eine Göttin. Aber was heißt schon nur?

»Umwege erweitern die Ortskenntnis.«

Kurt Tucholsky (1890-1935)

MELONENFAHRER UND GRÜNE MANGOS

BALI / INDONESIEN

Dezember / April

Ich wollte schon immer einmal mit einem Traumschiff auf eine Trauminsel und dachte oft darüber nach, wie es wohl sein muss, wenn ein Traum den anderen trifft. Dann war es schließlich soweit: Die MS Deutschland hatte im Hafen von Benoa festgemacht. Das legendäre Kreuzfahrtschiff war auf der berühmten Insel der Götter angekommen und ich mit an Bord. Einfach traumhaft.

Man hatte mich als landeskundigen Lektor engagiert, und meine Aufgabe auf dem Schiff war es unter anderem, die Passagiere auf die fremden Kulturen vorzubereiten, die ihnen da außerhalb der Schiffsfestung so plötzlich und unerwartet über den Weg laufen könnten. Es ist ja schon eine besondere Herausforderung für einen modernen Schiffsreisenden. Man ist als Kreuzfahrer die ganze Zeit umgeben von deutscher Sprache, deutschem Essen, deutscher Kultur und deutscher Mentalität, das mondäne Schiff heißt ja nicht umsonst MS *Deutschland.* Sogar die Bilder an allen Wänden sind ausschließlich deutsche Motive von deutschen Malern. Dazu gibt es jeden Morgen frische Vollkornbrötchen von deutschen Bäckerhänden und eine tagesaktuelle deutsche »Welt« mit den Ergebnissen der Fußballregionalliga und den Fernsehprogrammen von ARD und ZDF.

So viel Deutschland auf so engem Raum gibt es selten, umso intensiver ist der Moment, wenn man ein paar Treppenstufen die Gangway hinuntersteigt und sich mitten in der vollkommenen Fremde wiederfindet. Die mittelalterlichen Kreuzritter hatten im Gegensatz zu den modernen Kreuzfahrern wenigstens eine längere Anreise, die zur behutsamen Annäherung an das Fremde genutzt werden konnte. In den modernen Zeiten geht so etwas brutal und schnell. Von einer Minute auf die andere fremde Gesichter, unverständliche Sprachen, dämonenüberladene Religionen, unverträgliches Essen, alte Autos ohne TÜV, ohne Sicherheitsgurte und ohne gehäkelte Klopapierabdeckungen – und weit und breit kein Königspils. So eine radikale Konfrontation mit dem gänzlich Fremden kann einen psychischen Schockzustand auslösen.

Um dies zu verhindern, ist ein Lektor an Bord. Er soll das Unbekannte entfremden und den ahnungslosen Kreuzfahrer auf seine schwere Mission vorbereiten.

Nun ist Bali trotz der vielen Touristen immer noch eine Insel von herausfordernder Fremdartigkeit. Das Traumland gibt seine Geheimnisse nicht auf den ersten Blick preis, man muss schon genauer, intensiver und etwas länger schauen. Dazu hat der deutsche Kreuzfahrer aber meistens keine Zeit, denn er muss pünktlich zu den unverzichtbaren Mahlzeiten wieder an Bord sein. So bleibt dem Lektor oftmals nur die Sisyphusarbeit, einen groben kulturellen Überblick über das zu geben, was der Passagier aller Voraussicht nach leider nicht sehen wird, weil er zu Bingo am Nachmittag oder spätestens zur Poolparty am Abend wieder auf dem deutschen Schiff sein soll, muss oder eben will.

Ich habe versucht, die Passagiere entgegen dieser Traumschiffzwänge davon zu überzeugen, so viel Zeit wie nur irgend möglich an Land zu verbringen, Touren zu machen und ruhig auch einmal mutig auf eigene Faust loszuziehen. Zwei Tage und zwei Nächte sind zu wenig für Bali, aber die Gäste der MS Deutschland sollten diese Zeit wenigstens intensiv nutzen. Ich schilderte bei meinem Vortrag die paradiesische Insel der Götter und Dämonen in den schönsten Farben. Ich wollte den Menschen erklären, wieso Bali für mich und für viele andere immer noch eine Trauminsel ist, trotz immenser Touristenströme und einer gravierend zunehmenden Umweltverschmutzung. Alle sollten mein Paradies auf Erden kennenlernen, wo die Menschen immer freundlich sind und von der Natur so üppig beschenkt werden.

Ich vergaß selbstverständlich nicht zu erwähnen, dass der Dezember zu den Regenzeitmonaten in Bali gehört und dass gerade auch starke und ergiebige Regenfälle zu diesen üppigen Geschenken der Natur zählen. Es sollte jeder Passagier wissen, dass es im Dezember auf der Trauminsel immer wieder heftig regnet und dass blauer Himmel, Sonnenschein und Regenwolken sich im Stundenrhythmus in schöner Regelmäßigkeit ablösen. Dergestalt weitgehend gut und aufrichtig informiert erreichten der Lektor und sein aufmerksames Publikum am frühen Morgen des ersten Weihnachtsfeiertages die Trauminsel Bali. Die Erwartungen waren verträumt hoch.

Geweckt wurde ich von prasselndem Tropenregen, der an mein Bullauge trommelte. Ich nehme es schon einmal vorneweg: Das Trommeln sollte die nächsten zwei Tage nicht mehr aufhören. Solche Regentage habe ich auf Bali noch nie erlebt. Es schüttete wie aus Kübeln, was relativ normal ist, aber es hörte eigentlich nie auf, was wiederum relativ unnormal ist. Die Straßen wurden zu Flüssen, die Gehwege zu einem undurchdringlichen Wasserlabyrinth und die offenen Dohlen zu einer Art Bermuda Dreieck für ahnungslose Fußgänger. Wasser, wohin man auch schaute. Zugegeben, mir war eigentlich schon klar, dass eine Kreuzfahrt nun einmal dadurch geprägt ist, dass man einfach sehr oft auch auf Wasser schaut, aber dass dies auch für Landtage gilt, konnte ich mir in meiner klimatischen Naivität nicht so recht vorstellen. Mit einem kräftigen »Leinen los« beginnt jede Kreuzfahrt, das ist schon richtig, aber dass auch Busse dieses Kommando geben müssen, war mir bis dato nicht bekannt. So wie es in diesen zwei Tagen in Bali geregnet hat, muss die biblische Sintflut begonnen haben. Es regnete und regnete und regnete und hörte einfach nicht mehr auf. Habe ich jemals mehr Regen erlebt als in diesen zwei Tage mit der MS Deutschland auf Bali?

Nun ist es in der Reisebranche im Allgemeinen und bei Kreuzfahrten im Besonderen anscheinend unvermeidbar, für alles, was einem während des gebuchten und anständig bezahlten Pauschalurlaubs widerfährt, einen Schuldigen zu suchen und zu finden. Es kann nicht sein, dass etwas einfach passiert, irgendjemand muss grundsätzlich und immer irgendetwas ganz falsch gemacht haben.

Die Passagiere glaubten jetzt, dass ich nicht ganz schuldfrei war an dieser miesen Wettersituation. »Man kann doch vom Lektor wenigstens erwarten, dass er den Regen verhindert. Er hat doch sonst den lieben langen Tag nichts zu tun.« Die glaubten wirklich, dass ich an der Regenmisere schuld war. »Der soll nicht so viel erzählen, der soll lieber schauen, dass es trocken bleibt.« Der Lektor hatte wahrscheinlich seine Suppe nicht aufgegessen, deshalb regnete es Hunde und Katzen! Es war quasi Lektorenregen.

Ich habe allerdings alle Schuld weit von mir gewiesen. Meiner überzeugten und gefestigten Meinung nach war das Reisebüro schuld, weil es die Buchung für diese Regenkreuzfahrt angenommen hat, die Reederei, weil sie das mit dem vielen Regen hätte wissen müssen, die Ausflugsabteilung, weil sie das hätten anders organisieren können, der Kapitän, weil er woanders hätte hinfahren können, die örtlichen Führer, weil wer soll denn sonst verdammt noch mal etwas machen, das deutsche Außenministerium, weil die kein Einreiseverbot für dieses verfluchte Regenloch erlassen haben und das indonesische Tourismusministerium, weil die uns mit furztrockenen Sonnenbildern in diese Paradiesregenscheiße gelockt haben. Was konnte ich denn da machen?

Ich musste unbedingt einen eindeutig Schuldigen finden, sonst wäre ich gelyncht oder kreuzfahrtgerecht kielgeholt worden, was auch bei angenehm warmen Wassertemperaturen verhältnismäßig unerfreulich sein kann. Ich bat die Götter aller Religionen um Beistand: »Shiva, sei mir gnädig und gib mir ein Opfer, das ich anklagen kann. Herr im Himmel, gib mir einen Schuldigen, auf den ich mit dem Finger zeigen kann. Die beflissene Bedienung, die mir zu viel Suppe eingeschenkt hat, sodass ich sie niemals aufessen konnte. Die saublöden Reiseführerautoren, die im Dezember von ergiebigen, aber kurzen Regenschauern schreiben. Die bescheuerten Bekannten, die gesagt haben, dass es im Dezember auf Bali zwar ab und zu heftig regnet, aber sonst eigentlich ganz schön wäre.«

»Der Regen fällt zumeist in der Nacht oder am frühen Morgen. Aber selbst für die sogenannte Regenperiode von Oktober bis März sind klare, sonnige Himmel typisch, die sich nur während einiger kurzer und plötzlich auftretender tropischer Regenschauer verdunkeln.« Soweit das ADAC-Reisemagazin Bali.

Das war wohl mit Sicherheit das letzte Mal, dass ich für solche hirnlosen Wetterprognosen auch noch Geld ausgegeben habe. Der ADAC soll sich um des Herrgottes willen kruzifix nochmal um die Zustände auf Deutschlands Straßen kümmern und nicht um das Wetter in Bali an Weihnachten. Aber das half mir insgesamt gesehen in meiner unangenehmen Situation auch nichts.

Apropos Herrgott und so. Letztendlich glaube ich, der Pastor an Bord war schuld. Er ist ja schließlich für das Große und Ganze zuständig – und wenn *er* es mit Petrus nicht hinkriegt, wer soll es dann schaffen? Genau, der Pastor war schuld an dem ganzen Regen hier auf Bali. Das war eine gute Idee, weil der so nett war, dem konnte niemand wirklich böse sein. Das wurde meine offizielle Version. Es regnete – und der Pastor war schuld.

Man sollte wissen, dass mir diese eindeutige Schuldzuweisung nicht leicht gefallen ist, denn der Bordpastor war wirklich ein ausgesprochen sympathischer Mensch, den ich eigentlich sehr mochte. Aber ich musste meine eigene Haut retten. Vierhundert triefend nasse und enttäuschte Passagiere brauchten einen formidablen und leidensfähigen Sündenbock. Und das Leiden gehört ja zum Christentum wie der Regen zu Bali. Es ging einfach nicht anders: Der Bordpastor war schuld am Regen in Bali! Was immer die Reisenden jetzt mit dem armen Kirchenvorsteher machen wollten, es würde ihnen sicherlich vergeben werden, denn sie würden nicht wissen, was sie tun. Lukas oder so. Vielleicht könnte sich der arme Mann auch mit einer nachweihnachtlichen Christkindsbescherung herausreden. Wie heißt es so schön in dem wunderbaren Lied von Stephan Sulke: »Oh, lieber Gott, komm doch mal runter und schau dir die Bescherung selber an, oh, lieber Gott, komm doch mal runter und schau dir die Bescherung selber an!«

Regen macht schön! Wenn das stimmt, hat der Weihnachtsaufenthalt des Traumschiffs auf der Trauminsel der Welt ungefähr vierhundert neue schöne Menschen beschert. Oder den neuen Typ des Entenmenschen. Auf jeden Fall sind den Passagieren bestimmt Schwimmhäute gewachsen. Und wenn man sich abends in den Gesellschaftsräumen des eleganten Kreuzfahrtschiffes so umhörte, klappte es auch mit dem Quaken schon ganz gut. Man lernt so viel auf einer Schiffsreise.

Nur wohl nicht die balinesische Wirklichkeit kennen, denn dafür muss man sich schon ein bisschen mehr Zeit nehmen und den Anker etwas länger ruhen lassen. Bali ist eine paradiesische Insel. Immer noch. Mit kleinen Fehlern. Oder wohl auch mit ein paar richtig großen. Da keiner von uns Lebenden das jenseitige Paradies wirklich kennt, wissen wir nicht, ob es dort nicht auch höllenähnlich furchtbare Ecken gibt. Vielleicht gab es ja auch bei Adam und Eva Müllhalden hinter dem Apfelbaum. Wahrscheinlich ist auch das christliche Paradies gepflastert mit Tausenden von Verkaufsständen, voll mit Äpfeln, Schlangen und Holzschnitzereien vom Originalbaum der Versuchung. Bestimmt wird auch in den Paradieshotels im

Himmel nach dem Abendessen – gegen einen entsprechenden Aufpreis selbstverständlich – ein folkloristisches Tanzprogramm dargeboten, das die Vertreibung von Adam und Eva aus dem Paradies in bunten Bildern leicht verdaulich auf die Bühne bringt. Nur eines wird anders sein. Man kann nicht abreisen, wenn es einem nicht gefällt. Wenn man doch abhaut, fährt man eben in die Hölle. Ist vielleicht gar nicht so schlecht. Wer weiß es schon so genau?

Wir wissen es nicht, aber wer offenen Auges durch den Süden Balis fährt, der kann die vielen Probleme der sogenannten Trauminsel nicht übersehen. Zu viele Touristen, zu viel Verkehr, zu viel Müll, zu viele Hotels und zu viel Alkohol. Selbst ein derart widerstandsfähiges Gesellschaftssystem wie das der Balinesen scheint so einem massiven Besucherstrom nicht gewachsen zu sein und nimmt so langsam Schaden. Die lokale Regierung will nun gegensteuern. Man plant, die traditionellen Subaks mit umgerechnet ungefähr 4,2 Millionen Dollar zu unterstützen. Oder besser gesagt, man will sie wiederbeleben. Denn in einigen Regionen Balis ist der Patient schon so gut wie tot. Aber wenn die Subaks sterben, dann stirbt Bali oder mindestens das, was uns in Bali bis heute so fasziniert. Eine Gesellschaft, die den Einklang mit der Natur verbindet mit Harmonie, Gerechtigkeit und Frieden. Das blutrünstige Hobby des Hahnenkampfs ignorieren wir jetzt einfach mal. Das passt gerade nicht so schön ins Bild.

Subaks sind die traditionellen Landwirtschafts- und Bewässerungsgenossenschaften. Die wichtigste Aufgabe dieser

Dorfgemeinschaften ist es, den Reisanbau und die damit verbundene korrekte Bewässerung zu organisieren und sicherzustellen. Die Genossenschaft zur Bewässerung der Reisfelder sorgt für die gerechte Verteilung von Wasser. Das Wasser kann auf Bali manchmal ganz schön knapp sein, auch wenn die tapferen Kreuzfahrer der MS Deutschland jetzt wahrscheinlich zu Hause etwas anderes erzählen werden. Eine so dichte Bevölkerung wie die auf Bali benötigt immer eine intensive und verantwortungsvolle Methode der Nahrungsmittelproduktion, um sich am Leben zu erhalten. Reis ist nicht nur das balinesische Grundnahrungsmittel Nummer eins, Reisanbau bedeutet Leben in Bali.

»Planting rice makes never fun,
bend from mourn till set of sun,
never stand and never sit,
never rest a little bit!«

Ich weiß nicht mehr, wer mir dieses kleine Gedicht beigebracht hat und woher es stammt, aber es trifft den Nagel auf den Kopf. Um ein anständiger Reisbauer zu sein, braucht es mehr als nur eine Vorstellung von Beruf, Lebensunterhalt und einfach Geld verdienen. Für den Anbau von Reis braucht man vor allem Demut – und ganz ohne ein paar Götter geht es wohl gar nicht. Der balinesische Hinduismus mischt sich mit Buddhismus und vielen lokalen Gottheiten, sodass sich in Bali Tempelfeste und Zeremonien entwickelt haben, die einzigartig auf der Welt sind. Inder werden sich in diesem ganz auf Bali und seine Bewohner zugeschnittenen Hinduismus kaum wiederfinden. Wir Europäer verstehen schon gleich gar nichts.

Auf jeden Fall bieten die geografischen Niederungen im Süden Balis die natürlichen Grundbedingungen für Reisanbau. Man hat hier über die Jahrhunderte ein komplexes System für den Anbau von Nassreis entwickelt, wobei die von den Bergen niederströmenden Bäche in ein raffiniertes Geflecht aus Kanälen und Terrassen geleitet werden. Die Subaks sorgen dafür, dass dies alles gepflegt wird und richtig funktioniert. Es gibt im Moment über zweitausend dieser Subaks, die alle auf der Grundlage von Reisanbau und Landwirtschaft existieren. Mit der finanziellen Unterstützung von Regierungsseite hofft man, die Bauern davon abzuhalten, ihr fruchtbares Land an Fremde zu verkaufen. Ausländische und auch indonesische Investoren, die das Land für andere Zwecke nutzen wollen. Für Hotels, Straßen, Swimming Pools, Shops und Wellness Spas, von denen aus man während der entspannenden Massage auf Reisfelder schaut, in denen gerade der Bauer mit seinem Wasserbüffel die Erde umpflügt. Klingt ziemlich grotesk, ist aber Realität. Es sei denn, das Reisfeld gegenüber ist bereits an eine andere Hotelkette verkauft worden.

Bali verliert jedes Jahr ungefähr sechshundert Hektar fruchtbares Land an Baugesellschaften und Immobilienspekulanten. Diese drastischen Änderungen in der Landnutzung bedrohen das Jahrhunderte alte Subaksystem, das in seiner bestimmten Art und Weise das landwirtschaftliche und auch gesellschaftliche Rückgrat der Insel darstellt. Denn die Subaks kümmern sich um weit mehr als nur um Bewässerungskanäle. Sie sind in ihrem Wirkungskreis auch zuständig für die sozialen, kulturellen und religiösen Belange ihrer Mitglieder.

Man kann es eigentlich sehr einfach erkennen. Sind die Bewässerungskanäle eines Dorfes zugewachsen, verschmutzt und ungepflegt, dann gibt es im Regelfall auch keine satt grünen Reisfelder zu bewundern, und man kann davon ausgehen, dass sich die traditionellen Dorfstrukturen ganz langsam auflösen. Große Veränderungen und tiefgreifende Probleme sind eigentlich vorprogrammiert. Mit der finanziellen Unterstützung will die Regierung dies vermeiden. Umgerechnet Eintausendachthundert Dollar soll jede Genossenschaft erhalten. Das klingt nicht nach viel, aber für die Subaks ist es schon eine Menge Geld. Wie sie den Zuschuss einsetzen, bleibt jeder Gruppe selbst überlassen.

Made Nuada, der Subakvorsitzende des kleinen Dorfes Kapal in der Region Badung zeigte sich äußerst begeistert von der unerwarteten Unterstützung: »Wir werden mit dem Geld etliche religiöse Zeremonien organisieren und den Subaktempel frisch renovieren. Wenn dann noch etwas Geld übrig bleibt, werden wir damit die Wege zwischen den Reisfeldern stabilisieren.«

Die Götter haben immer Vorrang auf Bali, erst kommt die Zeremonie, dann der Tempel und danach vielleicht der Straßenbau. Dies sieht auch jeder Besucher. Die Prozessionen sind prächtig, die Tempel selber spielen keine so große Rolle und sehen oft auch ein wenig verwahrlost aus. Aber das stört die Balinesen überhaupt nicht, und die Götter anscheinend ebenso wenig.

Die Reisterrassen faszinieren jeden Besucher der Trauminsel, und so kommt auch der schnöde Tourist mit der landschaftspflegerischen Leistung der Subaks in Kontakt. Ansonsten begrenzen sich die Begegnungen mit Einheimischen im Regelfall auf – zugegebenermaßen wunderschöne – Tanzdarbietungen im gebuchten Hotel. Nur ganz manchmal gibt es dann doch mehr als das pauschal gebuchte Programm. Die Insel der Götter ist auch gut für so manchen Abend der schrägen Art. Das letzte Mal durfte ich im alten Hyatt in Sanur wohnen, das ist nicht das Schlechteste, was einem Besucher passieren kann. Das Hotel liegt in einem tropischen Paradiesgarten und bietet trotz seiner Größe Charme und Lokalkolorit. Relativ weit weg von den touristischen Ballungszentren Nusa Dua und Kuta geht es im Dörfchen Sanur noch ziemlich ruhig zu. Aber auch hier gibt es touristische Infrastruktur mit allem, was leider dazugehört.

Die Straße vor dem Hoteleingang offeriert einem alles, was man als desorientierter Tourist so braucht und was man nicht im Hyatt kaufen will, weil da doch alles so teuer ist und die amerikanischen Hotelmogule ja auch schon den deftigen Übernachtungspreis kassiert haben. Es geht doch nichts über exquisite Fünfsternehotels mit Supermarktanbindung und etwas freiem Platz in der Minibar. Die Rituale des erfahrenen Vielreisenden sind immer dieselben. Ankommen, Einchecken,

Herausfinden, welche Leistungen des tollen Hotels im Reisepreis bereits enthalten sind, kurz unter die Dusche – ist ja in jedem Fall im Reisepreis enthalten – und nichts wie raus auf die Straße der Sonderangebote, bevor der Zimmerkellner kommt und die Tagesdecke einrollen will. Der will doch nur Trinkgeld. Immer das Gleiche.

Draußen auf der Straße tausche ich erst einmal meine europäischen Kröten in indonesisches Geld um. Schnell mache ich die vergammelte Bude mit dem für mich günstigsten Wechselkurs ausfindig. Bei hundert umgetauschten Euro bekomme ich dreißigtausend Rupien mehr als im Hotel. Zwei Prozent gewonnen. Das reicht für ein Bier mehr. Klasse. Dafür habe ich sechsmal nachgezählt und bin dabei immer noch nicht das Gefühl losgeworden, das irgendetwas mit dem Geld nicht stimmt. Na super, entweder ich zähle vor dem Einschlafen noch einmal nach oder ich werde die ganze Nacht von Unterschlagung, Betrug und Falschgeld träumen. Aber zwei Prozent rausgeholt.

Ich schlendere die geschäftige Straße hinunter und suche das ideale Restaurant für mich. Das Pflichtenheft ist gewaltig. Regionale Küche, denn als Reisender in Sachen Kultur geht es ja gar nicht anders. Annehmbare Hygienestandards, wegen des Magens und so. Gefällige Inneneinrichtung, man hat da ja so seine Vorstellungen. Vernünftige Terrassenbestuhlung, denn man will ja draußen sitzen. Aber nicht zu nah an der Straße, wegen des Krachs und den Abgasen. Bloß keine fliegenden Händler zwischen den Tischen. Als Gäste ein guter Mix aus

Einheimischen der gehobenen Mittelschicht und Ausländern, die keine kurzen Hosen oder – noch schlimmer – offene Sandalen mit Socken tragen. Ein kühlendes Lüftchen sollte die tropischen Nachttemperaturen erträglich machen. Aber bitte um Gottes willen keine brummenden Ventilatoren. Bloß nicht! Ich will satt und nicht über den Tisch gezogen werden. Das Essen darf mich nicht krankmachen. Und gut sollte es natürlich schmecken. Als ob man das von draußen sehen könnte. Schauen die speisenden Gäste glücklich drein?

Die Suche nach dem idealen Restaurant ist nervenaufreibend, denn es soll ja schließlich und endlich auch – nein, nicht billig – *preiswert* sein. Eine Werbetafel beeindruckt mich ganz besonders: »Hier speisen Filmstars, Chefs, Abteilungsleiter, Präsidenten, Astronauten und Sie«. Ich konzentriere mich so sehr auf die Restaurantfassaden und Speisekarten, dass ich fast in ein offenes Kanalisationsloch falle. Wieder wäre ein Tourist in Bali spurlos verschwunden!

Da zwischen den Restaurants, Warungs Kleine Lädchen, meist Straßen-Verkaufsstände auf Rädern, die Nahrungsmittel verkaufen und/oder zubereiten.und Bars alle Arten von Boutiquen und Verkaufsbuden angesiedelt sind, schaue ich mir natürlich auch die Schaufenster und Auslagen der verschiedenen Geschäfte an. Automatisch und ähnlich unbemerkt wie ein Grippevirus in den menschlichen Körper schleicht sich eine Überlegung in mein Gehirn. Gibt es vielleicht etwas, das ich einkaufen sollte? Verspüre ich Besitzmangel? Brauche ich etwas? Erwartet die Familie Souvenirs? Was ist hier besonders günstig? Warum denn nicht? Der Flughafeneffekt setzt ein. Man braucht eigentlich nichts, aber man sieht so viel und hat Zeit. Vielleicht ein T-Shirt mit »I love Bali«-Aufdruck? Ein Bierdosenkühler mit dem Logo der nationalen »Bintang«-Brauerei? Glasuntersetzer aus Bambus? Oder doch eine Copywatch? Ein nachgemachtes Parfum, das im ersten Moment tatsächlich an das Original erinnert, den Anwender aber nach einigen Stunden geruchsmäßig zum läufigen Puma werden lässt? Ein Mobile? Eine Kokosschöpfkelle? Für was bloß? Und trotzdem überlegt man. Das Hirn hat einfach eine Tropendelle. Gut für die Verkäufer. Ich überlege ernsthaft, ob ich einen gewaltigen Teakholzpenis aus Tsunamiüberbleibseln erwerben soll. Das Holz soll hundert Jahre alt sein. Das kann man selten sagen von männlichen Schwänzen. Aber der große Tsunami hat doch in Bali gar keinen Schaden angerichtet? Wieso gibt es dann einen solchen Sturmpenis?

Die erste Stunde auf der Straße vergeht wie im Flug zwischen Restaurantsuche und blödes Zeug gucken. Es ist in der Zwischenzeit dunkel geworden und mein Magen schreit laut nach Nahrung. Er wollte schon lange nicht mehr das ideale Lokal, er wollte einfach gefüllt werden. Da kommen mir auf einmal, zuerst vereinzelt, dann immer mehr traditionell gekleidete Balinesen entgegen. Mitten auf der Straße. Sie sind zügig unterwegs, scheinen ihr gemeinsames Ziel genau zu kennen. Es sieht aus wie eine Tempelprozession, aber dafür sind sie alle viel zu schnell unterwegs. Man sieht auch zu wenige Opfergaben. Wo gehen die alle hin? Meine Neugier wächst. Sie rennen fast, lachen dabei, rauchen und scherzen. Es sind viele, das ganze Dorf scheint auf den Beinen. Dann plötzlich kommt der Mittelpunkt der Veranstaltung um die Ecke gebogen. Ein weißer Sarg auf einem Bambusgestell. Auch seine Träger sind ungeheuer schnell unterwegs. Der Verstorbene scheint es eilig zu haben.

Ich auch. Meine Abendpläne werden kurzerhand der neuen Situation angepasst. Die Entscheidung ist ethisch durchaus bedenklich, aber schnell getroffen. In mir regt sich ein empirischer Erkenntnisdrang, der einfach zu groß ist, um einfach weiterzulaufen. Essen wird vorläufig gestrichen, Shopping machen war eh so unnötig wie Mitternachtsbuffets auf Kreuzfahrtschiffen. Jetzt nur schnell umdrehen und hinter dem rasenden Sarg her. Zu meinem großen Glück habe ich noch keine Einkaufstaschen in der Hand und wie immer lange Hosen an.

Ich reihe mich in die vergnügte Schar hinter dem fliegenden Sarg ein. Es wirkt alles ein bisschen wie das Ende eines Seifenkistenrennens, bei dem das Siegerfahrzeug gerade im Triumphzug zum Podium transportiert wird. Wenn ich wenigstens eine Zigarette zwischen den Lippen hätte, dann würde dies sicherlich zu meiner Unauffälligkeit beitragen. Ich schwimme einfach in dem Strom mit, es sind bestimmt ein paar Hundert Balinesen, die hier unterwegs sind. Meine zugegebenermaßen unpassende Anwesenheit wird wohl nicht als störend empfunden, man nimmt mich eigentlich gar nicht wahr. Einen richtig Trauernden kann ich nicht identifizieren. Wir sind wohl aber auch zu schnell unterwegs, um richtig heulen zu können. Trotzdem bohrt diese Frage in mir. Wo sind die engsten Angehörigen?

Mitten im Dorf biegen wir wie einem geheimen Kommando folgend links ab zum Strand. Es geht mit unverändert schnellem Laufschritt eine kleine dunkle Gasse entlang. Immer mehr Balinesen kommen hinzu, der Menschenzug wird immer länger. Alle sind fröhlich, es wirkt jedenfalls so. Der Tote in seinem weißen Holzmaserati hat noch einmal Gas gegeben, ich verliere den Sarg aus den Augen.

Wir kommen am Strand von Sanur an, vor uns liegt das träge Wasser des Javameers. Aber wo ist die weiße Kiste? Sie scheint spurlos verschwunden. Viele Balinesen sitzen und stehen herum, man erholt sich wohl vom schnellen Lauf durch das Dorf. Es wird gegessen und getrunken, gescherzt, gelacht und wie immer viel geraucht. Die Stimmung erinnert an ein kleines Strandfest mit Speis und Trank und viel guter Atmosphäre.

Hinten, in einer Ecke des Strands, sind noch mehr Menschen. Alle Frauen sind mit einem Sarong bekleidet, die Männer haben allesamt eine Kappe auf dem Kopf. Ich wage mich trotzdem im Schutz der Dunkelheit als kappenloser Nichtbalinese zum Pulk der Menschen vor. Die vielen Leute stehen vor einer frisch ausgehobenen Grube, und tatsächlich finde ich hier den weißen Sarg wieder, der ein paar Minuten zuvor mit ziemlichem Karacho durch die Dorfstraßen getragen wurde. Die ganze Szenerie wird von einem einzigen kräftigen Neonstrahler beleuchtet, der provisorisch in einer Palme hängt. Das Ganze wirkt fröhlich und gespenstisch zugleich. Das Licht fällt immer mal wieder aus, aber auch das stört niemanden, die Stimmung ist gut und eigentlich überhaupt nicht traurig. Mir bleiben an diesem Abend nur Vermutungen, Fragen zu stellen habe ich mir verboten. Hier findet also offensichtlich keine Verbrennung statt, sondern der Tote wird wohl wahrscheinlich zwischengelagert, bis genügend Geld da ist für eine teure Einäscherungszeremonie. Oder genügend Tote für eine Massenverbrennung.

Wie dem auch sei, die Totengräber sind mit ihrer Arbeit noch nicht ganz zufrieden. Immer wieder springt einer von ihnen zu dem Verstorbenen hinunter in die Grube und umarmt den schlichten Sarg. Mit einem kräftigen Ruck schafft es einer allein, den Sarg in dem frisch ausgehobenen Grab richtig zu positionieren, die anderen sind aber noch nicht ganz einverstanden. Ein weiterer Helfer springt in die tiefe Grube. So allmählich kommen die Dinge ins rechte Lot. Ich stelle mir das Grubenhüpfen bei einer europäischen Beerdigung vor. Man könnte den Pfarrer wahrscheinlich mit Herzinfarkt gleich mit beerdigen. Es geht bei allen Bemühungen wohl darum, Seile unter dem Sarg durchzuführen, um ihn in ein paar Tagen oder Wochen wieder herauszuholen. Oder gar in ein paar Monaten? Jahren? Ich weiß es nicht.

Während der ganzen Zeit geht es offensichtlich ungemein lustig zu, ein Scherz scheint dem anderen zu folgen. Die Frauen organisieren die Opfergaben neben dem offenen Grab, während die Männer essen, trinken und rauchen. Was sowohl Männer als auch Frauen gleichermaßen überall und auch direkt am offenen Grab machen, ist mobil zu telefonieren. Es piepst und bimmelt am laufenden Band, überall in der Nacht leuchten bunte Displays. Es würde mich gar nicht wundern, wenn aus dem verschlossenen Sarg ein satter Klingelton zu hören wäre: »Der angerufene Teilnehmer ist im Moment nicht zu erreichen, wird aber per SMS benachrichtigt.«

Nach einer Weile beginnt man damit, das Strandgrab zuzuschütten. Es werden gleichzeitig kleine Plastikbecher mit Mineralwasser verteilt, die sofort an Ort und Stelle getrunken werden. Jetzt wohin mit dem Abfall? Nun, Abfall gehört in eine Grube, und wenn schon mal eine offen ist, dann wird die auch genutzt. Der gelbe Sack scheint hier gänzlich unbekannt oder verpönt zu sein. Viele Plastikbecher fliegen in das sich füllende Erdloch. Kann ja später alles mit verbrannt werden. Das provisorische Grab bekommt einen klassischen Grabhügel und statt eines Kreuzes oder Steins am Kopfende eine Bambusstange mit Opfertisch. Man kann das jetzt alles gut als Grab erkennen. Nicht, dass die kleinen Touristenkinder aus Europa oder Australien beim nächsten Strandburgbau Leichen ausbuddeln. Der Grabhügel bekommt noch eine Opfergabe und ein besonderes Bambusgeflecht. Danach verschwinden alle so schnell, wie sie gekommen sind. Schlagartig sind alle weg und es ist fast unheimlich leer. Ich habe keine Träne gesehen und kein Schluchzen gehört. Nicht einen Hauch von erkennbarer Trauer wahrgenommen. Aber alle waren da.

Auch ich, aber ich habe im Gegensatz zu den anderen Bestattungsgästen nichts gegessen oder getrunken. Also ging die schwierige Restaurantsuche nach dieser kleinen und etwas unheimlichen Unterbrechung weiter. Ich hatte mir meinen Leichenschmaus ja redlich verdient. Es gab dann schließlich Nasi Goreng und viel Bier zum Runterkommen.

Am nächsten Morgen lasse ich mich von meinen balinesischen Freunden in puncto korrekter Bestattungsalternativen ein wenig aufklären. Jeder Balinese hinduistischen Glaubens muss verbrannt werden. Soweit bekannt. Nachdem er verstorben ist. Bitte um alle Götter Willen nicht vorher schon jeden Balinesen anzünden, der einem gerade über den Weg läuft. Damit tut man ihnen nun wahrlich keinen Gefallen. Die touristische Hysterie um angebliche Verbrennungspartys nimmt manchmal solch erschreckende Formen an, dass einem Angst und Bange um alle Einheimischen werden kann. Die lokalen Reiseagenturen buhlen um die besten Plätze. Wann wird wer wo verbrannt und wo findet man die spektakulärsten Scheiterhaufen? Bei Neckermann sitzen sie der Werbung zu Folge auch dabei in der ersten Reihe, und bei Tchibo-Reisen genießen sie wahrscheinlich die Krönung aller Verbrennungen. Oder verwechsle ich das gerade mit dem ZDF und Eduscho?

Wie wichtig es für die Balinesen auch immer sein mag, dass der tote Körper im Feuer vergeht, so ist es trotzdem aus vielen Gründen doch nicht immer sofort möglich. Wenn das zeremonielle Verbrennen eines Verstorbenen aber aus irgendwelchen Gründen nicht zeitnah nach dem Eintritt des Todes dargestellt werden kann, dann gibt es zwei Arten der Zwischenlagerung.

Ich bitte jetzt schon einmal alle balinesischen Freunde um Vergebung, falls ich da etwas nicht ganz richtig wiedergebe.

Die eine Möglichkeit: Man veranstaltet ein Begräbnis mit großer Zeremonie, bei der die Leiche tatsächlich als tot angesehen wird. Dieses große Begräbnis mit allem Drumherum erfordert aber trotz allem und unbedingt, dass die sterblichen Überreste und Knochen innerhalb der nächsten zwölf Jahre irgendwann einmal exhumiert und dann verbrannt werden. Um das Verbrennen kommt also niemand herum.

Schon gar nicht bei der zweiten Methode. Dabei betrachtet man den Verstorbenen nicht als Toten, sondern nur als Schlafenden. Er wartet schlafend auf seine große feierliche Verbrennung. Der Körper im weißen Sarg beim abendlichen Spektakel ruht also quasi nur unter dem Sand und darf in ein paar Tagen oder Wochen wieder aufwachen, um dann richtig mit allem vor und zurück tot sein zu dürfen.

Der Verstorbene von gestern Abend scheint schnell mal schlafen gegangen zu sein, denn wenn er richtig tot wäre, könnten seine Angehörigen in den nächsten Tagen nicht in den Tempel. Sie wären unrein und damit nicht zugangsberechtigt für die heiligen Plätze der Götter. Und nicht in die Tempel zu dürfen, das wäre gerade jetzt besonders schlecht, denn ganz Bali feiert in diesen Tagen im April 2009 eines der wichtigsten Tempelfeste der letzten Jahre.

Seit Wochen laufen im großen Muttertempel von Besakih die Festlichkeiten auf ihren absoluten Höhepunkt zu. Panca Wali Krama findet nur alle zehn Jahre statt, alle Götter des balinesischen Hinduhimmels besuchen zu diesem Fest die Erde an den dreiundzwanzig verschiedenen Tempelbereichen des ältesten, größten und heiligsten Platzes der Insel. Die Erde gehört den Göttern, sie ist den Menschen nur zur Bearbeitung gegeben. Die Menschen auf Bali leben in ständigem Kontakt mit den Göttern, deren Wohnsitz in den Bergen vermutet wird, die Dämonen lauern im Wasser. Tempel sind die Treffpunkte von Menschen und Göttern. An jedem Tag und an Festtagen ganz besonders. Panca Wali Krama mündet in Bhatara Tarun Kabeh, der Höhepunkt aller Religiosität auf Bali. In diesen Tagen wird am Fuße des mächtigen Vulkans Gunung Agung gebetet und gekniet, geopfert und gegessen, gedankt und gehofft, geglaubt und empfangen, wird den Göttern die gute Stube bereitet und ihnen gehuldigt. Noch viel mehr als sonst eh schon.

Die Grundvoraussetzung für alles ist physische Präsenz. Jeder Balinese muss dabei sein. Jeder. Auf jeden Fall. Wirklich jeder. Am besten sonntags. Da hat fast jeder frei und genügend Zeit. Sonntag ist der Tag der Tage.

Ich selbst hätte in Bali auch an anderen Tagen Zeit, möchte aber auch sonntags hinauf nach Besakih. Ist es Dummheit oder Planungsunfähigkeit? Nein, überhaupt nicht, ich mag es so. Andere stehen auf Sadomasochismus. Ich dagegen gehe beispielsweise samstags gegen elf Uhr zum städtischen Wertstoffhof, um meinen gesammelten Hausmüll zu trennen. Man trifft dort gerade zu dieser Zeit so viele Leute und ist nie allein. Ich könnte auch am Dienstag oder am Donnerstag gehen, aber dann hätte ich ja ohne Widerstand sofort einen günstigen

Einwurfplatz bei der stets umlagerten Tonne für Grünglas. Ich brauche zu meiner perversen Befriedigung das Anstehen mit leeren Chiantiflaschen am Glasfriedhof wie Camper das Warten auf ein freies Scheißhaus mit der Klopapierrolle unter dem Arm. Es muss wehtun, sonst befriedigt es nicht richtig.

Nein, nein, da gibt es keinen Zweifel; und ich will es an dieser Stelle noch einmal betonen. Ich will sonntags zum balinesischen Zehnjahresfest auf den heiligen Berg. Habe ich schon erwähnt, dass es nur eine *kleine Landstraße* nach Besakih gibt – und keine Alternative? Habe ich schon gesagt, dass sich an diesem Tag schätzungsweise fünfzig- bis siebzigtausend Gläubige auf den schmalen Weg zum Tempel vor dem Vulkan machen? Feierlich gekleidet und alle Hände voller Opfergaben? Hingebungsvoll, fröhlich, ohne Zweifel und voller Demut. Auch ich bin unterwegs, mittendrin, und muss mir selbst vergeben, denn ich weiß bestimmt nicht, was ich hier tue. Mir fehlt die Hingebung, die Fröhlichkeit und jegliche Demut, eigentlich alles, was die Balinesen vorteilhafterweise mit auf den Berg nehmen. Dafür habe ich das, was sie anscheinend überhaupt nicht kennen, in rauen Mengen. Zweifel, große Zweifel. Was mache ich hier eigentlich? Busse, Autos, Bemos, Taxis, Mopeds, Fahrräder, Wanderer, Lastwagen, Luxuskarossen und Schrottkübel, alle scheinen nur ein Ziel zu kennen. Besakih!

Kurz nach dem Örtchen Rendang geht mit dem Bus eigentlich gar nichts mehr. Die komplett verstopfte Straße hat nur noch eine Richtung, die Gegenfahrbahn wurde für die Anreise zu Shiva und Kollegen schlicht und komplett okkupiert. Obwohl es ein heftiges Unbehagen in mir auslöst, beschleicht mich die Frage, wie man jemals wieder vom Muttertempel zurückkommen soll. Jetzt bloß nicht zu viel nachdenken. Wo noch eine schmale Lücke auf der Straße ist, sind sofort Mopeds zur Stelle und quetschen sich dazwischen. Sehr oft mit optimaler Sitzplatzausnutzung. Bis zu sechs Personen passen locker samt aufwendiger Opfergaben auf so ein Zweirad. Meine Mitreisenden und ich steigen verzweifelt aus dem Bus aus, er hat in der letzten Stunde ungefähr zweihundert Meter erfolgreich zurückgelegt. Unsere balinesischen Begleiter begegnen dem ganzen Chaos um uns herum mit einer stoischen Ruhe, die bei uns nervösen Europäern Bewunderung und gleichzeitig Fassungslosigkeit auslöst. Wie kann man in dieser Situation nur so gelassen bleiben? Ich frage den Fahrer, wie weit es noch bis zum Tempel wäre, und bekomme eine erstaunlich klare Auskunft: »Zwei Kilometer!« Und das ganz ohne Navigation und technische Hilfsmittel. Es geht doch nichts über die Erfahrung und die Intuition der lokalen Fahrer.

Wir marschieren also tapfer los und bewegen uns zuerst einmal in den Auspuffschwaden der scheppernden Busse in ein Tal hinunter. Es bleibt ein asiatisches Mysterium, wieso auch Busse und Lastwagen ohne Klimaanlage in einem Stau, in dem absolut nichts mehr geht, den Motor trotzdem laufen lassen. Nach ungefähr einem zurückgelegten Kilometer und schon bedenklich nah an einer schwerwiegenden Kohlenmonoxidvergiftung bestätigt mein balinesischer Führer klar und deutlich: »Ja, zwei Kilometer!«

Ja, wie, ab wo jetzt?

Er bestätigt seine Auskunft noch einmal: »Ab hier!« Kein Problem, solche Missverständnisse gibt es schon mal.

Jetzt geht es auf der übervollen Straße langsam in vielen Kurven nach oben. Es wird immer steiler. Nach einem geschätzten weiteren Kilometer entdecke ich einen Polizeiwagen in der Fahrzeugschlange. Er kommt auch nicht weiter. Da hilft nicht mal Blaulicht. Aber die Beamten sind ganz entspannt. Ich frage die Polizisten, wie weit es von hier zum Tempel wäre.

Die polizeiliche Ermittlungsarbeit ergibt: »Zwei Kilometer!«

Dann geht es geradeaus, immer steil den Berg hinauf. Die Sonne kommt mir noch heißer vor. Klar, es geht auf die Mittagszeit zu. Nachdem ich wieder ungefähr einen Kilometer Fußmarsch hinter mich gebracht habe, kaufe ich am Straßenrand bei einem zahnlosen Händler Mineralwasser für mich und meine Mitläufer. Ich frage nicht nach dem nächsten Zahnarzt, sondern einfach nur danach, wie weit es noch bis zum Tempel wäre.

Ich erhalte gegen großzügige Bezahlung sechs Plastikflaschen mit warmem Wasser, drei Sonnenhüte und eine präzise Auskunft: »Zwei Kilometer!«

Der Schweiß rinnt mir aus allen Poren, mein T-Shirt ist in der Zwischenzeit ein triefend nasser Lappen, die Hose bekommt diese ekelhaften weißen Ränder. Das Wasser, das ich trinke, schmeckt grauslich, mein Körper schwemmt es gerade wieder in die Baumwolle. Als atmungsaktiv wurde mir das

Hemd verkauft. Dass ich nicht lache, hier atmet gar nichts mehr, mein Körper schwimmt förmlich in einem Textilbrei. Das nächste Mal kann dieser beknallte, outdoorerfahrene Bekleidungsexperte mit zum Muttertempel. Und wehe, ich sehe dann einen dunklen Fleck unter der Achsel.

Was man eigentlich nicht mehr für möglich gehalten hat, ist tatsächlich eingetreten. Die Straße ist noch voller geworden. In der Zwischenzeit gehen auch die meisten Balinesen mit ihren ganzen Opfergaben zu Fuß. Ich gehe eine Zeit lang neben einer wunderschönen, sehr grazil wirkenden jungen Balinesin einher. Sie schwitzt natürlich kein bisschen und trägt dabei bestimmt noch mindestens fünf Kilo Früchte auf dem Kopf, als ob es nichts wäre. Wir nehmen schüchtern Kontakt auf.

Sie fragt mich, woher ich komme.

Ich beantworte die Frage korrekt und stelle so ganz nebenbei die Gegenfrage: »Wie weit ist es noch?«

Die Antwort kommt mit dem schönsten Lächeln, das man sich vorstellen kann: »Zwei Kilometer!«

Allmählich schwinden die Kräfte, aber wir traben weiter zwischen den stinkenden Autos und Mopeds nach oben. Nach weiteren fünfzehn Minuten Gewaltmarsch fährt mich fast ein Moped von hinten über den Haufen. Der Fahrer bietet an, mich gegen einen kleinen Obolus bis zum Tempeleingang mitzunehmen, denn schließlich wären es bis dorthin von hier aus mindestens auf jeden Fall noch: »Zwei Kilometer!«

So ganz langsam wird aus einer ängstlichen Annahme absolute Sicherheit. Unser Bus wird niemals bis hier oben kommen, was wiederum bedeutet, dass wir die ganze Strecke auch zurücklaufen werden müssen. Aber das macht ja nichts, es sind ja nur: »Zwei Kilometer!«

Nach gefühlten fünfzig Kilometern erreichen wir den ersten Eingangsbereich des Tempels. Ausländer müssen hier Eintritt bezahlen, für den Tempel und für die Toiletten. Dafür gibt es aber gratis die überraschende Auskunft, dass es von hier bis zum eigentlichen Muttertempel nur noch *ein* Kilometer wäre. Ich kann es nicht glauben und frage zur Sicherheit noch einmal nach: »Nicht doch zwei Kilometer?«

Das eigentliche Tempelgebiet ist ein menschlicher Ameisenhaufen. Kadasa ist der erste Monat im komplizierten balinesischen Kalender. Gestern war dazu noch der erste Vollmond in Kadasa, was man hier auf der Insel eben *Bhatara Tarun Kabeh* nennt. Was wiederum nichts anderes heißt, als dass die Götter auf Erdenbesuch kommen. Schon dieser Tatbestand allein bewegt eigentlich jeden Balinesen dazu, über einen eventuell notwendigen Opferbesuch im Muttertempel nachzudenken. Aber in diesem Jahr ist es aus einem weiteren Kalendergrund noch wichtiger als sonst. Wir schreiben das balinesische Jahr 1931, was wiederum bedeutet, dass seit dem 12. Dezember des vergangenen Jahres bis zum 27. April des neuen Jahres der Anbruch eines neuen Jahrzehnts gefeiert wird. Dieses Fest findet so eben nur alle zehn Jahre statt und erreicht seinen absoluten Höhepunkt in der Panca Wali Krama Zeremonie, mit der die Priester versuchen, die kosmische Balance auf der Welt und auf der Insel wieder herzustellen. Während dieser zwei ganz speziellen Wochen muss wirklich ausnahmslos jeder Balinese zum Pura Besakih kommen, um dort zu beten, zu opfern und dafür von Priestern und Göttern gesegnet zu werden.

Ein Balinese, den die Menschenmassen an meine Seite gespült haben, erklärt mir mit wenigen Worten und freudestrahlenden Augen: »Das Wichtigste in unserem Leben ist die Religion, sie ist unsere Kultur, unser Leben!«

Ich muss bei diesen Worten an unsere leeren christlichen Kirchen denken. Was würden unsere Pfarrer und Pastoren für solch eine Aussage geben? Einen Freifahrschein ins Paradies allemal und wahrscheinlich vieles mehr.

Am 9.April 2009 fanden in ganz Indonesien Parlamentswahlen statt, also auch auf der Insel der Götter. Man hoffte realistisch auf eine Wahlbeteiligung von wenigstens fünfzig Prozent, denn man weiß in Jakarta sehr wohl, dass sich die Balinesen nicht so sehr für Politik interessieren. Die Beteiligung an der Wallfahrt nach Besakih lag dagegen glatt bei hundert Prozent. Die Götter sind wichtiger als die Politiker. Die Götter haben jetzt die Erde besucht. Für welche Partei sie gestimmt hätten, ist uns Menschen leider nicht bekannt. Der Weg von der Erde zurück in den Himmel allerdings schon. Man weiß, wie lang der ist. Ungefähr jedenfalls: »Zwei Kilometer!«

Ob die Götter auch an den vielen Hunden vorbei müssen? Wie soll man sonst nach Hause kommen? Da geht es den Göttern bestimmt nicht besser als den Touristen. Gibt es mehr Tempel oder mehr Hunde auf Bali? Ist es die Götterinsel oder doch eher die Hundeinsel? Die Balinesen sind ausgesprochen ruhige Menschen, ihre Hunde sind das genaue Gegenteil davon. Niemand kann sagen, wozu sie eigentlich da sind. Wissen wir Menschen überhaupt jemals, wozu Hunde da sind? Den Tag über bemerkt man sie fast nicht, sie liegen in der Regel irgendwo faul im Schatten. Ihre Tagesbeschäftigung besteht aus Fressen, Saufen und Schlafen, oder ein Hundherr begattet einmal schnell erfolgreich eine vorbeilaufende Hündin, damit auch für genügend Hundenachschub auf Bali gesorgt ist. Aber wenn es Nacht wird, werden sie lebendig. Jedes Licht, jede Bewegung, jedes Geräusch bringt die Hunde in Aufruhr, und wenn ein Hund mal mit Bellen loslegt, braucht man die anderen Hundekollegen nicht mehr lange zu bitten. Je tiefer die Nacht, umso lauter die Hunde. Es wird im vielstimmigen Chor gewinselt, geknurrt, gejault, geheult und gebellt, dass einem einsamen Nachtwanderer schon das Fürchten kommen kann.

Ich habe keine Angst vor Hunden, schon gar nicht vor balinesischen Straßenkläffern. Dachte ich jedenfalls lange Zeit. Bis ich eines Abends – zugegebenermaßen etwas spät und reichlich alkoholisiert – nach einem Trinkgelage fröhlich auf die Straße hinaus torkelte. Die Kneipe, in der ich gezecht hatte, war in Sanur und mein Hotelbett dieses Mal blöderweise im eine halbe Stunde Autofahrt entfernten Nusa Dua. Es war drei Uhr nachts und die Dorfstraße lag menschenleer und vollkommen taxifrei vor mir. Ich wollte die hohle Gasse ein wenig hinunterschlendern, um irgendwann ein vorbei fahrendes Taxi zu stoppen.

Die ersten Hunde fingen an zu bellen, was wiederum die schlafenden Artgenossen weckte, die erst einmal böse knurrten. Nach wenigen Metern kam ich mir schon vor wie in einer schlechten Wallace-Neuverfilmung. Der Hund von Sanurville. Aber es war nicht ein Hund, es waren zig Hunde, gefühlte Hunderte, Tausende. Manche fletschten die Zähne, viele heulten, die meisten liefen mir nach, einige stellten sich mir bellend in den Weg. Hunde, die bellen, beißen nicht. Sagt ein bekanntes deutsches Sprichwort. Stimmt das? Und wenn ja, gilt dies auch für Bali? Ich hatte da in der Zwischenzeit so meine Zweifel. Kein Taxi weit und breit, auch sonst keine Fahrzeuge, die mich aus dieser geifernden Hundehölle heraus kutschieren könnten. Aus jeder Hofeinfahrt kamen mindestens fünf Hunde dazu – und ich war ganz allein. Noch nie in meinem Leben zuvor hatte ich so viele streunende Hunde auf einem Haufen gesehen. Ich musste an die Fischerchöre denken. Ob es so etwas auch bei Hunden gibt? Wo war der Dirigent? Wo war denn Gotthilf, ich hätte ihn brauchen können? Aber Gott half mir nicht, und wie Jesus teilte ich ein Meer, nur das hier war ein Meer von räudigen Kötern. Ich hatte bloß noch einen Wunsch. Dass sich ein Hund, dass sich bitte, bitte irgendein Hund in ein Taxi verwandeln würde.

Ich lief eine angsterfüllte Schreckensviertelstunde die Straße entlang, ohne ein Fahrzeug oder auch nur irgendeinen wachen Menschen zu entdecken. Ich war der einsame Hundefänger von Sanur, leider nicht der Rattenfänger von Hameln. Das Letztere wäre mir allemal lieber gewesen. Aber gerade, als sich mir zähnefletschend ein wolfsgroßer Hundebastard knurrend in den Weg stellt, entdecke ich auf der anderen Seite ein kleines Bemo, dessen Hintertür offen steht. Ein Mann lädt eifrig Wassermelonen in den winzigen Lieferwagen. Mein Retter. Ich frage ihn, ob er mich schnell nach Nusa Dua fahren könnte? Doch so einfach, wie ich mir das vorgestellt habe, ist es dann doch nicht. Er teilt mir lapidar mit, dass er kein Taxifahrer sei. Ich stelle ihm eine fürstliche Entlohnung in Aussicht. Er sagt, es täte ihm wirklich leid, aber er sei nun mal kein Taxichauffeur, sondern Melonenfahrer. Das würde ich ja sehen, entgegnete ich, aber wenn er mich aus diesem verdammten Hundeloch herausbringen würde, könnte er erstens sehr viel Geld verdienen und zweitens mich überaus dankbar machen. Das würde er wirklich gerne, aber er sei halt eben Melonen- und nicht Touristenfahrer, da könnte man nichts daran ändern. Die Hunde freuten sich schon, die Melonen kämen weg und das vermeintliche Opfer blieb da. Mit gespitzten Ohren, sabbernden Mäulern und ständig Schnauzen leckenden Zungen lauschten sie unseren Verhandlungen.

Auf einmal fiel mir auf, dass mein Melonenfreund einige grüne Mangos neben den großen Wassermelonen platzierte. »Ha, du bist ja gar kein richtiger Melonenfahrer, Du nimmst auch grüne Mangos mit, das darf ein echter Melonenfahrer doch gar nicht!« Jetzt hatte ich ihn bei der Melonenehre: »Jetzt nimmst du eben einmal nicht nur Melonen mit, sondern auch grüne Mangos und einen platten Touristen. Ich verrate es auch niemandem und werde dich gut dafür bezahlen. Einverstanden?« Noch hatte ich ihn nicht von meiner Rettung überzeugt, aber ich war nah dran. Die Hunde merkten es und zogen sich allmählich enttäuscht zurück. »Ich bezahle auch nicht für diese Taxifahrt, ich kaufe dir ganz viele Melonen ab.«

Jetzt war mein Melonenkönig vollends überzeugt und bereit, den Umweg über Nusa Dua zu machen. Ich lächelte noch einmal lässig zur verbliebenen Hundeschar zurück, machte den kläffenden Ungetümen eine lange Nase und öffnete die Beifahrertür des schmalen Minivans.

Staunen wollte ich an diesem Abend eigentlich nicht mehr, aber das Wageninnere war dann schon wenigstens ein kräftiges Stirnrunzeln wert. Der Fahrer hatte keinen Sitz, sondern hockte ganz einfach auf dem Ersatzreifen, von dem aus er lenkte, schaltete und bremste. Auf der Beifahrerseite war gar nichts – oder nur Wassermelonen, um genau zu sein. Ich schnappte mir die größte und ernannte sie kurzerhand zum Beifahrersitz. Diese spontane Beförderung brachte sie gleich mal zum Platzen und mir einen feuchten Schritt ein. Ich machte erst mal wieder mein Bodenblech sauber, fütterte die letzten noch wartenden Hunde mit Wassermelonenbruch und entwickelte kurz einmal vor der nächsten schnellen und unbedachten Sitzauswahl den Wassermelonenstabilitätstest. Nach erfolgreichem Klopf- und Drucktest ließ ich mich vorsichtig auf der nächsten grünen Kugel nieder und freute mich auf eine spannende Nachtfahrt. Habe ich erwähnt, dass keine Sicherheitsgurte vorhanden waren? Muss ich erklären, dass man bei kurvigen Strecken auf runden Wassermelonen ziemlich beschissen sitzt? Sollte ich auf das Fehlen von Airbags aufmerksam machen? Darf ich berichten, dass es anfing, ziemlich stark zu regnen und wir keine Scheibenwischer hatten, jedenfalls keine, die funktionierten?

Ich sah eigentlich gar nichts, war aber auch voll und ganz damit beschäftigt, meinen Recaro-Wassermelonensportsitz am Wegrollen zu hindern. Ich wusste nur eins. Dafür, dass man die schmale Straße maximal in groben Umrissen wahrnahm, waren wir ganz schön flott unterwegs. Ich saß bestimmt auf der schnellsten Wassermelone der Welt. Wir donnerten durch die balinesische Nacht wie Walter Röhrl zu seinen besten Rallyezeiten in der Nacht der langen Messer vom Col de Turini Richtung Monte Carlo. Und dabei saß sein Copilot ganz gewiss nicht auf einer kugelrunden Wassermelone und hatte auf jeden Fall auch einen sicheren Helm auf.

Das konnte nicht gut gehen. Das nächste Unheil nahm seinen Lauf. Ich sah gerade noch einen Schatten, der über die Straße huschte, dann knallte es fürchterlich, und mein Melonen-Lauda trat so vehement auf das Bremspedal, dass er samt Ersatzreifen nach hinten in die Melonen rutschte. Nachdem er sich – glücklicherweise unbeschädigt – aus den Wassermelonen heraussortiert hatte, stiegen wir aus, um zu schauen, was passiert war. Wir hatten eine Katze überfahren, der wir auch leider nicht mehr helfen konnten. Sie war, wenn man es so sagen darf, mausetot. Ich wollte sie mit dem Fuß an den Fahrbahnrand schieben, aber damit war mein Unglücksfahrer überhaupt nicht einverstanden. Er nahm die tote Katze und bettete die sterblichen Überreste behutsam und würdevoll neben den grünen Mangos ins Auto. Er sprach ein Gebet und machte mir klar, dass er als Verursacher des Schlamassels für die Bestattungszeremonien verantwortlich wäre. Das sah ich natürlich ein, bat aber darum, dass er mich vorher schnell zu meinem Hotel bringen solle. Er wollte aber eigentlich zuerst für die erlösende Befreiung der gepeinigten Tierseele sorgen. Nur mein abschließendes Argument, dass ich an einer lebensbedrohlichen Katzenverbrennungsallergie leiden würde, bewog ihn dazu, mich doch gleich direkt ins Hotel zu fahren. Für diese tolerante Entscheidung war ich ihm zutiefst dankbar.

In meinem hundefreien Hotel angekommen, bedankte ich mich für die Hilfe und gab meinem neuen Freund fünfzig Dollar für den Transport, den Schaden an der Katze und am Auto und für alle anderen unangenehmen Umstände, die durch mich in dieser Nacht entstanden waren. Es sollte auch für eine anständige Katzenbestattung reichen. Ich musste nach dieser verkorksten Nacht endlich etwas für mein Karma tun, schließlich wollte ich nicht als balinesischer Straßenköter wiedergeboren werden. Er wollte das Geld nicht, aber ich sprang einfach von meiner Melone, winkte ihm zu, verneigte mich noch einmal vor dem toten Stubentiger und verschwand in der Hotelhalle. Auf dem Weg in mein Zimmer sah ich am Horizont die Sonne aufgehen. Das opulente Frühstücksbuffet wurde gerade aufgebaut. Ich wollte aber einfach nur noch schlafen und von lieben Hunden und lebendigen Katzen träumen.

Als ich nach ein paar Stunden Schlaf, noch immer ziemlich mitgenommen von meinen nächtlichen Abenteuern, in der Lobby auftauchte, kam ein lächelnder Front Office Manager auf mich zu und teilte mir freundlich mit, dass in der Nacht beziehungsweise am frühen Morgen etwas für mich abgegeben worden wäre, und fragte mich, ob man er es auf mein Zimmer bringen solle? Da ich unterschwellig die Angst hatte, es könnte sich um eine tote Katze handeln, bat ich darum, die für mich bestimmten Dinge zu sehen. Aber meine Befürchtungen waren unbegründet. Um die Ecke hinter der Rezeption lagen unter einem Gepäcknetz die mir zugedachten Geschenke. Ein Dutzend Wassermelonen und einige grüne Mangos!

»Der Sinn des Reisens besteht darin, unsere Phantasien durch die Wirklichkeit zu korrigieren. Statt uns die Welt vorzustellen, wie sie sein könnte, sehen wir sie, wie sie ist.«

Samuel Johnson (1696-1772)

WÜSTENSÖHNE UND WEISSE FONTÄNEN

DUBAI / VEREINIGTE ARABISCHE EMIRATE

Juni

Ich schaue einfach zu viel Fußball. Ich komme irgendwie nicht am Fernsehapparat vorbei, wenn auf dem Bildschirm ein Ball in zwei Tore soll. Es ist einfach so. Ich schaue mir sogar Interviews mit Lothar Matthäus an. Ich gebe es offen zu. Andere tun es heimlich. Ich stehe zu meiner temporären Blödheit. Dem Hamburger Sportverein schaue ich allerdings normalerweise nicht beim Kicken zu. Ich bin Hardcore-Fan vom VfB Stuttgart. Ohne Wenn und Aber. Das darf auch jeder wissen.

Trotzdem ist es neulich passiert. Ich habe HSV geschaut. Wasserball im DSF wäre die Alternative gewesen. Im DSF schaue ich aber in der Regel nur das Tittenquiz nach Mitternacht. Ohne Jauch, dafür mit Buzzer.

Das Spiel war grausam und langweilig. Das Einzige, was sich von diesem Fußballabend in meinem Gehirn einbrannte und anscheinend eine tiefe Furche hinterließ, waren die Brüste der Hamburger Spieler. Ich weiß nicht, wie das Spiel ausgegangen ist, ich weiß auch nicht wirklich, ob ich das Ende der Veranstaltung noch live verfolgt habe, ich weiß nicht einmal mehr, um was es eigentlich ging und wer der Gegner war. Weiß denn überhaupt jemand, um was es beim Fußball geht? Warum schauen halbwegs intelligente Männer Fußball? Vielleicht, um einen guten Grund zu haben, in knapp zwei Stunden vier Hefeweizen zu trinken und dabei nichts mit der Familie zu sprechen? Könnte durchaus sein. Das Schweigen der *Fußbäller*.

Wie schon gesagt. Was vom Hamburger Fußballabend blieb, waren Brüste. Breite Männerbrüste. So breit, dass eine geradezu imperative weiße Botschaft auf rotem Grund Platz findet, der man in ihrer Klarheit kaum entkommen kann: »Fly Emirates«.

Ich dachte immer, ich wäre resistent gegen jede Art von kommerziellen Vermarktungsformen, aber während dieses Fußballdesasters wurde ich tatsächlich ein Opfer der Fernsehwerbung. Nur Tage später trank ich zuerst ein Hasseröder Premiumpils und ging dann, altmodisch, wie ich nun mal bin, nicht an den Computer, sondern ins Reisebüro – und war ein paar Plauderminuten später im Besitz eines Flugtickets nach Dubai. Emirates fliegen. Wie es Hamburger Brüste von uns verlangen. Nicht, dass ich nicht schon oft in Dubai gewesen wäre und das wahnsinnige Entwicklungstempo dieser verrückten Stadt am arabischen Golf mit skeptischem Interesse verfolgen würde, aber ich bin eben nie mit Emirates geflogen. Das durfte so nicht bleiben.

Der televisionäre Flugbefehl aus Hamburg führt mich in eine ziemlich neue Boeing 777, die man unter anderem dadurch erkennt, dass sie wie ein Jumbo in der bezahlbaren Abteilung meistens jeweils drei Sitzplätze an den Fensterseiten hat. Gangplatz, Mittelplatz, Fensterplatz. Ich bevorzuge die unabhängige Entscheidungsfreiheit, wann ich Pippi machen gehen will, frage nach einem Gangplatz und bekomme auch einen solchen. Ich bin einer der Ersten im Flugzeug, setze mich auf meinen Platz und schaue zu, wie sich die lange Röhre mit Passagieren füllt. Kaum ein Platz bleibt leer, die Türen werden bereits geschlossen, und die beiden Sitze neben mir sind immer noch nicht besetzt. Sollte ich vielleicht jetzt schon einmal die Lehnen nach oben machen und durch ein lässiges Anwinkeln der Beine und zufälliges Ausbreiten meiner Tageszeitungen vorläufige Besitzansprüche anmelden? Ich hätte eine bequeme Couch, wo alle anderen mit einem einfachen Sperrsitz zufrieden sein müssen. Noch ein paar plüschige Kissen, dann wird es richtig gemütlich. Ich habe anscheinend das große Sitzplatzlos gezogen. Hamburger Brüste bescheren mir tausendundeine Nacht im Flugzeug. »Fly Emirates« und Träume werden wahr.

Der Flug wird ein Traum, allerdings ein Albtraum.

Die letzten beiden Fluggäste haben es doch noch rechtzeitig geschafft und nähern sich glücklich schwitzend meiner Reihe. Meine Traumcouch verschwindet im Nebel. Ich tippe auf zweimal 150 kg Lebendgewicht, und die beiden fröhlichen Kolosse tippen auf die beiden Plätze neben mir. Geruchsmäßig ist tippen nicht nötig, die Duftschwaden sprechen eine deutliche Sprache. Der letzte Hemdenwechsel muss Monate her sein, und falls eine Kosmetikfirma ein Deodorant an echten Härtefällen austesten wollte, wären die beiden Schwitzbomben hervorragende Probanden.

Beim Hineinwuchten in die Sitzplätze reißen sie beinahe die Rückenlehnen der Vordersitze aus der Verankerung. Eine Sitzlehne spürt glücklicherweise keinen Schmerz, wohl aber die Frau auf dem Gangplatz vor mir, deren Haarpracht zu einem spürbaren Teil zwischen Wurstkralle und Sitzlehne gerät. Ihr spitzer Schrei hat etwas Orgastisches.

Ich habe nichts gegen dicke Menschen, aber wenn ein erheblicher Teil meines eh schon schmalen Sitzplatzes von einem schwabbeligen Fleischbrei überflutet wird, der wie warmer Pudding unter der Armlehne zu mir hindurch quillt und meinen Oberschenkel mit fremder Körperwärme versorgt, dann überfällt mich schier ohnmächtige Verzweiflung, die mich nahezu paralysiert. Die Kraft reicht gerade noch dazu, alle Mächte des Himmels darum zu bitten, diesen Flug schnell vorübergehen zu lassen. »Fly Emirates«, aber bitte so schnell wie möglich. Der Albtraum geht ja gerade erst los und der Flug nach Dubai dauert ja mindestens fünf Stunden.

Wir sind noch auf dem Weg zur Startbahn, da ordert die modernde Tonne neben mir schon einen doppelten Gin Tonic, den er sofort nach Erreichen der Reiseflughöhe serviert bekommen möchte. Man kam als Letztes und säuft als Erstes, das muss man erst mal hinbekommen. Allerdings ist zu diesem Zeitpunkt noch nicht klar, wo man die Schnapskübel hinstellen sollte, denn den Tisch herunterklappen ging auf jeden Fall gar nicht. Dort, wo der Tisch sein sollte, ist ein Bauch, der befürchten lässt, die Wehen könnten bald einsetzen. Mein Nachbar lächelt mich vielsagend an, und ich glaube, seinem fragenden Gesichtsausdruck entnehmen zu können, dass er wohl ganz vorsichtig darauf spekuliert, meinen Tisch für seine Zwecke mitbenutzen zu dürfen. Aber klar doch, ich bin ein kleiner Masochist, ich brauche es hart und heftig, wenn schon, denn schon.

Nach einer halben Stunde – die Stewardess wurde in dieser kurzen Zeit von einer Saft- zu einer Ginschubse – habe ich eine Batterie von kleinen Ginflaschen vor mir, und das lebende Fass neben mir einen ausreichenden Pegelstand, um mit philosophischen Betrachtungen über Sinn und Zweck des Reisens zu beginnen. Na dann mal los, die Nacht ist eh kaputt.

Die beiden Sumoaspiranten sind auf dem Weg nach Bangkok und fliegen nicht mit Emirates, weil das von Fußballguckern so verlangt wird, sondern weil es einfach saubillig ist und auch deswegen, weil der zweite Streckenabschnitt von Dubai nach Bangkok mit dem neuen König der Lüfte, dem Riesenairbus A 380 geflogen wird. Na ja, der sollte auf jeden Fall groß genug sein für die beiden. Wir wenden uns nun einer zentralen Frage zu, die mich seit vielen Jahren beschäftigt: Warum reist der Mensch? Warum brechen wir immer wieder auf, nehmen Strapazen auf uns und stellen uns einer fremden Welt? Was ist die Triebfeder des Reisens? Für meine beiden ungepflegten Stinkbären gibt es nur eine Antwort: Ficken!

Ihre Triebfeder ist der Trieb. Ganz einfach. Sie verbringen ihr Urlaubsleben gefühltermaßen wahrscheinlich seit der Erfindung der Prostitution in Bangkok und Pattaya. Dreißig Jahre kommen sie schon nach Thailand und sprechen noch nicht ein Wort der Landessprache. Irgendwie auch eine Leistung. Vielleicht nicht bewunderns- aber immerhin wunderns-wert. Da ich in meinem Kommunikationsniveau nicht noch unter die Wertigkeit von Lothar Matthäus Interviews sinken möchte, beende ich unser Gespräch ganz fix und werde aus Fluchtgründen zum Abräumer von leeren Schnapsflaschen. Ich werde sozusagen Ginschubsenassistent. Welch eine tolle Abendbeschäftigung.

Mit dieser Beschäftigung rette ich mich in die Schlafenszeit und verkrümele mich dann ganz leise in die schätzungsweise sechzig Prozent meines Sitzplatzes, die nicht vom zähen Fleischbrei meines im Schlaf auseinanderfließenden Nachbars okkupiert sind. Prinzipiell ist jeder Economy-Platz zu eng, aber die Hälfte davon ist eigentlich nicht überlebbar. Soweit es geht, falte ich mich zusammen und überlege dabei, ob es an Bord der viel gepriesenen Emirates neben Schwimmwesten auch Gasmasken gibt. Ich könnte eine brauchen. Wie schafft man es nur, so penetrant zu stinken? Aus dem Biologieunterricht weiß ich noch, dass die menschlichen Geruchsnerven phasisch reagieren, das heißt, die Nase sendet nach einer gewissen Gewöhnungszeit keine negativen Signale mehr Richtung Gehirn.

Darauf hoffe ich in dieser Nacht.

Ich sage es gern noch einmal. Ich habe nichts gegen dicke Menschen, im Gegenteil, sie sind mir oft sehr sympathisch. Sie sind gemütlich, wirken entspannter, nehmen das Leben meist von der lustigen Seite und genießen im Regelfall nicht nur Essen und Trinken in besonderer Art und Weise, sondern auch die weiteren Aspekte unseres Daseins. Von dicken Leuten kann man sich oft eine Scheibe abschneiden, und damit ist nicht der Bauchlappen gemeint, sondern Lebensart und Optimismus. Dicke sind oft auch gewichtige Persönlichkeiten, denen man gern ein Stück Sitz abgibt. Aber die beiden Typen neben mir gehörten zur richtig unangenehmen Sorte.

Und der Höhepunkt der Nacht war noch lange nicht erreicht. Die beiden prallen Lustmolche schlafen allmählich ein, und damit beginnt ein Schnarchkonzert, das sich tief in meine Erinnerungszellen eingräbt und die anderen Passagiere zu ungläubigem Kopfschütteln veranlasst. Die Lautstärke des Ein- und Ausatmens ist gewaltig, kein Fanfarenzug könnte da auch nur annähernd mithalten. Das Doppelrasseln ist einer Klapperschlangengrube würdig. Es wird geröchelt, gejapst, gepfiffen, gestöhnt, gequietscht, nur manchmal setzt der akustische Terror ganz plötzlich für eine kurze Zeit aus, um danach umso lauter weiterzugehen. Die Schnarchpausen gleichen dem inneren Auge eines Taifuns. Man weiß instinktiv, dass es noch lange nicht zu Ende ist. Vor allem eine der beiden Schnarchpfeifen scheint drastische Sauerstoffverluste zu erleiden, was dazu führt, dass er unbewusst aber hektisch mit Armen und Beinen herumfuchtelt und irgendwie an Herbert von Karajan zu seinen besten Zeiten am Dirigentenpult erinnert. Es stellt sich mir die Frage, ob der Mann neben mir schläft oder gerade den Erstickungstod stirbt. Wobei klar ist: Leichen schnarchen nicht.

Auch Albträume gehen zu Ende, und die Maschine beginnt ihren Landeanflug auf Dubai. Nach zwei doppelten Gin Tonic zur mentalen Vorbereitung auf die Landung erleben meine beiden neuen Freunde und ich die Pilotenperspektive im kleinen Bildschirm vor uns in der Rückenlehne des Vordersitzes. Auch der Rest der Passagiere schaut fasziniert in den Minimonitor. Fast vierhundert kleine Flugzeugkapitäne erledigen die Landung hoppelfrei und sicher. Meine beiden Müffelhasen verabschieden sich von mir und freuen sich auf den größten Sexbomber der Welt. Eine Frage spukt noch lange in meinem Kopf herum. Was ist für die betroffenen Prostituierten in Thailand am schlimmsten? Der bestialische Gestank schon vorher, das fette Wabbelgewicht währenddessen oder die furchtbare Schnarcherei hinterher? Ich werde es wohl niemals erfahren.

Dubai begrüßt die Passagiere mit dem wohl modernsten Flughafen der Welt. Trotzdem werden wir relativ altmodisch mit einem Bus zum Terminal gebracht. Eine gute Gelegenheit für einen ersten Temperaturtest. Es braucht keinen Thermometer, die gefühlte Temperatur liegt bei ungefähr 183° Celsius im Schatten. Man kommt sich vor, als ob man in einen Haarföhn auf voller Höchststufe hineinläuft. Die Hitze ist unglaublich. Der etwas abgenutzte Saunavergleich wird wieder lebendig. Die vielen Transitgäste werden sofort von der Bullenhitze wieder in angenehm kühl temperierte Räumlichkeiten verfrachtet. Makellose Marmorböden, wohin man schaut. Hier in Dubai wird Einkaufen als Reisezweck und Shopping als Ersatzreligion angeboten. Der Flughafen gleicht einer riesigen Kathedrale mit zahllosen Boutiquen als Gebetsnischen. Die Luxusmarken dieser Welt werden zu Götzenbildern. Ob es sich preislich lohnt, im Flughafen von Dubai einzukaufen, mag man bezweifeln dürfen, die vollen Plastiktüten und die strahlenden Frauengesichter beweisen allerdings, dass die meisten Besucher dies ganz anders sehen. Es wird überall munter geschaut, verglichen, gehandelt und gekauft. Es macht eigentlich bei diesen Preisen keinen Sinn, aber wir verstehen ja auch sonst nicht jede Opferhandlung, die wir in einem Tempel sehen. Man huldigt den modernen Göttern. Sie heißen Armani, Chanel und – ich grüße meine Kinder – Hilfiger.

Ist es möglich, dass in den ankommenden Flugzeugen irgendwelche Drogen ins Essen gemischt werden, die sämtliche Kaufhemmungen wegschwemmen? Ist es die auf Eiseskälte herunter gekühlte Wüstenluft, die alle Transitgäste meschugge werden lässt? Ist es schlicht die Langeweile beim Warten auf den Anschlussflug, die der Kreditkarte Flügel verleiht? Gibt es tatsächlich halbwegs vernünftige Menschen, die an einem Flughafen schnell mal ein Los für 500 Dirham, umgerechnet ca. 100 Euro, kaufen, um eventuell ein Auto zu gewinnen, das sie gar nicht brauchen und auch niemals kaufen würden? Der ganze Flughafen mit seiner glänzenden Kunstwelt allein ist die Droge, die selbst den abgeklärtesten Konsumgegner zur wilden Einkaufsbestie werden lässt.

Das große Planungs- und Finanzierungsexperiment Dubai offenbart schon am Flughafen seine Verrücktheiten, seine Extravaganz, seine Zügellosigkeit und seine den Europäer fassungslos machenden Dimensionen. Man ahnt aber auch schon hier die großen Unwägbarkeiten, die Risiken und die vielen Fragezeichen eines nie da gewesenen Veränderungs- und Entwicklungsprojekts. Als ich 1984 das erste Mal in die Vereinigten Arabischen Emirate kam, dominierten auch in Dubai noch die vorsichtigen Modernisierungsbemühungen. Man begab sich langsam auf die Überholspur, aber Religion, Kultur und die Traditionen der Vergangenheit drosselten das Entwicklungstempo auf ein vernünftiges Maß. Die alten arabischen Gepflogenheiten nahmen damals noch einen großen Raum ein. Auf einem meiner ersten Flüge nach Dubai war die

Business Class restlos ausgebucht. Als ich während des Flugs durch die Maschine spazierte, schaute ich einmal am Vorhang vorbei in den edlen Teil des Flugzeugs und zählte neben vier Scheichs ungefähr zwanzig Falken, die es sich in den großen Sesseln der teuren Klasse gemütlich machten. Ob den edlen Vögeln Verpflegung und Bordprogramm zugesagt haben, konnte ich damals nicht in Erfahrung bringen, man erzählte mir nur, dass die Tiere auf der Heimreise von einem Klinikaufenthalt in Deutschland wären. Ihre Verdauung schien in Ordnung zu sein, auf die Toilette gingen sie trotzdem nicht. Dafür benötigten sie keinen Gangplatz. Falke müsste man sein.

Die Falkenjagd ist auch heute noch, fünfundzwanzig Jahre später, eine große Männerleidenschaft in den Emiraten. Bei genauem Hinsehen entdeckt man noch viele traditionelle Bezüge und hat trotzdem als außenstehender Besucher ein wenig das Gefühl, dass die Vernunft und das notwendige Augenmaß verloren gegangen sein könnten. Allein die Weltwirtschaftskrise mit ihren globalen Auswirkungen auch hier im reichen Teil Arabiens hat nun erstmals Zweifel und Skepsis an so manchem Planungsexzess der vergangenen Jahre aufkommen lassen. Braucht man in der Wüste wirklich grüne Golfplätze, gigantische Springbrunnen, vereiste Skihallen und das mit Abstand höchste Gebäude der Welt? Werden diese Dinge das Ende der Erdölvorkommen, das in Dubai mehr als absehbar ist, überstehen? Waren es moderne Propheten, die dem riesigen Hotelkomplex auf der ersten künstlichen Meerespalme den Namen Atlantis gaben? Wird die Wüste all die vielen Hotels und Touristenattraktionen irgendwann einmal wieder unter sich begraben, und werden unsere Nachkommen das zweite Atlantis unter Sandkörnern suchen wie unsere Generation das erste Atlantis unter Wasser? Wer Dubai mit offenen Augen erlebt, entkommt diesen Fragen nicht. Vieles ist bewundernswert, manches ist einfach toll, aber die Begeisterung für Dubai mündet allmählich bei immer mehr Kommentatoren und auch bei vielen Verantwortlichen vor Ort in eine vorsichtige Nachdenklichkeit.

So manches Projekt scheint auf Eis zu liegen oder wurde wohl sogar schon ganz aufgegeben. Das geplante Unterwasserhotel scheint untergegangen zu sein, bevor es jemals aufgetaucht ist. Ein drittes Mal hätte der Name Atlantis gut gepasst, aber man wollte das Wunderwerk der Beherbergungstechnik eigentlich Hydropolis nennen. Einige Hundert Meter vor der Küste sollten deutsche Ingenieure den Scheichs ein weiteres Hotelsuperlativ auf den Grund des Persischen Golfs bauen. Was auf manchen Stadtplänen schon eingezeichnet ist, hat mit der Wirklichkeit wenig zu tun, nichts deutet auf einen Bauanfang hin, und Gerüchte machen die Runde, dass das Vorhaben komplett aufgegeben wurde. Durch einen gläsernen Tunnel sollte man in die zwanzig Meter tiefe Unterwasserlobby gelangen, aber vielleicht wollten die Scheichs auch einfach nicht so weit laufen. Fest steht auf alle Fälle, dass das spektakuläre Hotel in den atemberaubenden Weiten des Meeres abgesoffen ist. Jedenfalls glauben alle außenstehenden Beobachter, dass es feststeht. Es könnte natürlich auch so sein, dass wir alle die Baustelle nicht sehen, weil sie tief unter Wasser liegt. Dubai hätte wieder ein neues Superlativ zu bieten. Die überraschendste Eröffnung des tiefsten Hotels der Welt.

Aber die Lage ist kritisch und die Dinge sind nicht mehr so einfach wie vor ein paar Jahren. Die Immobilienpreise geben zum Teil dramatisch nach, viele Banken warnen schon vor einem totalen Kollaps des Immobilienmarkts von Dubai. Man musste für ein Haus auf der ersten Palme vor einigen Jahren nahezu Schlange stehen und neben viel zu viel Geld auch fast noch ein polizeiliches Führungszeugnis abgeben, um auch nur eine kleine Chance zu haben, eine der heiß begehrten Residenzen zu ergattern. »The Palm Jumeirah« und »The Palm Jebel Ali« waren ausverkauft, bevor man überhaupt das Land sehen konnte, auf dem die Luxusvillen stehen sollten. Es wird erzählt, dass die zweitausendfünfhundert Villengrundstücke auf der ersten Palme innerhalb von drei Tagen verkauft waren. Viele Käufer kommen aus Europa. Sie investieren wegen der hohen Rendite oder wegen der hohen Temperaturen, wer weiß es schon genau? Beim noch spektakuläreren Projekt »The World« musste man sich gar schriftlich bewerben, um seine Millionen ausgeben zu dürfen. Aber für eine lange Zeit war es auch eine klare Sache. Wer in Dubai hochwertige Immobilien erwarb, konnte sie nach kurzer Zeit mit einer Traumrendite weiterverkaufen. Man wettete auf Renditen von bis zu zweihundert Prozent in fünf Jahren.

Die künstliche Welt der Inseln vor der Küste Dubais scheint noch sehr weit entfernt zu sein von der Fertigstellung.

Vom Flugzeug aus kann man erste Umrisse von »The World« sehen, aber man braucht schon viel Fantasie, um sich die so aufgeschüttete Welt als Urlaubsparadies vorzustellen. Und schon gar nicht zum geplanten Einweihungstermin in 2010. Kann man das, soll man das alles überhaupt zu Ende bauen? Wankt gar die gesamte künstliche Welt im plötzlich stürmischen Küstengewässer?

Die reale Welt steht heute vor großen wirtschaftlichen Problemen, und auch in Dubai haben sich die finanziellen Vorzeichen ins Negative verändert. So komisch es klingen mag, die Welt ist schon verkauft, aber der restliche Immobilienmarkt ist zum Problemmarkt geworden. Die Preise für die anscheinend so exklusiven Wohnungen und Häuser purzeln zum Teil dramatisch nach unten. Kann man eigentlich ein Stück Welt wiederverkaufen? Wie viel ist ein Teil Welt in der Krise wert? Ganz allmählich setzt sich die Erkenntnis durch, dass die Realität auf den künstlichen Palmen ein wenig anders aussieht, als die tollen Werbefilme es vorgaukeln. Die Bebauung ist eng, und man hat das Gefühl, dass Exklusivität irgendwie doch anders aussehen sollte. Wie schon gesagt, früher war man sich eigentlich absolut sicher, dass die Werte für Immobilien immer steigen. Jetzt sind erstmals Zweifel aufgekommen, und Zweifel am Erfolg des Experiments Dubai mag man gar nicht. Nicht die herrschenden Scheichs, nicht die Bauunternehmer und natürlich schon gar nicht die Immobilienmakler. Deren Beruf ist schwieriger geworden, der schnelle Porsche und das luxuriöse Penthouse rücken auf einmal wieder in unerreichbare Ferne.

Ist es in den unzähligen edlen Bars, den exklusiven Nachtclubs und den durchgestylten Discotheken gar schon der Tanz auf der sinkenden Titanic?

Der Immobilienmarkt in Dubai bricht ein und die Blase platzt mitten in die große Party zur Eröffnung von Atlantis. Das schnelle Drehen von Immobilienverbriefungen wurde hier noch heftiger betrieben als anderswo. Flipping nennt man dies am Golf, und diese krasse Form der Spekulation hat etwas von Kettenbriefen. Ein Objekt existiert eigentlich nur auf dem Papier, und bevor es überhaupt gebaut ist, ja bevor auch nur mit dem Bau begonnen wurde – um der Wahrheit gerecht zu werden: bevor man das dafür vorgesehene Land in der Weite des Meeres auch nur erahnen konnte, hat es bereits mehrmals den Besitzer gewechselt. Eine große Anzahl an Menschen ist so ganz schnell steinreich geworden, aber die meisten von ihnen werden nun auch wieder ganz schnell ärmer. Viele der Hochhäuser und auch einige Strandresidenzen in Dubai sind reine Spekulationsobjekte. Dort wird wahrscheinlich nie jemand wohnen, dort werden nie Kinder spielen. Am Golf von Arabien sind Geisterstädte der Immobilienindustrie entstanden.

Es geistern Gerüchte durch die Emirate, dass in Dubai nicht nur in ein paar Jahren das Erdöl ausgehen wird, sondern jetzt schon das Geld. Wieso haben die Scheichs die andauernde Weltwirtschaftskrise nicht genutzt, um die großen europäischen Unternehmen billig zu kaufen? Wieso ist man nicht auf Schnäppchenjagd gegangen? Daimler kostete auf einmal nur noch einen Bruchteil seines eigentlichen Wertes. Auf diese

Kaufchance hatte man immer gewartet. Jetzt war sie da und zog vorüber, ohne dass irgendetwas geschah. Lag es am fehlenden Geld? Ging den Reichsten die Kohle aus? War man plötzlich nicht mehr flüssig? Hatte man sich mit dem Projekt Dubai doch verhoben? Der wirtschaftliche Aufschwung der letzten Jahre ist auch erkauft worden mit einem Berg von Schulden. Laut Auskunft der Ratingagentur Moody`s sind die Schulden des Emirats Dubai mittlerweile höher als das Bruttoinlandsprodukt. Der schwindelerregende Immobilienboom scheint zu Ende zu sein, und mit der weltweiten Wirtschaftskrise beginnt der Abzug der ausländischen Anleger. In irgendeiner gescheiten Zeitung konnte man lesen, dass in Dubai parallel mit dem höchsten Gebäude der Welt ein unfassbarer Schuldenturm ins Unermessliche wächst.

Noch feiert die Stadt sich selbst, der internationale Jetset ist genauso noch da wie Krethi und Plethi auf Staunebesuch. Die Probleme werden immer noch erfolgreich verdrängt, aber vieles spricht in der Zwischenzeit dafür, dass die allmählich schwieriger werdende Situation in Dubai auch die Mächtigen am Dirigentenpult der großen Veränderung zum Nachdenken bringt. Muss man wirklich jedem Superlativ hinterher rennen?

Ein krasses Beispiel: Es gibt in Dubai wohl mehr Eislaufplätze als in Oberstdorf, wobei ich zugeben sollte, dass ich beide Orte zwar gut kenne, aber die vorhandenen Eislaufplätze nicht wirklich gezählt habe. Aber es gibt ja anscheinend gefühlte Temperaturen. Das habe ich im Wetterbericht gelernt. Dann soll es von mir aus auch bitte schön eine gefühlte Anzahl an Eislaufplätzen geben. Also zum korrekten Protokoll: Die *gefühlte* Anzahl an Eislaufplätzen ist in Dubai wesentlich höher als in Oberstdorf. Ich bin mir da ganz sicher. Die Wüste fährt Schlittschuh – und der weltbekannte Wintersportort staunt. Wenn man den Einheimischen so beim Training zuschaut, ahnt man zwar, dass es noch eine Weile dauern wird, bis die Weltmeister im Eiskunstlauf aus Arabien kommen und die Vereinigten Arabischen Emirate die Eishockeyszene dominieren. Aber man darf auch bezweifeln, ob Kati Witt ihren dreifachen Rittberger mit arabischer Kleidung so perfekt auf das Eis gesetzt hätte. Es gibt so die ein oder andere Pirouette, die man sich von einer arabischen Frau nun eben gar nicht vorstellen kann.

Bei der gefühlten Anzahl an Eislaufplätzen liegt also Dubai klar in Führung, in Oberstdorf kann man immerhin wenigstens noch die Berge als einmalige Besonderheit herauskehren, aber auch hier schrumpft der Vorsprung. Die Scheichs haben in Dubai in der Zwischenzeit auch die Berge nachgebaut. In der gigantischen Einkaufspassage »Mall of the Emirates« hat man einen Skipalast hingestellt, der in der Welt seinesgleichen sucht, den Besucher nur noch staunen und mit dem Kopf schütteln lässt. Die Halle bietet fünf Abfahrten verschiedener Schwierigkeitsgrade, eine Halfpipe für Snowboarder und eine Rodelbahn für wagemutige Bobfahrer. In Oberstdorf darf man im Winter auf Schnee hoffen, aber der liebe Gott muss schon mitspielen. Hier mitten in der Wüste in Dubai, bei sommerlichen Außentemperaturen von weit über vierzig Grad Celsius im Schatten, haben Investoren, Architekten und Techniker Allah von der unmöglichen Aufgabe entlastet, kalten Pulverschnee in die heiße Wüste zu zaubern. In Dubai schneit es in der Skihalle jede Nacht, und die Pisten sind am nächsten Morgen in einwandfreiem Zustand. Allah kann sich also um wichtigere Dinge kümmern.

Und jetzt bitte aufgepasst Oberstdorf. Jetzt kommt der Hammer. Die Supernummer. Da könnte sich Gebirgsdeutschland schon mal eine Scheibe von den arabischen Flachlandtirolern abschneiden. Liebes Oberstdorf, nicht viel nachdenken, einfach nachmachen. Im Preis der Liftkarte sind in Dubai grundsätzlich folgende Basisleistungen enthalten, auf die ich eigentlich in Zukunft nicht mehr verzichten möchte. Man bekommt 1) Jacke wie 2) Hose und 3) Ski oder Snowboard, 4) Skischuhe, 5) Skistöcke, 6) Helme für Kinder und darüber hinaus – und jetzt kommt es wirklich fett, das ist sowas von einer genialen Umsetzung des Servicegedankens, liebes Oberstdorf, gut zuhören – 7) Wegwerfskistrümpfe zum einmaligen Gebrauch!

Und wenn ihr Oberstdorfer jetzt denkt, dass ihr das zwar alles nicht habt, aber dafür zum Ausgleich echte schwarze Abfahrten, dann kann man euch auch diesen fauligen Zahn ziehen. In Dubai gibt es die erste schwarze Abfahrt in einer künstlichen Skihalle. Neben einer Eisbar mit echten Eisskulpturen und einem Lawinencafé ohne echte Lawinen gibt es noch ein zünftiges St. Moritz Café mit knisterndem Kaminfeuer und viel Gemütlichkeit. Naja, schon gut, dass ihr in Oberstdorf kein St. Moritz Café habt, ist absolut o.k. und sei euch verziehen, aber sonst müsst ihr im harten Wettbewerb um die Ski fahrenden Urlaubsgäste schon nachlegen, sonst fährt bald jeder nur noch nach Dubai zum Ski fahren.

Es muss der guten Vollständigkeit halber gesagt werden, dass ich als erfahrener Skifahrer beim besten Willen keine schwarze Piste entdecken konnte, es sei denn, eine Route im Schnee wird dann als schwarz bezeichnet, wenn die Kleider der wenigen rasenden Damen weithin sichtbar wie schwarze Fahnen im Fahrtwind flattern. Manchmal hat man am Fuß der kurzen Piste den Eindruck, als ob sich riesige Fledermäuse den Hang hinunterstürzen. Und die Antwort auf eine Frage darf man nur vermuten. Wieso sind in dem Lift- und Ausrüstungsarrangement eigentlich keine Handschuhe enthalten? Man kann nur erahnen, dass bei den Temperaturen, die im Sommer vor der Skihalle herrschen, jeder Besucher davon träumt, sich einmal so richtig die Griffel abfrieren zu lassen.

Es bleibt die Frage, ob man mitten in der trockenen und heißen Wüste unbedingt eine gigantische Skihalle benötigt, um der Welt zu zeigen, was man drauf hat? Muss man mit Blick auf den Klimawandel tatsächlich noch in einer solchen Maßlosigkeit verändernd in die Natur eingreifen? Gerät die gesamte Ordnung der Natur nicht weltweit durch solch eine unzeitgemäße Hybris aus dem Gleichgewicht? Sollte man nicht vielleicht doch lieber nur dort Wintersport betreiben, wo die Natur die Grundbedingungen dafür geschaffen hat? Das wäre natürlich wunderbar für Oberstdorf, und wahrscheinlich gar nicht mal so schlimm für die Vereinigten Arabischen Emirate. Die Skihalle von Dubai ist der wohl offensichtlich merkwürdigste Bestandteil einer festgelegten, aber zu überdenkenden Entwicklungsstrategie. Dubai soll ins Übermorgen katapultiert werden – aber noch einmal: Braucht es dazu eine Skihalle?

Nicht weit von der Skihalle wird auch nicht gekleckert, sondern immer nur geklotzt. An der äußersten Spitze der künstlich angelegten Palmeninsel Jumeirah entstand mit dem Hotel Atlantis eine rekordverdächtige Ferienwelt, die Hotel, Shoppingmeile, Aquarium und Vergnügungspark in schier unglaublicher Größe vereinigen will. Siebzehn Restaurants und viertausend Mitarbeiter sollen über dreitausend Hotelgästen einen Hauch von Exklusivität und Luxus vorgaukeln. Die offizielle Einweihungsparty der rosa Riesenburg war ein gigantisches Megaevent, das nur durch die erstmals fallenden Immobilienpreise und die Vorboten der weltweiten Wirtschaftskrise eingetrübt wurde. Illustre Gäste aus allen Teilen der Welt waren eingeladen, und sie kamen auch alle. Vielleicht versuchte man, mit dem anscheinend größten Feuerwerk aller Zeiten auch gleich alle Probleme Dubais und der Welt in Rauch aufgehen zu lassen. Mit der auch für Dubaiverhältnisse leicht überdimensionierten Inszenierung einer Hoteleröffnung feierte Dubai sich irgendwie auch selbst. Aber dazu gleich.

Das Atlantis soll ein Hotel der absoluten Luxusklasse sein. Nun ist Luxus eine relativ individuelle Angelegenheit und unterliegt einer sehr persönlichen Interpretation. Wer Luxus mit Individualität, Eigenwilligkeit und auch einem Schuss Beschaulichkeit in Verbindung bringen will, der ist im Märchenpalast mit angeschlossener Unterwasserwelt vollkommen falsch aufgehoben. Schon die schiere Menge der Hausgäste lässt bei einer auch nur durchschnittlichen Auslastung des 1.539-Betten-Hotels Individualität schon gar nicht zu. Dazu kommen täglich Tausende von Tagesbesuchern in weite Teile des Hotels marschiert. Was für Wasserparkorganisatoren, Restaurantmanager und Ladenbesitzer willkommene Wallfahrer einer ausgedehnten Konsumreligion sind, ist für die Hotelgäste eine Lärm- und Trubelbelästigung ersten Ranges. Daran ändern auch die zahlreichen, sehr höflichen Sicherheits- und Hotelgastbeschützangestellten nichts, obwohl sie verzweifelt darum bemüht sind, die riesigen Besucherströme zu kanalisieren. Man hat sich neben der Versorgung von wirklich viel Geld bezahlenden Hotelgästen eben auch darauf eingerichtet, nicht ganz so flüssige Pauschaltouristen auf Souvenirjagd zu bedienen. Es gibt eine Menge Krimskrams für überschaubares Geld mit etwas palmösem Atlantisaufschlag. Die Restaurants haben alle genügend Platz für die Tagesbesucher, und mancher harmlose Spaziergänger wird von verzweifelten Kellnern mit dem Lasso zum Lunch eingefangen. Die Lokale sind auch nur ein bisschen teurer als in der Stadt, um die Mittagszeit gähnend leer und freuen sich herzlich über jeden Billigheimer. Es zählt jede Kröte. Nur luxuriöse Candlelight-Atmosphäre sucht man vergeblich.

Dafür gibt es erst einmal Probleme ohne Ende. Das Märchenhotel hat zu Anfang so gar nichts von Schneewittchen und den sieben Delfinen. Einmal stand die Lobby fast in Flammen, dann wieder gab es plötzlich in den meisten Zimmern des riesigen Luxushotels kein fließendes Wasser mehr. Die gesamte Versorgung war zusammengebrochen, und die Wüste meldete sich aus den Wasserhähnen zurück. Als das erfrischende Nass endlich wieder durch die Rohre floss, gingen lokale Tierschützer und sogar ein Teil der Stadtbevölkerung wegen der größten Lobbyattraktion auf die Barrikaden. Der vier Meter große Walhai im gigantischen Hotelaquarium gehört zu den bedrohten Tierarten, und die konsternierten Hotelmanager mussten sich schon eine besondere Geschichte ausdenken, um die aufgebrachten Walfreunde zu beruhigen und die hohen Wogen um das spektakuläre Aquarium zu glätten, auf das man doch eigentlich so stolz war. Das Walweibchen ist nicht extra für die Lobby des Hotels gefangen worden, sondern wurde aus den weiten Tiefen des unendlichen Meeres *gerettet*. Soweit die öffentlichen Beteuerungen der Hotelverantwortlichen. Wahrscheinlich konnte der Wal nicht schwimmen und lernte dies erst in Dubai unter Anleitung eines arabischen Schwimmlehrers. Das klingt alles sehr plausibel. Dubai wird sich so sicherlich eine silberne Ehrennadel des World Wildlife Funds verdient haben. Schwimmtraining für gerettete Wale. Klingt eigentlich richtig gut.

Wohl auch, um von all diesen negativen Schlagzeilen abzulenken, gab man schließlich rund zwanzig Millionen Dollar für das schon erwähnte größte Feuerwerk der Weltgeschichte aus. Noch einmal zum Genießen oder zum Verzweifeln: Mehr als eine Million Dollar wurde pro Minute in den arabischen Nachthimmel geblasen. Robert de Niro soll es gut gefallen haben, Janet Jackson war entzückt, und Basketballstar Michael Jordan war einmal für zwanzig kurze Minuten nicht der Größte, was er bestimmt auch genossen hat. Selbst Boris Becker schaute vorbei, und noch viele andere aus dem unendlichen Pantheon des Jetsethimmels. Wieso kamen sie denn alle so fein herausgeputzt und strahlend? Wollten sie einfach nur ein gutes Feuerwerk sehen, war ihnen vielleicht nur langweilig zu Hause mit Frau und Kindern auf dem Sofa oder waren sie alle da, um mitzuhelfen, gemeinsam den Schein zu wahren und so zu tun, als ob alles in bester Ordnung sei. Man wollte entweder nicht wahrhaben, dass die Megaparty bereits der Tanz auf dem Vulkan war, oder man wollte die Chance nutzen, das eigene Stück Kunstinsel ganz schnell an einen noch Dümmeren zu verhökern, ohne zu viel Geld kaputt gemacht zu haben. Kylie Minogue bekam für ein Liedchen anscheinend vier Millionen Dollar, aber es ist ja eigentlich auch vollends egal, ob man für vier weitere Minuten Feuerzauber oder für ein kleines Ständchen die paar Lummis mehr ausgibt. »Time to say good bye« hätte gut gepasst, gehört aber bekanntlich nicht in das Repertoire der weltbekannten Sängerin, doch »Come into my world« für die Optimisten oder »Giving you up« für die Skeptiker wären schon passend gewesen. Was haben sie bloß damals noch auf der Titanic gespielt?

Die meisten der Villenbesitzer von Palm Jumeirah waren nicht eingeladen, und sie wären wohl auch nicht gekommen. Der Wert ihrer vorgeblichen Strandparadiese sinkt jeden Tag, und die wenigen neuen Interessenten springen meistens wieder ab. Viele Baustellen stehen still, und Tausende von Bauarbeitern werden einfach in ihre Heimatländer zurückgeschickt. Aber was ist aus den Plänen voller Exklusivität und Extravaganz eigentlich geworden? Einige wenige Villen sind fertiggestellt, und mit dem großen Feuerwerk für Atlantis kamen auch die ersten Möbelwagen mit den Umzugskartons der Neuinsulaner. Etliche Bewohner leben schon auf einem der künstlichen Palmenwedel – und jeden Tag kommen neue Luxusimmigranten hinzu, die sich auf dem Fleckchen Erde niederlassen, für das sie vor ein paar Jahren wahrscheinlich gehörig zu viel Geld bezahlt haben.

Gerade im arabischen Raum sollte man sich nicht als Prophet bezeichnen, und deswegen sei es auch klar gesagt. Ich bin kein Prophet und will auch keiner sein. Aber als ich in den letzten Jahren zweimal die Gelegenheit hatte, im berühmten Siebensternehotel Burj al Arab zu wohnen, konnte ich dort von meiner Suite aus die Entstehung der künstlichen Palme verfolgen. War es beim ersten Mal vor allem die Art der Landgewinnung, die mir beim Blick aus dem Fenster Respekt und Bewunderung abverlangte, so reduzierte sich die Anerkennung beim zweiten Blick aus dem hohen Stockwerk meines Hotels doch erheblich, als ich sah, in welcher Art und Weise ein Strandhaus nach und eng neben dem anderen aus dem Boden gestampft wurde. Mir wurde schlagartig klar, dass ich dort niemals Urlaub machen, geschweige denn mein Leben verbringen wollte. Obwohl die Art der Bebauung definitiv große Vorteile für die zukünftigen Bewohner hat. Sie können sich morgens alle persönlich begrüßen und dem Nachbarn aus dem Schlafzimmerfenster die Hand reichen, ohne dafür das Haus verlassen zu müssen. Man kann zusammen eine Tasse Kaffee trinken und gemeinsame Feste feiern, ohne zum anderen zu gehen, und das Beste ist, man weiß immer, wann Zoff ist bei Gegenübers.

So könnte es durchaus vorkommen, dass man live dabei ist, wie die Nachbarin vollkommen aus der Fassung gerät, ihren konsternierten Gatten hyperventilierend anbrüllt und schreiend fragt, wie er so knallblöd sein konnte, sich für viel zu viel Geld einen goldenen Hühnerkäfig an einem stinkenden Meeresarm aufschwätzen zu lassen, wo man den leisesten Furz vom Nachbarn hört und wo es über die langen Sommermonate hinweg so unerträglich heiß ist, dass der Ausfall der Klimaanlage sofort zu Suizidgedanken führt. Soll sie sich etwa für den Rest ihres exklusiven Strandlebens Autoreifen unter die Füße schnallen, nur um die Sandtemperaturen zu ertragen? Darf sie niemals zu einer Grillparty einladen, weil die Gäste denken könnten, sie werden ob der Außentemperaturen selbst zum Grillgut? Man hört noch, wie die verzweifelte Gattin des zusammengestauchten Nachbars von ihrem Versagertypen ultimativ den sofortigen Erwerb eines zweiten Feriendomizils in unmittelbarer Nähe des Nordpols oder mindestens in Oberstdorf verlangt. Oder mindestens eine Familiendauerkarte in der Skihalle der »Mall of the Emirates«. Nicht zum Skifahren, nur um in dem kalten Schnee zu liegen und sich die Griffel abfrieren zu lassen. Haben sich die Käufer der Strandvillen wirklich klar gemacht, welche Sommertemperaturen hier in Luft und Wasser herrschen? Und der Sommer kann lang sein. Er beginnt irgendwann im Mai und endet – wenn alles gut geht – im September. Europäische Sommerferien mit Kindern in Dubai gehen eigentlich gar nicht.

Auch der Stamm der legendären ersten künstlichen Meerespalme ist nicht so elegant gewachsen, wie die enthusiastischen Träumer es sich vorgestellt hatten. Erinnert das Hotel Atlantis mit seinem gigantischen rosa Bau noch an Las Vegas, so denkt man bei der Zufahrt zum Hotel und bei der ummittelbaren Strandumgebung eher an Honolulu und beginnt das fröhliche Wolkenkratzerzählen. Als ich vor etwa zehn Jahren im klassischen Strandhotel Ritz Carlton wohnte, fuhr der Fahrer bei der Anfahrt vom Flughafen durch die einsamste Wüste, sodass meine Frau noch eine mögliche Entführung und Geiselnahme befürchtete. Es gab nichts als Sand und drei oder vier Hotels am Strand. Heute fährt man auf dem Weg zum Ritz allein in Jumeirah an über hundert Hochhäusern mit jeweils mindestens mehr als fünfzig Stockwerken vorbei. Da stellt sich die Frage nach der Schönheit und Eleganz von Wolkenkratzern am Meer schon gar nicht mehr, es reduziert sich eigentlich alles nur noch auf eine Frage: Woher kommen Wasser, Strom und vor allem kalte Luft für all die

Appartements im heißen Sommer? Und vielleicht noch eine defätistische Zusatzfrage: Wer soll dort wohnen und warum? Schließlich muss es gute Antworten auf diese Fragen geben, denn es sind mindestens weitere hundert Wolkenkratzer im Bau – und das Ritz Carlton wirkt mit seinen drei oder vier Stockwerken bereits jetzt schon wie die Maus zu Füßen einer Elefantenherde.

Eine aussichtsreiche Alternative ist ein Urlaub im teuersten und wohl auch immer noch exklusivsten Hotel der Welt, im Burj al Arab, wo der siebte Hotelstern erfunden wurde. Die Zimmer – wenn man bei mindestens 175 Quadratmetern Wohnfläche auf zwei Stockwerken wirklich noch von solchen sprechen will – sind gigantisch und wie das ganze restliche Hotel mit einer derart psychedelischen Farbpalette ausgestattet, dass Puristen und Ockerfetischisten die Tür gleich wieder von außen schließen. Oder sich vom persönlichen Butler wiederbeleben lassen. Dann hätte der wenigstens einmal eine Sinn spendende Aufgabe.

Normalerweise besteht seine Hauptbeschäftigung nämlich darin, dem frisch Angekommenen die Ehrfurcht vor dem Hotel zu nehmen und dem technologisch unterbelichteten neuen Hotelgast die Funktionsweise der kiloschweren Fernbedienung zu erläutern. Diese programmiert nicht nur den Fernseher, sondern entriegelt auch die Tür, öffnet Vorhänge, regelt die Klimaanlage und ruft den Butler. Ich glaube, wenn man sie in den Nacken legt, massiert sie auch, aber da bin ich jetzt nicht mehr ganz sicher.

War mir beim ersten Besuch dieser Hotelkathedrale die ständige Präsenz eines Butlers noch regelrecht unangenehm und irgendwie äußerst suspekt, hatte ich mir für den zweiten Aufenthalt streng vorgenommen, den Butlerservice in allen Details zu nutzen. Ich wollte genießen und ja nichts auslassen. Also ließ ich den guten Mann gleich einmal mein minimalistisches Gepäck auspacken und meine drei Unterhosen auf schätzungsweise 24 verschiedene Kleiderschubladen verteilen. Ich tat so, als ob ich in einem Sessel in der Nähe des Ankleidebereichs Zeitung lesen würde, versuchte aber zur gleichen Zeit angestrengt, an den Schlagzeilen vorbei zu schielen und zu beobachten, wie der Butler mit meiner zugegebenermaßen relativ schlichten Unterhosenkollektion und meinen löchrigen Werbe-T-Shirts umgehen würde. Als er mein Lieblingsleibchen, in dem ich während der Reise schon ungefähr sieben Mal geschlafen hatte, in der Hand hielt, glaubte ich, ein unterschwellig höhnisches Grinsen in seinem Gesicht zu entdecken. Ich hatte den Eindruck, er wollte mir eine vernünftige Vorgehensweise bezüglich dieses alten Baumwolllappens vorschlagen, bemerkte dann aber doch rechtzeitig die Sinnlosigkeit seines Unterfangens und hängte das ausgeleierte Stück ausdrucksvoll auf einen goldbesetzten Kleiderbügel aus edelstem Teakholz. Es erschreckte ihn dann auch schon nicht mehr, festzustellen, dass ich keine geeignete Abendgarderobe für ein ansprechendes Dinner im Hotel dabei hatte. Er meinte dazu nur lapidar, man könne ja auch im Zimmer speisen. Und das sogar in einer alten Unterhose. Mein persönlicher Butler wurde mir allmählich sympathisch. Situationsangepasstes Verhaltensmanagement würde man wohl im Butlerseminar dazu sagen.

Aber egal, der Mann für mein Wohlbefinden kümmerte sich in der Zwischenzeit um meinen Kulturbeutel und positionierte zuerst einmal meine Schleckerzahnpasta neben dem Edelparfum von Hermes, das im Großformat vom Hotel zur Verfügung gestellt wird. Gut und billig meets »24, Faubourg« und »Rocabar«. Mein Deodorant von Nivea landete so neben einem Rasierwasser einer für mich eigentlich unerschwinglichen Pflegeserie für den verwöhnten Mann. Während ich die korrekte Positionierung meiner proletarischen Drogerieprodukte überwachte, musste ich immer an eines denken: Niveau ist keine Hautcreme! Mein Butler dachte wohl an etwas anderes und stülpte durchaus verzweifelt meinen Kulturbeutel um, aber außer einer kleinen Haarbürste und einem Notpäckchen Aspirin Plus C fiel einfach nichts mehr heraus. Er schaute fragend an, und mit einem entschuldigenden Schulterzucken zeigte ich zurück, dass ich auf Reisen einfach nicht mehr dabei habe. Großzügig wies er darauf hin, dass gerade auch für solch schwere Fälle wie mich – oder anders gesagt, für solch leichte Kulturbeutel wie meinen – die Pflegemittelausstattung des Hotels wohl wirklich vollständig wäre. Und ich solle doch bitte am Ende meines Aufenthaltes auch alles einpacken: »Wenn sie es anbrechen, können sie es bei ihrer Abreise mitnehmen, wenn sie es nicht benutzen, ebenfalls. Auch das für die Dame, es gehört ihnen.« Sollte ich tatsächlich in diesem Hotel vom Seife-Wasser-Mann zum Hermes-Parfum-Junkie mutieren?

Eine Sorge war ich jedenfalls mit einem Schlag los. In diesem Hotel musste ich mir keine Gedanken mehr über das Reisemitbringsel für meine Frau machen, die Menge an sündhaft teuren Kosmetika in meinem Badezimmer reichte bei schwäbischer Aufteilung auch noch für Mutter, Schwiegermutter und diverse Nachbarinnen.

Mein fleißiger Butler bot mir nach dem Auspacken an, ein Schaumbad für mich vorzubereiten, und da ich mir ja fest vorgenommen hatte, den dienstbaren Geist volle Pulle zu nutzen, nickte ich huldvoll und erteilte somit den Auftrag zur Schaumbadvorbereitung.

Ich wurde gefragt, welche Ingredienzien ich bevorzugen würde, welche Aromastoffe ich gerne in der Nase hätte, welchen Ölgehalt und welche Temperatur das Wasser haben solle, welche Wasserhöhe mir genehm wäre und welchen Effekt ich mir von dem Bad wünsche.

Meine Antwort auf all die Fragen war spontan, klar, deutlich und präzise: »Äh, was?«

Mein Bademeister verstand sofort, dass ich ihm hiermit eine gewisse Entscheidungsfreiheit zubilligte, und meinte nur, dass er mir ein ganz entspannendes Bad richten würde, denn ich sähe etwas gestresst aus. Ach, was? Ich könne mich ja in der Zwischenzeit rasieren.

Aber ich wollte mich gar nicht rasieren – und schon gar nicht mit einem anderen Mann im Smoking hinter mir. Damit stand ich vor einer großen Frage. Darf man im berühmten Burj al Arab unrasiert baden gehen?

Ich konnte es selber nicht fassen, aber ich hielt mich an die Anweisungen meines Butlers, rasierte mich und stieg erst dann in die Wanne. Cleopatra hätte es nicht würdevoller gestalten können, und ich meine nicht das Rasieren. Auch der Butler agierte umsichtig. Während ich die ganze Rasur lang auf der Frage herumkaute, ob man in Anwesenheit eines Smokingträgers lieber mit einer Badehose statt ganz nackt ins Schaumbad steigt, entfernte sich mein Manierenlehrer währenddessen dezent aus dem Raum. Erst als ich Schaum versunken war, tauchte mein neuer Lebensgefährte noch einmal auf und bot mir ein Glas Champagner an, das ich mit großmännischer Geste majestätisch entgegennahm. Später beim Auschecken und Bezahlen der Rechnung durfte ich feststellen, dass dies das mit Abstand teuerste Sprutzelwasser meines Lebens gewesen war. Aber gut war es und der Situation angemessen. Ich glaube letztendlich, dass es meinem persönlichen Butler sogar gefallen hat, endlich mal einen Hotelgast zu haben, der sich auch ein Schaumbad anrühren lässt. Ich musste für mich feststellen, dass ich den Butlerservice zunehmend genossen und in den ersten Tagen zu Hause den stets dienstbaren Geist auch vermisst habe. Die Hoffnung, dass meine Frau die harten Umstellungsschwierigkeiten durch Übernahme wenigstens einiger Butlertätigkeiten abmildern würde, zerschlug sich schnell. Nur eines nehme ich mir als Schwabe in Zukunft für fremd angerührte Wannenbäder vor. Das nächste Mal trinke ich dazu Schorle weiß-sauer!

Da ich aufgrund meiner unpassenden Garderobe für einen Barbesuch nicht infrage kam, entging mir auch die einmalige Gelegenheit, den teuersten Cocktail der Welt zu bestellen. Auch dieser Superlativ gehört dem Siebensternepalast in Dubai. Das Gemisch besteht aus 55 Jahre altem Old Macallan Single Malt Whiskey und einem Dried Fruit Bitter, der von einer deutschen Firma eigens für das Hotel hergestellt wird. Serviert wird das Ganze mit Maracujazucker in einem Glas aus Baccarat-Kristall mit 18-karätiger Goldverzierung und Burj al Arab Gravur. Das Holzstäbchen zum Umrühren stammt aus einem uralten Macallan-Sherry-Fass. Wahrscheinlich hat man damit früher die Zahnstocher für Napoleon hergestellt.

Der Cocktail kostet, wie er heißt: »27.321«. Wenn man diese Dirhamzahl in unsere Währung umrechnet, kommt man auf den stolzen Getränkepreis von etwa 4.690 Euro. Dafür darf man das Glas anschließend in einer edlen Lederbox inklusive Urkunde mit nach Hause nehmen. Wenn das mal kein Grund ist, den Cocktail zu bestellen. Wir zwar wissen nicht, was in der Urkunde steht, aber man darf ja mal vermuten: »Hiermit wird feierlich festgehalten, dass der Besitzer dieser Urkunde der trinkende Beweis dafür ist, dass Reichtum nicht vor Blödheit schützt.« Es soll Schwaben geben, die allein nach dem Lesen der Getränkekarte ohnmächtig vom Barhocker gekippt sind und erst nach drei Schorle weiß-sauer wieder volle Denkfähigkeit erlangt haben.

Ich saß an diesem Tag allerdings nur schaumbadentspannt in meiner Suite und spielte gedankenverloren mit der »Ich-kann-alles-Fernbedienung« herum. In wirrem Wechsel schaltete sich die Türkamera ein, der Fernseher an, die Klimaanlage aus, und die Vorhänge gingen mal auf und dann wieder zu. Es passierte vieles, nur nicht das, was ich wollte. Sollte ich jetzt im besten Hotel der Welt also auch noch einen Speziallehrgang für Fernbedienungsbenutzung machen? Oder sollte ich einfach zugeben, dass ich zu blöde bin, den Fernseher anzuschalten?

Also doch wieder den Butler rufen. Natürlich auch mit der Fernbedienung. Dieses Mal fand ich sogar den richtigen Knopf, Sekunden später stand er vor der Tür, klingelte, woraufhin sämtliche Fernseher wieder ansprangen, ohne allerdings ein Geräusch zu machen. Auf den Plasmaschirmen erschien das von einer versteckten Minikamera gefilmte Lächeln meines Butlers. Ich hätte natürlich auch die Tür mit der Fernbedienung öffnen können, schließe aber mit meinem Knopfdruck mal wieder nur den Vorhang. Also lief ich ganz konservativ zur Tür und öffnete mit der Hand am Türgriff. Der Butler trat ein und las mir den Wunsch von den Augen ab. Er schaltete den Fernseher ein und knipste, ohne zu zögern, auf ARD. In Deutschland wählte die Bundesversammlung an diesem Tag ein neues Staatsoberhaupt und just in diesem Augenblick wurde der neue Bundespräsident vereidigt. Diese Sternstunde der parlamentarischen Demokratie war sehr feierlich, und ich fand es durchaus angemessen, den Schwur von Horst Köhler in einem Fernsehapparat zu verfolgen, der dick und breit in einem goldenen Rahmen steckt. Die Fernbedienung hatte ich vollkommen vergessen, mein Butler sorgte für die richtige Raumtemperatur und – glaube ich zumindest – summte sogar leise die deutsche Nationalhymne mit. Ein guter Butler muss eben alles können.

Das Burj al Arab ist ein besonderes Hotel und seine Gästeliste ist illuster. Das gilt allerdings ebenso für ganz Dubai. Gestern soll Paris Hilton im Hotel eingecheckt haben. Sie freut sich auf das Einkaufsparadies. Soll sie gesagt haben. Ist auch egal. Dubai ist eine Stadt der Stars und Sternchen und der jungen, gut aussehenden Frauen, die nur an einem zu sparen scheinen. Am Stoff, der ihren Körper bedeckt.

Ich habe Freunde, besser gesagt entfernte Bekannte – oder ganz vorsichtig ausgedrückt, ich kenne Männer, die machen auf Reisen den ganzen lieben langen Tag nichts anderes als Hinterteile von Frauen und dazugehörende Ausgleichsgewichte zu zählen. Ich wollte mich eigentlich der Männerurlaubsterminologie anpassen und von Weiberärschen und Titten erzählen, aber meine Familie erwartet von mir eine gewisse Sprachverfeinerung bei Veröffentlichungen. Also, Frauen aufgepasst, Kerle zählen und kategorisieren. Männer tun dies. Vor allem auf Reisen. Wirklich. Der Mann als solcher verändert sich drastisch in seinem Benehmen, wenn er länger als 24 Stunden ohne eigene Frau unterwegs auf Reisen ist. Glauben sie es mir. Irgendetwas muss aufregend sein, sofort wird das Objekt der Begierde aufgelistet und einer bestimmten Schublade zugeführt. Großer Ausschnitt, kurzes Kleid, hohe Stöckel, schmaler Hintern, tiefer Blick, breite Lippen, starker Busen, strammer Schritt, enge Hose, ein Aufhänger genügt und die vorbeilaufende Frau ist ultimativ eingeordnet und einer finalen Bewertung zugeführt worden. Es wird sofort mit den gebräuchlichsten Schlagworten um sich geworfen: »Mann, die ist bestimmt hart drauf« oder »die braucht es« – oder auch ganz beliebt unter Männern fern der Heimat ist die schnell getroffene Einschätzung »das ist bestimmt eine Professionelle«.

Aber mein lieber Herr Gesangsverein, diese Art Frauenvolkszähler hätten in den Arabischen Emiraten in diesen Zeiten gut zu tun. Dubai ist der Treffpunkt der jungen und schönen Frauen, extravagante Kleidung und gewagtes Auftreten scheinen Pflicht zu sein. Hier kommen die Männer bestimmt mit den Schubladen durcheinander. Ich werde hier selber schon zum Frauenzähler. War ich mir vor ein paar Jahren ganz sicher, dass die frühere Sowjetunion in einem besonderen Fünfjahresplan beschlossen hatte, die arabische Halbinsel genau in Dubai zu attackieren und die Stadt mit junger nackter Haut zu überfluten, so weiß ich heute nicht mehr genau, ob der vermutete russische Überschuss bei halb nackten Frauen so noch besteht. Eines aber ist sicher: Auf dem Markt der Eitelkeiten in Dubai gibt es gerade für arabische Verhältnisse viel zu viel nackte, junge Haut.

Die Gegensätze, die demnach in den Hotels und Shopping Malls aufeinandertreffen, könnten krasser kaum sein. Arabische Frauen, ganz in Schwarz gekleidet und oft auch das Gesicht verhüllt, treffen auf Europäerinnen in Flipflops, deren Busen nur noch durch die brutale Kraft der unbarmherzigen Erdanziehung im viel zu tiefen Ausschnitt gehalten wird. Auch wenn man sich einer global gültigen Vorstellung davon verweigert, wie viel eine Frau und natürlich auch ein Mann zeigen darf, wird man doch ohne Einschränkungen feststellen müssen, dass die Tittenschwemme aus Europa und die Offenlegung ungezählter Arschgeweihe für den arabischen Kulturraum kaum zu ertragen sind. Nicht die kleinste Kleiderregel des Islam wird noch eingehalten, allein die Sonne bestraft die freiliegenden Weichteile mit heftigem Sonnenbrand. Allah wird das nicht reichen, und die moslemischen Hardliner sind mehr als unzufrieden.

Um es klar zu sagen und um Missverständnisse zu vermeiden: Dubai ist faszinierend und attraktiv und das nicht nur in Bezug auf die vielen jungen Frauen aus allen Herren Länder, die sich hier so freizügig der Allgemeinheit präsentieren. Im Jahr 2008 haben fast sieben Millionen Menschen die Stadt besucht, und es ist anzunehmen, dass es den meisten gut gefallen hat. Die Besucher denken bei Dubai vor allem an gepflegte Strände, warmes Wetter, riesige Einkaufspassagen und wahrscheinlich weniger an halb nackte Frauen. Es ist ja vielleicht gut, dass sich das verhüllte Arabien und das freizügige Europa einander annähern, aber die Frage bleibt: Muss es so schnell und so krass sein? Muss es in Dubai immer nur am schnellsten, am teuersten oder am höchsten sein? Anscheinend ja.

Seit März 2008 ist der Burj Dubai der Architekten Skidmore, Owings und Merril endlich das höchste Bauwerk der Welt. 818 Meter ragt der Turm in Dubai aus der Wüste empor. Die Baukosten sollen rund zwei Milliarden US Dollar betragen haben. Und wieder einmal scheiden sich die Geister an der Gigantomanie der königlichen Familie. Ist er für die Einen ein wahnwitziges Symbol ungesteuerten Größenwahns, so ist er für viele Andere ein Meisterstück der Architektur, ein Wunder menschlicher Intelligenz und Planung. Einfach ein großartiges Bauwerk von Menschenhand. Allein die Technik begeistert viele Bewunderer. Die Aufzüge sind die schnellsten der Welt, und nicht nur das, sie sind auch die stärksten. Der Serviceaufzug hat eine Tragekapazität von 5.500 kg und ist damit wohl der größte Aufzug auf diesem Planeten. Auch die Umwelttechnik scheint vom Feinsten zu sein. Zwar schießen mitten in der Wüste jeden Tag unglaubliche 194.000 Liter Wasser durch das Gebäude, aber das anfallende Kondenswasser in und am Gebäude wird aufgefangen und dient der Bewässerung der umgebenden Parkanlage. Ökologisch betrachtet regelrecht vorbildhaft. Durchschnittlich sollen sich nach der Fertigstellung ungefähr 17.000 Menschen im Turm aufhalten, seine volle Auslastung liegt aber erst bei 35.000 Personen.

Das höchste Gebäude der Welt steht mitten in einem vollkommen neu entstandenen Stadtteil und soll bis zum 39. Stock ein Luxushotel beherbergen, bis zur 108. Etage sollen Edelwohnungen Platz finden und bis zum 154. Stockwerk Büros einziehen. Die wohl aber noch nicht alle verkauft sind. Scheint auf jeden Fall so.

Beim Einkaufsbummel durch den Souk von Madinat wurde mir ein komplettes Bürostockwerk zum sofortigen Kauf angeboten. Die Immobilienmaklerin war noch sehr jung und unerfahren, sah aber ausgesprochen nett aus und schaute mich mit verlangendem Augenaufschlag an. Ich selber hatte ein Gammelhemd und eine alte Jeans an und sah kleidungstechnisch betrachtet nach Vielem aus, aber nicht gerade danach, dass ich in dieser Aufmachung in einem orientalischen Markt nach einer eleganten Büroetage im hundert-was-weiß-ich-wievielten Stockwerk eines noch nicht fertiggestellten Luxusbüroturms suchen würde. Aber die attraktive Verkäuferin sah das anders und identifizierte mich als potenziellen Käufer. Die tiefbraunen Augen veränderten schlagartig auch meine Meinung. Volle Lippen machten mir einen Spontankauf schmackhaft, ich verlor mich in einem tiefen Ausschnitt und der fixen Vorstellung eines gediegenen Chefbüros hoch über der arabischen Wüste. Eigentlich wollte ich nur ein kleines Mitbringsel für meine Kinder, der Rasierschaum war mir ausgegangen, und weil ich Durst hatte, wollte ich mir noch eine Flasche Wasser kaufen. Der Sex-Appeal der attraktiven Bürostockwerksverkäuferin veranlasste mich aber dann doch, über eine sicherlich bestimmt sehr vernünftige Großinvestition nachzudenken.

Ich erkundigte mich schnell mal nach dem Kaufpreis, und das schönste Lächeln der arabischen Halbinsel bestätigte meine Vermutung, dass ich gerade nicht genügend Geld bei mir hatte. Das wäre gar nicht schlimm, wurde mir strahlend erläutert, ich könne die fünfzig Millionen Dirham – umgerechnet circa zehn Millionen Euro – auch erst in den nächsten Tagen bezahlen. Solche Geschäfte wären eine Frage des Vertrauens. Fand ich auch und beteuerte meine seriösen Kaufabsichten.

Ich fragte nach den hier üblichen Sommerrabatten und einem ordentlichen Skonto, falls ich alles in bar bezahlen würde. Während ich mir nicht ganz sicher war, was meine Familie von meinen Einkaufsabsichten halten würde, wurde mir überzeugend dargelegt, dass es sich bei diesem Kauf um ein einmaliges Schnäppchen handeln würde, um das mich die ganze Welt beneiden würde. Ich stellte mir schon vor, wie ich meiner schwäbischen Nachbarschaft die arabische Bel Etage präsentieren würde, war aber auch skeptisch, ob meine regionale Kreissparkasse den Kontokorrent entsprechend anpassen würde.

Ich schaute fortwährend in die magischen Augen meiner immobiliären Glücksbotin. Trotzdem war mir klar, dass ich langsam aber sicher aus der Nummer raus musste. Also bat ich um Bedenkzeit. Nicht so sehr wegen der Höhe des Kaufpreises, sondern wegen der Höhe des Turms. Meine Sekretärinnen leiden unter Höhenangst. Behauptete ich jedenfalls glaubhaft. Es fiel mir schwer, die Verhandlungen zu beenden. Was mir vom möglichen Luxusbüro blieb, war die Visitenkarte einer aufstrebenden Maklerin und die Erinnerung an ihre rehbraunen Augen.

Ich kaufte wie geplant zwei T-Shirts für meine Töchter, eine riesengroße Flasche Mineralwasser und eine kleine Dose Rasierschaum. Kurz, nur ganz kurz gab es die Überlegung, den höchsten Turm der Welt als geschmackloses, aber erschwingliches Glassouvenir mit nach Hause zu nehmen. Statt einer Visitenkarte aus schnöder Pappe. Wie verzweifelt muss man als Immobilienverkäuferin eigentlich sein, wenn man vorbeilaufenden Passanten eine Hochhausetage für zehn Millionen Euro verkaufen will? Man kann es nur erahnen.

Die Arbeiten am Burj Tower gehen augenscheinlich zügig voran, es wird unermüdlich gearbeitet, Tag und Nacht im Dreischichtbetrieb. Die Umgebung ist schon schick herausgeputzt, die unverzichtbare Rieseneinkaufspassage ist eröffnet, natürlich mit Megaaquarium und Tonnen von Marmor. Die Traumhotels gegenüber des Burj sind exquisit. »The Address« und »The Palace« haben einen Standard gesetzt, den Giorgio Armani mit seinem Turmhotel nur noch schwer übertreffen kann. Und das Armanihotel hat einen großen Nachteil. Seine Gäste werden beim Blick aus dem Fenster den höchsten Turm der Welt nicht sehen. Während ich von der spektakulären Bar im »The Address« auf die letzten Arbeiten am babylonischen Turm blicke, versuche ich mit Gin Tonic meine letzten Fragezeichen weg zu spülen. Ist es wirklich Realität, dass man im 63.Stock eines Hotels in der Bar sitzt, sein »Wagyu Beef« in den »Black Truffle Dip« tunkt und dabei immer noch hundert Stockwerke nach oben schaut, um die Spitze des Nachbargebäudes zu sehen? Ist die Pizza noch heiß und knusprig, wenn der Lieferservice im 138. Stock ankommt? Noch schlimmer: Wie bekommt man die Kräne wieder herunter, die im Moment so ungefähr im 142. Stock aufgebaut sind? Kann man die einfach runter in den See schmeißen? Hier ist vieles noch nicht klar.

Wie viele Fünfsternehotels Dubai noch verträgt, weiß wohl niemand so wirklich. Mit 73,2 % Durchschnittsbelegung in allen Kategorien können sich die Hoteliers bis jetzt nicht beschweren. Ob diese ausgesprochen gute Prozentzahl der Realität entspricht, ist nur schwer zu überprüfen, aber sie auf Dauer zu halten, scheint schlicht unmöglich. Es gibt schon zu viele Hotels, und es kommen jeden Tag neue hinzu. Das höchste Haus der Welt wird man aber wohl nur auf kurze Zeit haben. Gerade hat man das »101« in Taipeh von der Spitzenposition abgelöst, da klotzen schon die unmittelbaren Nachbarn heran. In Saudi-Arabien wurde gerade ein Vertrag unterzeichnet, der in Jeddah einen Wolkenkratzer vorsieht, der über tausend Meter hoch geplant ist. Das neue Rekordgebäude soll zwischen zwanzig und dreißig Milliarden Dollar kosten und wird von Emaar Properties gebaut, derselben Firma, die sich auch für den Burj Tower verantwortlich zeigt. Oder waren es doch nur Millionen? Die vielen Nullen verwirren uns Normalverdiener, die wir sonst nur mit der Prüfung unserer Girokontoauszüge der örtlichen Kreissparkasse vertraut sind. Und das soll erst der Anfang sein in Saudi Arabien. Gerüchte sprechen von einem »Mile Tower«, der so hoch werden soll, wie es der Name schon sagt: Eine Meile oder ungefähr 1600 Meter soll das Gebäude in den Himmel ragen!

Mögen die Ölquellen niemals versiegen und Autos niemals ohne fossile Brennstoffe auskommen. Sonst werden all diese gigantischen Zeigefinger in der Wüste eines Tages vom Sand gefressen werden.

Apropos Saudi-Arabien. Bei aller Distanz zum gewagten Entwicklungsprojekt Dubai verlangen die Anstrengungen, die

die Herrscher der Vereinigten Arabischen Emirate unternehmen, um ihr Land und seine Bewohner in eine gute Zukunft zu bringen, großen Respekt und Anerkennung. Das Geld der Scheichs landet in einer zwar extrem utopischen Entwicklungsstrategie, vielleicht sogar in einer überzogenen, das Geld der anderen Ölstaaten landet dagegen zu einem großen Teil auf irgendwelchen Nummernkonten in der Schweiz. Das macht dann schon einen Unterschied. Und da ist noch etwas, das positiv anders ist. In Dubai wird nicht mehr gesteinigt, und das macht die Stadt viel attraktiver, als es ein höchstes Hochhaus der Welt jemals gekonnt hätte. Sorgt man sich in Dubai um die Frage, ob die Pizza schnell genug in die oberen Stockwerke kommt, so fragt man sich in Jeddah, ob die Architekten am Fuß des Wolkenkratzers einen öffentlichen Steinigungsplatz einplanen müssen. Ein neues Zeitalter wird eingeläutet. Die futuristische Steinzeit.

Von der Temperatur her gesehen nehmen sich beide Länder nichts. Dubai ist ein heißer Ort, in jedweder Hinsicht. Das Nachtleben ist ebenso heiß wie ein Spaziergang in der Mittagszeit. Zu Fuß gehen ist allerdings in weiten Teilen der Stadt eh nicht vorgesehen. Wenn man in einem der zahllosen Hotels an der zentralen und viel befahrenen Sheikh Zayed Road wohnt und ein Café oder ein nettes Restaurant auf der gegenüberliegenden Straßenseite entdeckt hat, fragt man erst sich selbst und dann den Concierge, wie man dort hinkommt. Die Antwort ist nicht nur eindeutig, sondern auch absolut korrekt. Nur mit dem Taxi. Es gibt so gut wie keine Vorkehrungen für

Fußgänger. Vielleicht ist die systematische Unmöglichkeit des zu Fuß Gehens auch eine Schutzmaßnahme, dass sich blöde Touristen nicht das Hirn verbrennen.

Das aber soll sich alles ändern. Die Metro kommt. Und wie alles in Dubai sie groß, perfekt, modern, gekühlt und verbindet mit einem Schlag fast alle wichtigen Punkte der Stadt miteinander. Den unzähligen Taxifahrern aus Indien und Pakistan wird schon ganz schwindelig. Jeden Tag sehen sie das feindliche Monster wachsen, und wenn die Konzeption der Stadtplaner aufgeht, werden viele von ihnen bald arbeitslos sein. Gut ging es den Taxifahrern mit den niedrigen Tarifen noch nie, die Metro wird diese armen Schweine zu hungernden Arbeitslosen machen. Man wird sie im besten Fall in ihre Heimatländer zurückschicken oder, was noch wahrscheinlicher ist, macht sie zu erbarmungslos ausgebeuteten Hilfsarbeitern bei der Erweiterung der Metro nach Abu Dhabi. Indirekt werden sie so zu Helfershelfern, dass ihre Kollegen im Nachbaremirat auch bald arbeitslos werden. Sie füttern das Monster, das sie selbst gefressen hat.

Die sozialen Aspekte der Gastarbeiter in Dubai trüben das tolle Bild der kosmopolitischen Weltstadt Dubai mehr als ein wenig. Man zahlt zwar keine Steuern, aber die Einkommen der einfachen Hilfsarbeiter würden das auch gar nicht hergeben. Die Gesundheitsversorgung für diese Leute ist bedenklich schwach, die Wohnverhältnisse weit außerhalb der Stadt in der Wüste einfach erbärmlich und oft sogar menschenunwürdig. Viele Hotelgäste in den edlen Herbergen haben nicht den

Hauch einer Ahnung davon, wie mies und schäbig die Person untergebracht ist, die ihnen morgens elegant und nonchalant den Kaffee nachgießt.

Dafür kann man dann alle Hotelpaläste mit irrsinnig großen Fensterfronten ausstatten, was nur geht, wenn man den Hitzestau hinter den Scheiben mit ebenso verrückt großen Klimaanlagen wieder wegpustet. Die Blechcontainer der Bauarbeiter haben zum Teil weder Fenster noch Klimaanlage. Dabei gibt es vernünftige Mittelwege. Eines der alten Hotels, in dem ich früher gewohnt habe, ist das betagte, ungefähr zwanzig Stockwerke hohe World Trade Center. Es wird schon lange nicht mehr als Hotel genutzt und war damals das mit Abstand höchste Gebäude der Emirate. Man findet es weiß mit winzigen Fenstern ganz in der Nähe der exklusiven und nach allen Seiten schick verglasten Emirates Towers. Die Bauweise des alten World Trade Centers ist vielleicht nicht so spektakulär wie die seiner Nachbarn, aber durchaus sehr vernünftig und den Bedingungen der Region angepasst. Umweltschützer und Energiesparer hätten Freude an der alten Kiste. Die zurückverlegten kleinen Fenster lassen die Hitze des Tages erst gar nicht ins Gebäude. Der Nachteil ist die Dunkelheit im Haus, aber dafür ist es auch tagsüber angenehm kühl, und diesen Effekt hätte man sogar auch ohne Klimaanlage. Wenn es einmal den in Dubai nicht für möglich gehaltenen totalen Stromausfall geben sollte, wird es eine Völkerwanderung Richtung World Trade Center geben, weil es der einzige Platz sein wird, wo man die Hitze des Tages ertragen wird. Aber von dieser Art der Bauvernunft hat man sich schon lange verabschiedet. Auch das höchste Gebäude der Welt ist ein Glaspalast. Hoffentlich bereut man diesen Abschied vom traditionell konstruktiv gestalteten Sonnenschutz nicht noch einmal.

Aber wenn die Herren Scheichs und Planer das mal eher locker sehen, dann gehe ich selber auch gutgläubig und optimistisch davon aus, dass die wissen, was sie tun. Ich werfe einfach meine Bedenken über Bord und denke auch nicht mehr an den dramatischen Verdunstungsverlust durch die vielen künstlich angelegten Wasserflächen mitten in der Wüste. Weg mit dem ganzen Defätismus. Ich freue mich an der Schönheit der zahllosen Kanäle, Teiche und Seen. Eigentlich wäre hier nichts außer riesigen Sandbergen, und was sehe ich überall? Wasser, Wasser, Wasser! Ich lege mich flach auf die Ufersteine, lasse die gespeicherte Hitze des Tages durch meinen Körper fließen und halte zur Abkühlung eine Hand ins Wasser. Wirklich wundern lässt mich Dubai schon lange nicht mehr, aber beim Finger lecken muss ich wenigstens schmunzeln. Das Wasser ist entsalzt und sogar gechlort.

Ich setze mich an der Dubai Mall auf ein Bänkchen und fröne meiner zweiten perversen Leidenschaft. Ich schaue nicht nur Interviews mit Lothar Matthäus, ich liebe auch Springbrunnen in der Wüste. Ich weiß jetzt nicht, was abartiger ist, aber weiße Wasserfontänen in einem der trockensten Teile der Welt sind schon eine Perversion erster Güte. Neben dem höchsten Gebäude ist auch gleich noch die größte Wasserfontänen-Landschaft der Welt entstanden. Die über zweihundert

Millionen Dollar teuren Springbrunnen sind natürlich größer als die berühmten Wasserspiele vor dem Bellagio Hotel in Las Vegas und schießen selbstverständlich auch noch einmal zehn Meter höher in die Luft als der bekannte »Jet d'eau« auf dem Genfer See. Höher, größer, teurer, ein Ende der Rekordjagd scheint trotz Wirtschaftskrise nicht in Sicht. Jetzt plant man als nächste Verrücktheit einen Neun-Loch-Golfplatz in den oberen Etagen eines Wolkenkratzers. Das alles mitten in der Wüste ist eigentlich so pervers, da erscheint das sinnentleerte Gebrabbel eines fränkischen Weltfußballers fast schon vernünftig.

Ach, eines noch.

Der HSV spielte gegen Galatasaray Istanbul. Das Spiel endete eins zu eins. Die Hamburger glichen erst in der zweiten Halbzeit aus. Da schlief ich aber schon und träumte davon, mit Emirates nach Dubai zu fliegen.

»Mut. Vor allem Mut.
Mit den Details spielen.
Dem Augenblick vertrauen.
Den Augenblick genießen und daraus neue Kraft schöpfen.
Am eigenen Weg festhalten, aber die Richtung wechseln können.
Routine ignorieren, sich von den Gezeiten mitreißen lassen...
Kurz zögern.

Steak Tartare ou Mousse au Chocolat?«

Herausgeber Editions Hermes, Paris (2010)

Liest sich doch wie die Werbeschrift eines innovativen Reisebüros. Oder nicht? Den Augenblick genießen. Es geht aber gar nicht ums Reisen, sondern um Krawatten der französischen Luxusmarke Hermes. Aber was heißt schon, den Augenblick zu genießen? Vielleicht doch eher...

Saigon sans Cravate!

VERRÄTERSTÄDTE UND BLAUER DUNST

SAIGON / VIETNAM

Januar

Saigon ist die heimliche Hauptstadt Vietnams. Das behaupten auf jeden Fall ganz viele Leute, die Vietnam gut kennen und eigentlich Ahnung haben sollten. Einheimische und vor allem die nichtasiatischen Kenner des Kontinents sind der festen Überzeugung, dass die entscheidenden Triebfedern und die wichtigsten Impulsgeber dieser sich so rasant entwickelnden Region allesamt in der Stadt am Mekong sitzen. Es gibt allerdings auch einige Vietnamesen, die das vehement bestreiten. Die meisten von denen, die Saigon lediglich für ein etwas zu groß geratenes und sich selbst überschätzendes Provinznest halten, kommen natürlich aus der richtigen Hauptstadt, aus Hanoi, der Stadt am roten Fluss. Dort mag man es gar nicht, wenn sich der überhebliche Konkurrent aus dem Süden als die eigentliche zentrale Metropole Indochinas vermarktet und sich diese wichtige Ausnahmestellung sogar auch noch von seinen immer mehr werdenden, vergnügungssüchtigen Besuchern aus dem kapitalistischen Ausland bestätigen lässt. Oder wäre es treffender, die meisten dieser Touristen als vergnügungsgeile Jungfleischbeschauer zu bezeichnen?

Saigon scheint Bangkok allmählich den Rang als größte Sexmetropole Asiens abzunehmen, und auch das gefällt den vietnamesischen Machthabern in Hanoi überhaupt nicht. Irgendwann in nicht allzu ferner Zukunft wird der Ärger in Hanoi ganz bestimmt einmal so groß werden, dass den unverbesserlichen Saigonisten die Einreise in die verfassungsbestimmte, echte vietnamesische Hauptstadt verweigert werden könnte. Oder man muss dann vor einer geplanten Reise in den Norden als Beweis der eigenen tiefgreifend mentalen Hanoiisierung einhundert Mal den nachfolgenden Satz schreiben und ihn dann natürlich mindestens genauso oft laut und überzeugend rufen: »*Hanoi ist die Hauptstadt der sozialistischen Republik Vietnam, der Nabel der indochinesischen Welt, der Hauptsitz aller internationaler Botschaften und das ist auch gut so!*«

Es stimmt ja. Hanoi ist seit tausend Jahren das politische und kulturelle Zentrum Vietnams. Hier stehen die meisten Bildungsstätten und Universitäten des alten und des neuen

Regimes, hier werden immer noch die großen politischen Entscheidungen getroffen. Das Mausoleum für den hochverehrten Befreier, für den Mann, der wie kein anderer für die Wiedervereinigung Vietnams unter sozialistischer Flagge steht, die letzte Ruhestätte für Onkel Ho, wie man ihn hier in Vietnam gerne nennt, befindet sich eben auch wie natürlich alles andere offiziell Wichtige in Hanoi. Die gigantische Marmorgruft befindet sich nicht in der Stadt im Süden, der man aber trotzdem und wohl gegen den Willen ihrer Bevölkerungsmehrheit den Namen des siegreichen Kommunistenführers förmlich aufgezwungen hat. Regierung und Partei kennen nur Hanoi.

Trotzdem spricht man in der modernen Welt mehr über Saigon als über Hanoi. Saigon ist in aller Munde. Wer über den vietnamesischen Aufbruch redet, denkt dabei in erster Linie an die Metropole am Mekong. Eigentlich heißt die Stadt – wie weiter oben schon angedeutet - seit der vietnamesischen Wiedervereinigung Ho Chi Minh City, aber viele oder, besser gesagt, fast alle sagen weiterhin Saigon, und irgendwie findet jeder, das klingt auch mehr nach Graham Greene, Peter Scholl Latour, Opiumhöhlen, schönen Frauen, gutem Sex und geheimnisvollem Indochina. Man will sich ja vom alten asketischen Onkel mit dem Spitzbart nicht das schöne Leben reglementieren oder gar vorschreiben lassen. Die Deutschen hätten es wohl auch kaum ertragen können, wenn Berlin nach der Wiedervereinigung plötzlich Karl-Marx-Stadt geheißen hätte. Aber dieser Städtenamen war ja bereits in den DDR-Zeiten verwendet worden, nur eben für einen anderen Ort.

Marx gilt deswegen glücklicherweise für immer und ewig als verbrannt für die Namensgebung einer deutschen Metropole. Mit schönen Grüßen nach Sankt Petersburg. Da hat der alte Lenin die Perestrojka auch nicht im Namen der Stadt überlebt. Karl Marx gehörte 1989 ja ebenso wenig wie Genosse Lenin zu den großen Gewinnern der Maueröffnung. Hätte man die deutsche Hauptstadt also besser Gorbatschow-City oder gar Helmut-Kohlhausen nennen sollen? Irgendwie merkt man intuitiv, das geht gar nicht. Es geht auch nicht wirklich in Vietnam. Deswegen wird auch in den nachfolgenden Zeilen lieber von Saigon erzählt – und den kleinen, spannenden Alltagsabenteuern in dieser verrückten Stadt. Bleibt die Frage, wer überhaupt von Ho Chi Minh City spricht. Na ja, wahrscheinlich nur die vietnamesische Regierung in ihren eigenartigen Fünfjahresplänen, die niemanden wirklich zu interessieren scheinen, die Lufthansa in ihrem Flugplan für 2010, um eventuell durch vorauseilenden Gehorsam gegenüber der vietnamesischen Obrigkeit die Landegebühren zu senken, und eben die Neidbolzen aus Hanoi, die einfach nur eifersüchtig sind auf diesen stinkenden Sündenpfuhl im Süden ihres schönen Landes.

Es gibt viele Methoden, nach Saigon zu kommen, die brodelnde Metropole mit einem Schiff zu erreichen, ist sicherlich eine der spektakulärsten Arten. Von Hongkong aus haben wir uns die vietnamesische Küste entlang getastet und sind noch in der Nacht mit der »MS Deutschland« vom südchinesischen Meer kommend in das riesige Mekongdelta eingebogen. In den frühen Morgenstunden haben wir dann noch die letzten Seemeilen auf dem Saigon River hinter uns gebracht. Als Lektor des Schiffes hatte ich das angenehme Privileg, diese spannenden Stunden auf dem mit so vielen Überlieferungen und Geschichten behafteten Fluss neben dem Kapitän auf der Brücke zu verbringen und ihm ein wenig bei der Arbeit auf dem Kommandostand des Traumschiffes zuschauen zu können. Ich habe in den Tagen der gemeinsamen Reisen viel von ihm über die sichere Navigation eines solchen modernen Schiffes erfahren. Damit meine ich natürlich vor allem, dass ich gelernt und eingesehen habe, dass ich für so etwas viel zu blöde bin und niemals ein solch großes Schiff lenken könnte. Gerade deswegen hatte ich auch die glasklare Anweisung vom Traumschiffkapitän persönlich, bitte schön zu allen Zeiten meine tappigen Intellektuellengriffel von jeglichen Instrumenten, Schaltern und Hebeln fernzuhalten. Meine verantwortungsvolle Aufgabe auf der Brücke war es, nicht zu stolpern, möglichst nicht hirnlos im Weg zu stehen und auf keinen Fall zu singen. »Wir lagen vor Madagaskar« ist nun wirklich nicht für den Mekong komponiert worden, aber es ist das einzige Matrosenlied, das ich auswendig kann. Man drohte mir mit fürchterlichen Seemannsstrafen und noch drakonischer mit dem Klabautermann, wenn ich nicht die Klappe halten würde.

Ich erfüllte meinen Job auf der Brücke perfekt. Ich stand gesangslos stumm herum, aber nicht im Weg, hielt mich an meinem Fernglas fest und schaute ungeheuer wichtig in die Ferne.

Der Kapitän Andreas Jungblut ist die Personifizierung überlegener Lässigkeit und entspannter Erfahrung. Auch die unübersichtlichsten Situationen auf dem Wasser bringen ihn nicht aus der Ruhe. Man darf davon ausgehen, dass er wohl sogar im Fernsehen seine eigene Rolle mimen könnte. Er wäre bestimmt für jedes Drehbuch ein idealer Vorzeigekapitän. Nur in einem ist der Bildschirmkapitän Sigi Rauch – neben der bekanntermaßen außerordentlichen schauspielerischen Erfahrung natürlich – dem echten Chef des Schiffes ein wenig voraus. Er raucht Pfeife, wie man sich das bei einem waschechten Seebär so vorstellt. Kapitän Jungblut bevorzugt schnöde Zigaretten. Und nicht mal Davidoff oder so, sondern HB, glaube ich. Das gibt Minuspunkte, Herr Kapitän. Was ich auch nicht mochte, war sein belustigter Blick, wenn ich zu wichtig ins Fernglas schaute und er mich dann zum glucksenden Gelächter seiner versammelten Offiziere fragte: »Irgendwelche Navigationsvorschläge, Herr Lektor? Keine Angst, nur raus damit, wir werden sie auch definitiv nicht beachten!«

Aber wenn ich auch so manches Mal als Zielscheibe seines Spotts herhalten musste, so war und ist mir doch klar, dass ein Kreuzfahrtschiff nicht nur in den Traumschiffepisoden im Fernsehen, sondern gerade auch im realen Schifffahrtsleben einen solchen Typen braucht. Auf hoher See und besonders auf Flüssen mit solch dichtem und chaotischem Verkehr wie hier auf dem Mekong war kompetente Übersicht mehr als unverzichtbar. Die Lebensader des südlichen Vietnams stellt so ganz andere Anforderungen an das lenkende Personal unseres weißen Riesen als all die anderen Wasserwege dieser Welt. Auf Elbe und Donau gibt es ganz bestimmt fest vereinbarte, international überall gültige Regeln für die Wasserfahrzeuge, die bestimmen, wann wer wo fahren darf und auf was man aufpassen sollte. Eine Straßenverkehrsordnung für das Wasser. Diese versuchte ich verzweifelt auch hier in den vietnamesischen Gewässern zu entdecken, aber obwohl ich mich verzweifelt bemühte, ganz genau zu schauen, so konnte ich doch auf dem Mekong beim besten Willen keine gemeinsamen Fahrregeln entdecken. Alle fahren lustig durcheinander und, wenn sie das Traumschiff sehen, vergessen vor lauter Bewunderung ganz und gar, ihrem Kutter eine Sinn machende Richtung zu geben. Alle winken fröhlich, und unser schwimmender Hotelpalast muss abenteuerliches Zickzack fahren, um gefährliche Kollisionen zu vermeiden.

Der Mekong ist einer der größten Flüsse der Welt und auf jeden Fall die am stärksten befahrene Wasserstraße der Erde. Je näher man Saigon kommt, desto intensiver wird der Verkehr auf dem Wasser. Wie man ein so riesiges Schiff wie die MS Deutschland sicher an all den Lastkähnen, Marineschiffen, Reistransportern, Seelenverkäufern, Öltankern, Personenfähren, Fischkuttern, Ruderbooten und anderen mehr oder weniger morbiden Schiffen vorbei manövriert und gezielt an den vorbestimmten Liegeplatz bringt, erschließt sich einer Landratte wie mir wohl nie. Unser Hotelschiff schaffte es sogar, all die mit ihrer Morgentoilette beschäftigten Ufertaucher einigermaßen ungestört zu lassen. Auch das war unserem umsichtigen Kapitän wichtig, wie er uns Brückengästen mit großer Geste erklärte: »Wer will schon beim Kacken von einer Traumschiffwelle umgeworfen werden? Also ich nicht!«

Unser Kapitän spricht neben Deutsch natürlich auch perfekt Englisch, unser schon im Delta zugestiegener Lotse lediglich ausgezeichnet Vietnamesisch, eine sprachliche Schnittmenge bei den zwei für die Sicherheit der Passagiere verantwortlichen Hauptakteuren auf der Brücke scheint nicht vorhanden. Das beruhigt ungemein. Der mit an Bord gekommene vietnamesische Marineoffizier rekelt sich in der Zwischenzeit auf einem eleganten Deilmann-Liegestuhl in der Morgensonne. Die sichere Navigation der »Deutschland« auf dem Mekong scheint sein Ding auch nicht zu sein. Mein Vertrauen in die vietnamesische Lotsenbruderschaft bekommt einen weiteren Knacks. Unserem Kapitän ist diese Art von Problemen offensichtlich nicht unbekannt, er lächelt gelassen, steuert das große Schiff mit kurzen Befehlen und achtet vor allem darauf, dass die Lektorenfinger von richtungsentscheidenden Hebeln weg bleiben. Er ist weit davon entfernt, einen Crashkurs in Vietnamesisch zu beantragen oder gar böse zu werden. Auch ohne oder besser gesagt trotz der Anweisungen des Lotsen erreichen wir wohlbehalten den Hafen von Saigon, der vietnamesische Marineoffizier wirkt gut erholt. Sicher wird ihm die Reederei nach der harten Arbeit noch ein gemütliches Frühstück im Lido-Restaurant anbieten. Sonne macht hungrig.

Wir durften allerdings schon einige Tage zuvor erleben, dass die berufliche Tätigkeit des Lotsen hier in diesen tropischen Gewässern nicht unbedingt mit konzentrierter Arbeit verwechselt werden sollte. Vorausschauende Planung und angemessene Einhaltung von getroffenen Absprachen gehören anscheinend nicht zu den erstrebenswerten vietnamesischen Grundeigenschaften. Die hiesigen Seefahrtsbehörden schafften es sogar, unseren immer gelassenen Kapitän an den Rand eines Nervenzusammenbruchs zu bringen – und das will etwas heißen.

Der Reederei war es auf wundersame Weise gelungen, eine Sondergenehmigung für die weltberühmte Halong-Bucht zu ergattern. Die MS Deutschland sollte das erste internationale Kreuzfahrtschiff sein, das durch diese spektakuläre Insellandschaft kreuzt. Das Zweite Deutsche Fernsehen hatte für ein Kamerateam extra einen Fischkutter angemietet, um bei dieser Premiere live dabei zu sein. Mit dem Zweiten sollte man besser sehen, aber man sah wenig, denn es lief erst einmal ganz anders als gedacht.

Die zuständigen Behörden kamen an, gingen nach einem üppigen Frühstück wieder von Bord und ließen uns Besichtigungshungrigen unverrichteter Dinge auf dem Schiff zurück. Böse Gerüchte machten die Runde. Die Reederei hätte nicht genügend bezahlt, und deshalb müsste das Schiff Halong und die vor uns liegende Traumlandschaft sofort verlassen. Ersatzweise wurde gemunkelt, der Kapitän hätte den Lotsen nicht genügend beachtet, das Frühstück hätte nicht geschmeckt und der Kaffee soll so kalt wie die Servierdamen gewesen sein. Jemand mit anscheinend guten Verbindungen ins

Kanzleramt behauptete, dass es sich um ein schwerwiegendes bilaterales Zerwürfnis handeln würde und dass er bereits persönlich den deutschen Außenminister gebeten hat, sich für Schiff und Passagiere einzusetzen. Einige planten schon eine Meuterei und das Aussetzen von Kapitän und Offizieren in einem Beiboot. Der fixen Idee, das Kreuzfahrtschiff ohne Kapitän allein unter Anleitung des vietnamesischen Lotsen durch die bizarre Inselwelt zu steuern, widersetzte ich mich wohlweislich hartnäckig.

In der Zwischenzeit gingen die Verhandlungen an Land weiter. Die Passagiere wurden mit dem Mittagessen beruhigt, es war schließlich schon elf Uhr und das Frühstück lag mindestens zwei Stunden zurück. Eine gewaltige nahrungsaufnahmefreie Zeitspanne für Traumschiffpassagiere. Dies ist selbst in einer solchen internationalen Krisensituation dem immer hungrigen Kreuzfahrer nicht zumutbar. Also wurde auf dem Schiff gegessen, während an Land die Krisendiplomatie fortgesetzt wurde. Stangenweise wurden Zigaretten zum Verhandlungsort gefahren. Dann Jägermeister gefolgt von eisgekühltem Bommerlunder. Um die Behördencola ein wenig zu entsüßen, gab es Spätburgunder der besten Lagen und Jahrgänge. Es wurde sogar gemunkelt, dass der zuständige Buchtöffner unbedingt versuchen wollte, wie sich ein Château Lafite mit Sprite trinken lässt. Eine finale Abschlusskiste Jahrgangswhiskey Single Malt gab der MS Deutschland schließlich den Weg durch die Traumlandschaft der Halong-Bucht frei.

Und die kleine Sonderkreuzfahrt durch das Meer der kleinen Inseln war jeden Tropfen des Edelfusels wert. Trotzdem ließen mich die ganze Zeit selbst bei diesem grandiosen, wirklich überwältigenden Blick von der Brücke auf diese unbeschreiblich schöne Szenerie mindestens drei Fragen nicht zur Ruhe kommen. Wie viel Promille Alkohol passen in einen vietnamesischen Lotsen, sodass er noch das Fernglas vor die Augen bekommt? Wie kommt solch ein Lotse unfallfrei die Gangway hinunter in sein Zubringerboot? Und wie schmeckt ein Château Lafite mit Sprite?

Am späten Abend war es dann eine weitere Frage, die mich nicht einschlafen ließ. Wie heißt noch mal diese internationale Antikorruptionsorganisation zur Stärkung der Integritätssysteme? Ja, genau: Transparency International. Ob die schon mal durch die Halong-Bucht gesegelt sind? Ohne Château Lafite und Sprite? Kann man sich eigentlich nicht vorstellen.

Aber zurück zum Mekong und der quirligen Stadt an seinen Ufern. Der Schiffsverkehr auf dem legendären Fluss ist gigantisch und trotzdem nur ein fader Vorgeschmack auf das, was einen in den Straßen von Ho Chi Minh City erwartet. Viele Passagiere waren der verhängnisvollen Meinung, dass sie in Hanoi schon alle überlebenswichtigen Lektionen zum Straßenverkehr in Indochina gelernt hätten. Weit gefehlt. Hanoi war eine Verräterstadt. Hat jedenfalls einer unserer Touristenführer in der vietnamesischen Hauptstadt behauptet. Was Hanoi verraten haben soll, hat er uns allerdings nicht gesagt. Nur, dass das alles schon zehn Jahre her wäre und Hanoi heute keine Verräterstadt mehr sei. Was hat Hanoi vor zehn Jahren verraten? Gibt es große politische Geheimnisse in Vietnam, von denen wir in Europa nicht einmal etwas ahnen? Hat Ho Chi Minh eventuell gar die Weltrevolution verraten? Wir tappen im Dunkeln und gieren nach Erleuchtung. Vielleicht können wir in Saigon etwas über den Verrat Hanois herausfinden.

Der Straßenverkehr in Saigon ist ungefähr doppelt so schlimm wie in Hanoi, obwohl man sich das als europäischer Besucher in Hanoi so nicht vorstellen kann und man dort schon der Meinung ist: Mehr Chaos geht nicht. Die vietnamesische Straßen- und Verkehrsphilosophie ist durch die folgende Grundformel in einer komplexen, aber für den im westlichen Denken verhafteten europäischen Kleingeist in seiner komplementären Schlichtheit nicht nachvollziehbaren metaphysischen Klarheit umschrieben: »In Vietnam fährt man rechts, aber die Vietnamesen sind keine fanatischen Rechtsfahrer!«

Alles klar? Nein? Dann wird man es auch erst verstehen, wenn man in einer vietnamesischen Rikscha vorne sitzend eine achtspurige Stadtautobahn in die falsche Richtung durchpflügt und in den ersten siebeneinhalb Minuten ungefähr 48mal nur wirklich ganz knapp einem lebensgefährdenden Frontalzusammenstoß mit einem entgegenkommenden Fahrzeug entgeht. Warum Ampeln auf Rot stehen und ob das für irgendjemanden überhaupt eine Bedeutung hat, wird man wahrscheinlich nie erfahren. Ob man weiterfährt oder nicht, entscheidet der Vietnamese meiner Einschätzung nach entweder über ein Lotterieverfahren oder über eine I Ging Befragung unter Berücksichtigung von Yin, Yang und des letzten Tempelorakels. Andere Erklärungen kann man mit Sicherheit ausschließen.

Was macht den Unterschied, ob ich bei grüner oder roter Fußgängerampel über den Zebrastreifen gehe? Nun, bei roter Ampel werde ich von einer fetten, maschinengewehrähnlichen Salve von Mopedfahrern mit breiter Streuung exekutiert, bei grüner Ampel wird man von unzähligen Heckenschützenfahrern gezielt niedergestreckt. Bei Rot weiß man allerdings wenigstens, woran man ist, grün ist eben nur die Hoffnung.

Manchmal aber wird die Fahrbahnampel grün – und trotzdem bleiben alle Mopeds stehen. Was soll das? Wartet man nur darauf, bis wir ahnungslosen Fußgänger aus Europa doch noch über die Straße laufen, um dann organisiert und mit asiatischer Gnadenlosigkeit über uns drüber zu brettern und unseren armen Hinterbliebenen zu beteuern, man hätte doch längst grün gehabt und könne auch nicht verstehen, wieso Langnasen dann noch über die Straße laufen. Konfuzianische Hintergründigkeit oder Überbleibsel von lange vergessen geglaubten Vietcong Guerillataktiken?

Niemand weiß es wirklich. Es bleibt alles ein vietnamesisches Rätsel. Man könnte in solchen Momenten der empirischen Straßenfeldforschung sehr gut einen Verräter aus Hanoi brauchen. Ob in der Verräterstadt Hanoi über die Verkehrsgeheimnisse Vietnams geplaudert wurde? Ich glaube fest daran, auf des Rätsels Lösungsspur zu sein.

Noch ein Wort zum Thema Zebrastreifen. Damit wollen die Vietnamesen wohl auch nur beweisen, dass sie gerade Striche malen können. Keiner verändert seine Fahrweise, nur weil da irgendwelche weißen Striche auf der Fahrbahn sind. Im Gegenteil, ich vermute sogar, dass die Zebrastreifen geheime okkulte Hinweiszeichen darauf sind, wo man geeigneterweise am besten Fußgänger dem großen Mopedgott opfert. Wer glaubt, Zebrastreifen hätten hier in Saigon auch nur irgendetwas mit sicherem Fußgängerüberweg und rücksichtsvoll bremsenden Motorradfahrern zu tun, wird eine Reise durch Vietnam nicht unbeschadet überstehen.

Verkehrsschilder gibt es auch. Sie dienen in Vietnam wohl einfach nur der städtischen Dekoration, haben ganz offensichtlich ausschließlich ästhetischen Charakter und sollen wahrscheinlich die Straße etwas bunter machen. Ob es überhaupt Regeln gibt, nach denen der vietnamesische Straßenverkehr funktioniert, ist nach rationalen westlichen Maßstäben nicht zu erkennen. Oder etwa doch? Es scheint einige elementare Grundregeln zu geben, an die sich stillschweigend jeder hält.

Regel 1

Mache dein Moped niemals aus, bleibe immer in Bewegung und, wenn du kein Ziel hast, fahre einfach im Kreis.

Regel 2

Halte auf jeden Fall möglichst nicht an roten Ampeln, das wirft dich wahnsinnig zurück.

Regel 3
Wenn dir Verkehr auf deiner Spur entgegenkommt, gehe immer davon aus, dass die anderen falsch fahren und du im Recht bist.

Regel 4
Fahre dann um Himmels Willen seelenruhig weiter und tu so, als ob alles in Ordnung wäre, Und wenn immer mehr Fahrzeuge auf dich zurollen, denke daran: Auch Jesus hat das Meer geteilt – und heute beten sie ihn alle an, also:

Regel 5
Auch du kannst Gott werden!

Während mir diese Grundregeln so durch den Kopf gehen, hat sich mein Fahrer dazu entschlossen, nach links abzubiegen und die achtspurige Straße einmal quer zu fahren. Ja, wir teilen das Meer nicht nur, wir schneiden es in Stücke. Rechts und links schießen die Fahrzeuge an mir vorbei, und etwas fällt mir trotz der über mich hinweg rollenden und mich nahezu ohnmächtig machenden Adrenalinwelle auf. Keiner schimpft, gestikuliert, motzt oder zeigt uns gar den Vogel. Ich weiß natürlich nicht wirklich, ob Vietnamesen sich überhaupt den Vogel zeigen und, wenn sie es täten, ob es die gleiche schlechte Bedeutung hat wie bei uns in Europa, aber es fällt schon extrem auf, dass unser Falschfahren niemanden außer mich selbst wirklich erregt. Man ignoriert uns, und Viele lächeln beim Vorbeifahren sogar. Wenn doch nur ein kleiner Teil dieser asiatischen Gelassenheit auf uns rechthaberische deutsche Autobahnfurzer übergehen würde. Das wäre eine schöne Sache.

Es gilt auch als äußerst bewusstseinserweiternd und amüsant, als Fußgänger eine solche vietnamesische Stadtautobahn zu überqueren. Die Kenner geben vorher Tipps. Ja nicht den Tausenden von Mopedfahrern, die gerade zu diesem Augenblick mit unglaublicher Geschwindigkeit die Straße hinunter donnern, in die Augen schauen. Angst oder Furcht sind in solch kritischen Lebensmomenten absolut nicht zielführend. Langsam, stetig und ruhig soll man über die Straße gehen. Leichter gesagt als getan. Vorne brennt mir ein Moped gerade mit dem Auspuff die Schnürsenkel weg und hinten fährt mir ein Rikschafahrer mit asiatischem Lächeln über die Hacken. Wenn man vier Spuren lebend hinter sich gebracht hat, aber eben noch vier vor sich hat und es somit kein vernünftiges Zurück mehr gibt, wird man mal wieder zu einem tief religiösen Menschen: »Lieber Gott, wenn ich das hier überlebe, werde ich in Zukunft jeden Sonntag in die Kirche gehen!« Ich werde auf jeden Fall, wenn ich wieder zu Hause bin, für jede erfolgreiche Straßenüberquerung in Saigon eine Kerze in der Kirche anzünden. Versprochen!

Um mein Nervenkostüm ein wenig zu schonen und auch der dampfenden Hitze des Tages ein bisschen zu entgehen, bin ich schließlich auf ein Taxi umgestiegen. Aber Taxi fahren ist auch nicht so einfach in Saigon. Die Taxifahrer in dieser Stadt der ungeahnten Möglichkeiten machen sich nämlich einfach zu große Sorgen um das körperliche Wohlbefinden ihrer Fahrgäste. Es ist ihnen zwar vollkommen piep-egal, ob der zahlende Passagier angeschnallt ist oder nicht, aber wenn der Gast hungrig und sexuell unausgelastet wirkt, dann treibt das den Chauffeuren tiefe Sorgenfalten auf die Stirn. Dann wollen saigonesische Chauffeure selbstlos helfen und den unkundigen Gast mit den lebensnotwendigen Angeboten versorgen. Selbstverständlich ohne jegliche kommerziellen Hintergedanken.

Der Taxifahrer, den ich, oder besser gesagt, der mich dieses Mal aufgegabelt hatte, wiederholte während unserer gemeinsamen eineinhalb Stunden permanent die zwei einzigen Fragen, denen er wohl in englischer Sprache mächtig war. Er wollte unbedingt wissen, ob ich ein »Girl« benötigen würde, um »boomboom« zu machen.

Auf meine standhafte Erwiderung, dass ich schon ganz gerne wieder einmal »boomboom« machen, aber dafür auch tapfer bis zu Hause warten würde, und auf meinen Hinweis, dass meine Frau das ja sicherlich auch für richtig halten wird, meinte er nur mit einer erstaunlichen Mischung aus Resignation und Triumph, dass Saigonesen dreimal täglich »boomboom« brauchen würden und dass die wesentlich höhere Ejakulationsfrequenz eben sicher auch den großen und ganz entscheidenden Unterschied zwischen europäischen und asiatischen Männern ausmachen würde.

Hah, da forscht man Jahre über die trennenden Merkmale von Asiaten und Europäern und bleibt doch trotz vieler Untersuchungen und wissenschaftlicher Dokumentationen ziemlich unentschlossen bei der Antwort auf die Frage, was denn nun die maßgeblichen Unterschiede zwischen den beiden benachbarten Kontinenten und seinen Bewohnern seien. Und dann das. Man sitzt friedlich in einem Taxi in Saigon, will einfach nur von A nach B und bekommt es plötzlich von seinem Fahrer kurz, klar und sehr verständlich um die Ohren gehauen. Der asiatische Mann hat pro Tag deutlich mehr befriedigende Verkehrsabschlüsse als der gemeine Europäer. So ein Taxifahrer muss es ja wissen. Dass die höhere Entleerungsfrequenz nebenbei auch noch das Herzinfarktrisiko mindern soll, überrascht mich schon nicht mehr wirklich. Ich könnte wahrscheinlich noch viel lernen in diesem Taxi. Statt so viele Semester mit Studium und Vorlesungen zu vergeuden, hätte ich besser einmal ein paar Taxifahrten durch Saigon machen sollen.

Nach diesem Ausflug in die vergleichende Sexualforschung überraschte mich mein fürsorglicher Fahrerhengst sofort mit seiner zweiten, wohl vorbereiteten Frage, nämlich, ob ich nicht Essen gehen wollte und ob ich gerne Hund essen würde? Wenn das der Fall wäre, was er stark vermutete, würde er ein super Restaurant kennen, wo es äußerst schmackhaft gegrillten jungen Hund gäbe, und er würde mich auch umsonst dorthin fahren. Ich würde auf ihn so ausgehundet wirken.

Ich sah mich schon vor einem zähen Hundeschnitzel oder einer fetten Pudelkeule sitzen, während er wahrscheinlich in der Küche herumkopulierte, um zu seinem sicherlich tageszeitlich notwendigen zweiten oder gar schon dritten Samenerguss zu kommen. Ich habe angesichts meiner ausgedehnten

Horrorfantasien auch das Ragout vom gepökelten Pekinesen dankend abgelehnt und bin fluchtartig wieder auf eine Rikscha umgestiegen.

Eine andere Sache hätte ich vielleicht schon probiert. Es gibt in Saigon und Umgebung wohl eine neue Spezialität, die man in den edlen Restaurants der »MS Deutschland« bestimmt nicht bekommt und auch sonst wo nicht so einfach findet: Kokosnussfrosch. Nun gibt es auf den Märkten Vietnams und in den indochinesischen Restaurants Frösche und Kröten in rauen Mengen und allen erdenklichen Zubereitungsarten. Was aber macht den gemeinen Mekongdeltafrosch zum hocharomatischen Kokosnussfrosch? Das ist eine interessante Geschichte und für eine gewisse Lebensspanne auch für den Frosch gar nicht mal so schlecht. Um Kokosnussfrosch zu werden, wird ein Babyfrosch in eine geöffnete Kokosnuss gesetzt, wo er sich volle drei Monate ausschließlich von Kokosmilch und dem weißen Fruchtfleisch der Kokosnuss ernähren darf. In dieser Zeit im froschigen Schlaraffenland verwandelt sich der gemeine Quakfrosch zum Delikatessenkokosnussfrosch.

Danach erfüllt sich sein Schicksal in der Pfanne. Küssen nützt überhaupt nichts mehr, es wird niemals ein gescheiter Prinz draus, er muss nur gut schmecken. Ich habe allerdings auf keiner Speisekarte Kokosnussfrosch gefunden, so musste ich eben notgedrungen wieder Frankfurter Würstchen auf unserem Schiff im »Alten Fritz« essen. Das allerdings ist im Gourmetparadies Vietnam ein echter Frevel und sollte eigentlich vermieden werden.

Jetzt hat mich der Kokosnussfrosch ganz und gar vom Straßenverkehr in Saigon abgelenkt. Man gewöhnt sich eben an alles: an gegrillte Frösche und Hunde, an Frankfurter Würstchen in Saigon, an ergussfixierte Taxifahrer und wohl allmählich auch an den irren Mopedverkehr in Ho Chi Minh City.

Noch immer würde mich die Verräterstadt Hanoi beschäftigen, wenn ich nicht in der Zwischenzeit herausgefunden hätte, dass nicht nur Hanoi bis vor zehn Jahren eine Verräterstadt war, sondern auch Saigon, die ist allerdings schon viel länger keine Verräterstadt mehr, schon ganz lange eine Mopedstadt und in absehbarer Zukunft wohl sogar eine Autostadt. Hanoi ist erst seit zehn Jahren eine Mopedstadt und keine Fahrräderstadt mehr. Hier plötzlich war des großen Rätsels kleine Lösung. Was Sprache so manchmal anstellt, aus einer pittoresken »Fahrräderstadt« wurde eine geheimnisvolle »Verräterstadt«.

Ich sitze in einem Straßencafé am mopedüberfluteten Le Duan Boulevard, freue mich über ein Fragezeichen weniger im intellektuellen Verdauungsapparat und träume bei einem Glas Wein von der guten alten Zeit, als Ho Chi Minh City noch Saigon hieß und Fahrräderstadt war. Wenn ich wieder zu Hause bin, werde ich auf jeden Fall die »Verräter« nehmen und einen Ausflug ins Grüne machen. Fahrräder werden nun für mich immer und ewig Verräter bleiben. Für Saigon hatte ich mir aber noch einmal einen ganz anderen Ausflug vorgenommen. Ich wollte mich mit Haut und Haaren in das verruchte Nachtleben stürzen. Ich wollte mitreden können mit den profunden Kennern der langen Nächte Saigons. Warum ist diese Stadt ein Geheimtipp, an dem doch fast nichts mehr wirklich geheim ist? Probieren geht allemal über studieren! Die Neugier besiegt Bedenken und Skepsis, der Plan für die Nacht der Nächte nimmt Formen an.

Obwohl mich das schlechte Gewissen eines verheirateten Familienvaters ungemein plagt, will ich nach den aufregenden und erlebnisreichen Tagen in dieser im besten Sinne des Wortes bewegten Stadt auch noch eine ultimative Nacht im niemals schlafenden Saigon erleben. Die andauernde Schwüle mag bei diesen Plänen förderlich wirken.

An Bord der MS Deutschland gibt es heute nur die große Poolparty mit deutschen Schlagern aus den Siebzigern und Königspils frisch vom Fass. Dazu eisgekühlten Bommerlunder, allerdings mehr in musikalischer Form, untermalt mit unverzichtbarer Polonaise über das Deck. Der hochprozentige Schnaps steht allerdings nur noch in homöopathischen Kleinstmengen zur Verfügung, da ja die Lotsenbruderschaft von Halong hier kräftig abgeräumt hatte. Und Air Doppelkorn bis dato keinen Nachschub geliefert hat. Eine Frage bleibt unbeantwortet: Haben die Lotsen in Halong auch die Polonaise gemacht? Der notwendige Pegel war dort auf jeden Fall erreicht.

Eine deutsche Schlagerparty ist das letzte durchschlagende Argument, das Schiff noch einmal links liegen zu lassen und sich in die heiße Nacht von Saigon zu stürzen. Dieser Meinung war auch Boris, unser bordeigener Fitnessguru und Marathonathlet, der nun bald zu mir stoßen wird. Meine gemeinsamen Joggingausflüge mit ihm waren für mich regelmäßig ein sportliches Desaster. Seine körperliche Konstitution förderte meine sportlichen Selbstzweifel, seine Lockerheit beim Laufen ließ mich verkrampfen. Während ich jedes Mal fast kollabierte, meinte er immer nur, dass er die gleiche Strecke noch einmal laufen müsste, um wenigstens auf Betriebstemperatur zu kommen. Ich löste mich in meinem Schweiß auf, bei ihm gab es nicht einmal einen Achselfleck.

Die von ihm ganz beiläufig hingeworfenen Kommentare zu meiner physischen Leistungsfähigkeit waren zwar gut gemeint, aber entspannten mich in keinster Weise: »Du machst das echt gut, für einen Lektor in Deinem Alter gar nicht so übel.«

Mit diesen Worten hätte er mich schon mehr als einmal fast zu seinem eigenen Mörder gemacht. Nur fehlte mir nach den Trainingsrunden in Hongkong und Danang einfach die Kraft, diesen Mord zu begehen.

Jetzt allerdings waren wir auf dem Weg, unser Durchhaltevermögen in den Bars von Saigon zu prüfen. Wenigstens dieses Mal will ich gewinnen.

Boris und ich sind zuerst einmal getrennt voneinander unterwegs. Männer machen solche nachtwissenschaftlichen Exkursionen nun mal gerne allein und auf eigene Faust. Ich glaube, es ist uns peinlich, eventuell dabei ertappt zu werden, wie man vollkommen hirnbefreit und besoffen fremde Brüste anstarrt und dabei mehr Bier trinkt als auf zwanzig Oktoberfestbesuchen zusammen. Wir Männer haben Angst davor, dass uns irgendjemand eine klitzekleine, aber entscheidende Frage stellt: Warum? Aber hier an unserem letzten Abend in Saigon wollen wir so etwas nicht hören, wir wollen die große Selbsterfahrung.

Zwei Männer auf der Suche nach anrüchigen Girliebars, geheimnisvollen Hinterhöfen, illegalen Spielhöllen, dröhnenden Dance Floors und opiumdurchwirkten Nachtclubs. Zwei ganze Kerle, echte Abenteurer, Kinder der Nacht. Poor lonesome Cowboys. Wir wollen unabhängig voneinander das heftige Gegenprogramm zur deutschen Poolparty. Ich mit Girl und Bier, er mit Girl und Diätcola. Wie es sich für einen Sportler gehört. Eine Nacht in Saigon, von der wir noch unseren Enkeln erzählen könnten. Genau, jetzt fällt mir auch der richtige Begriff wieder ein. Versacken wollen wir, aber so richtig vietnamesisch.

Auf der Suche nach dem großen exotischen Abenteuer im nächtlichen Ho Chi Minh City durchstreifen wir beide forsch und auch forschend eine verrufene Straße nach der anderen, alle gespickt mit Bars und Clubs für jede Art von nächtlichen Vergnügungen. Saigon erwartet uns zum Nachtmarathon. Ich war fest davon überzeugt gewesen, für dieses Rennen gut vorbereitet und für die Herausforderungen des Abends gewappnet zu sein. Dass dies ein großer Trugschluss war, wird mir jetzt bewusst. Alles ist bunt, grell und laut. Zu bunt, zu grell, zu laut. Viel zu bunt, viel zu grell, viel zu laut. Eigentlich vollkommen unvergnüglich. Jedenfalls für normale Menschen.

Als wir beide uns schließlich treffen, haben sich schon die ersten Furchen der desorientierten Enttäuschung in unsere

Gesichter gegraben. Was hatten wir gesucht? Das wissen wir wohl gerade selber nicht so genau. Und was haben wir gefunden? Kalte Orte der Enttäuschung und Verzweiflung. Schnelles Geld war und ist hier der einzige Maßstab, nach dem gemessen wird. Gegenseitiger Respekt und Achtung vor dem anderen, ein wenig Rücksicht wenigstens, findet man nicht einmal im Ansatz. Prostitution und Menschenhandel aus der untersten Schublade der menschlichen Vorstellungskraft. Und wieder die Frage: Was hatten wir beiden blauäugigen Naivlinge eigentlich erwartet?

Wir träumten wohl von einer einsamen, diskreten, schummrigen Bar, die man von außen nur an ihren leuchtenden, roten Lampions erkennt und wo das Ohr erst beim Eintreten den leisen Klang wohltemperierter Klaviermusik erhascht. Autumn Leaves, Nights in White Satin oder vielleicht sogar auch ein bisschen vietnamesischer Jazz. Nur nichts wirklich Modernes und um Himmels willen nicht laut. Die Musik soll nur die prickelnde und zugleich entspannende Atmosphäre begleiten, ohne aufdringlich und störend zu sein. Der Rauch von Zigarren vermischt sich mit dem Duft von frischen Orchideen und dezentem Parfum. Ein Hauch von Opium liegt in der Luft. In den Kristallgläsern klingen Eiswürfel.

Der Stammgast heutzutage weiß natürlich, dass in seiner Bar alles tiptop organisiert ist. Er kann sich felsenfest darauf verlassen, dass dieses Eis aus keimfreiem Mineralwasser hergestellt wurde und dass er sich deswegen auch nicht vor dem ungeduldig erwarteten Geschlechtsverkehr die Seele aus der Hose scheißt. Er ist auch davon überzeugt, dass die zur Verfügung stehenden Damen von den umsichtigen Besitzern der Bar mit höchster Sorgfalt ausgewählt wurden. Aids gibt es hier nicht. Männliches Hirn aber auch nicht. Das geben die geilen Gäste an der Garderobe ab. Und wir träumen ja nur. In schönen Träumen gibt es eh kein Aids und keinen Durchfall.

Alles ist perfekt für die Suche nach der erotischen Multikulturalität. Es ist angerichtet. Beim ersten Gin Tonic offerieren zarte Hände eine unaufdringliche Nackenmassage, die Damen haben sich alle in traditionelle Aodais gekleidet und sind Meisterinnen der zurückhaltenden Konversation. Nur der Glanz ihrer Augen macht leicht nervös. Sie sprechen ein feines Englisch mit französisch-asiatischem oder besser gesagt mit aphrodisierendem Akzent. In der Gesellschaft der mandeläugigen Schönheiten beginnt der Alltag langsam abzufallen, Sorgen werden von sanften Fingerspitzen weggestreichelt, die Nacht von Saigon beginnt anregend und verspricht viel. Allerdings leider nur in unseren fantasieüberfüllten Träumen und realitätsfremden Vorstellungen. Zu viel Graham Greene gelesen und zu wenig von der Realität begriffen.

Die Wirklichkeit sieht ganz anders aus. Aus jeder schäbigen Bar schallt uns ohrenbetäubender Krach entgegen und auf jeden von uns beiden einsamen Männern stürzen sich grapschend und geifernd mehr als 25 halb nackte, viel zu kleine und viel zu junge Mädchen wie wild gewordene Hornissen.

Haben wir den einen Schwarm erfolgreich ohne größere Blessuren abgeschüttelt, rennt uns schon das nächste Hühnergeschwader entgegen. Die Kriegszeiten sind vorüber in Vietnam, niemand muss sich noch in einem viel zu engen Tunnel verstecken. Trotzdem erinnern mich die Szenen vor meinem Augen an Schlachtfelder und an die Apokalypse. Geht so die Menschheit unter?

Wir geben unsere Träume auf, flüchteten die Straße hinunter und singen gemeinsam den ohrwurmigen Schlagerhit der MS Deutschland: »Es ist alles nur ein Traum...«.

Selbst auf dem vereinigten Rückzug aus Saigons Nachtleben werden uns noch auf jedem Meter unseres Weges Mädchen für Boomboom und Tschakatschaka angeboten. Zum besseren Verständnis: Bei Boomboom und Tschakatschaka handelt es sich aller Wahrscheinlichkeit nach um ein und dieselbe Tätigkeit, und sowohl das eine als auch das andere beschreibt eine geschlechtliche Interaktion zwischen einem nichtvietnamesischen, männlichen Besucher Saigons und einer Vietnamesin auf Grundlage eines zufriedenstellenden Finanztransfers. Bevorzugt in US Dollar.

Boris und ich entwerfen auf unserem umkämpften Heimweg sofort einen neuartigen Aktivausflug für die Reederei. Aktivausflüge sind nämlich wichtig für die MS Deutschland, man will Bewegung in das Schiff bringen. Also übersetzen wir unsere jüngsten Nachterfahrungen in die beknallte Werbesprache der Ausflugsbroschüren, die alles in das schönste Licht rücken müssen:

»Saigon bei Nacht mit Tschakatschaka. Regionale Köstlichkeiten werden serviert. An diesem Abend wird die Komplementarität von Yin und Yang offensichtlich. Tschakatschaka ist eine Weltanschauung, ein kulturelles Erlebnis und ein Vergnügen. Sie können den geschickten Handwerkerinnen bei ihrer abwechslungsreichen Arbeit quasi über die Schulter sehen. Nach einem interessanten und unterhaltsamen Abend fahren sie mit vielen neuen Eindrücken zu ihrem Schiff zurück. Hinweis: Es sind Fußwege / Besichtigungen von drei Minuten vorgesehen. Der Tschakatschaka-Ausflug ist eher für Männer gedacht. Festes Schuhwerk ist nicht erforderlich. Geben sie soviel Trinkgeld, wie sie wollen, aber machen sie keine Heiratsanträge.«

Aber eigentlich ist uns der Spaß vergangen. Wir beide sind ziemlich bedient und wollen nur noch nach Hause auf unsere heimelige und ziemlich boomboomfreie »Deutschland«. Wenn unser abendlicher Abenteuerausflug ins nächtliche Saigon überhaupt einen Effekt gehabt hat, dann den, dass wir es in Zukunft zu schätzen wissen, im »Alten Fritz« ein Bier zu bestellen, ohne dass man dabei an unserer Hose herumfummelt. Auch was wert.

Boris und ich sind dann gemeinsam auf dem Moped zum Schiff zurückgefahren. Er saß in der Mitte zwischen dem Fahrer und mir. Er hatte endlich meinen Atem im Nacken. Das ist mir beim gemeinsamen Joggen nie gelungen. Schade nur, dass ich etwas gepresst atmete. Das lag daran, dass er mit seinem

Popo auf meinem Geschlecht saß. Dafür hatte er aber auch keine Fußstützen, das war auch nicht so einfach. Sicherlich nicht für ihn, aber auch nicht für mein platt gesessenes Glied. Das nächste Mal möchte ich in der Mitte sitzen.

Ich war sehr glücklich, als endlich unsere festlich beleuchtete MS Deutschland vor uns auftauchte. Bei den letzten Klängen der Poolparty erholte ich mich dann von der Mopedfahrt. Alles in allem ein aufschlussreicher Abend mit hohem Erkenntniswert. Ganz allmählich zirkulierte auch wieder das Blut durch die zeitweise abgeklemmten Körperteile. Also blieb von unserem misslungenen Traumausflug doch kein Schaden auf Dauer. Gut so.

Vietnam ist ein sehr schönes Land und Saigon ist ein aufregender Teil dieses Landes. Ich bereise Indochina seit fünfundzwanzig Jahren, bewundere immer noch die großartigen Landschaften, genieße die schon wieder ausgezeichnete Hotellerie und vieles mehr. Die vietnamesische Küche allein ist eine Reise nach Indochina wert, schon für die hiesigen Nudelsuppen könnte man zum Vielflieger werden. Die Menschen hier muss man einfach mögen. Ihre Lebensfreude ist außergewöhnlich. Manche Entwicklungen sind bedenklich, Einiges wäre sicherlich vermeidbar, man muss die Fehler der Nachbarn ja nicht unbedingt wiederholen. Es gehört aber auch zur Freiheit eines Landes, Dinge selbst falsch zu machen und diese Dinge dann vielleicht auch selbst zu korrigieren. Vieles in Vietnam ist nur schwer zu verstehen, aber man darf nie vergessen, dass die großen Kriege um und in Indochina, all die Bomben und sinnlosen Massaker, all die unendlichen Leiden der Zivilbevölkerung erst seit einigen Jahren vorbei sind. Die furchtbaren Wunden dieser Kriege sind noch überall zu sehen, und die nicht sichtbaren Verletzungen wiegen sogar noch schwerer. Die weitaus meisten Vietnamesen wollen den Krieg und die Kämpfe nicht historisch aufarbeiten, sie wollen einfach keinen Krieg mehr und das Grauen und die Ängste der Vergangenheit am besten schlicht vergessen, um nur noch nach vorne schauen. Reich werden ist wichtiger als Geschichtsbücher schreiben, das Glück findet man nach asiatischem Verständnis nicht in einer komplizierten Ursachenanalyse, sondern eher in der Familie, auf dem Aktienparkett oder auch im Tempel. Schuld und Sühne sind nicht unbedingt eine vietnamesische Erfindung, amerikanische Soldaten sind gern gesehene Gäste im Land und ein gefundenes Fressen für so manchen Hornissenschwarm. Vielleicht ist das eine späte Form von Rache im Kleinen. Nicht umsonst heißt einer der bekanntesten Cocktails »B52«. Nicht nur amerikanische Touristen stürzen damit regelmäßig ab. Allerdings wissen viele junge vietnamesische Bargänger gar nicht mehr, dass Bomber mit diesem Kürzel vor nicht so sehr langer Zeit Tod und Verderben über ihr Land brachten.

In Vietnam gilt, was man sich als fremder Besucher auch sonst überall in Asien zu Herzen nehmen sollte. Man darf gern eine eigene Meinung haben, aber man sollte sie zurückhaltend und leise artikulieren. Vor allem sollte man grundsätzlich verstehen, dass die Uhren hier anders ticken und dass sich allein schon durch die religiösen Grundlagen ein anderes Denken entwickelt hat. Der blaue Dunst der knatternden Mopeds, das vermeintliche Chaos in den Straßen, die Bestechlichkeit der Behörden oder die rustikale Organisation des Nachtlebens, all diese Phänomene, die uns Europäer so intensiv diskutieren lassen, sind kein großes Thema für die Einwohner Vietnams. Ist es beispielhafte Toleranz oder ist es bedenkliche Gleichgültigkeit? Wahrscheinlich irgendwas dazwischen. Politische Diskussionen sind nicht auf der Tagesordnung in Vietnam, der Alltag mit seinen Sorgen steht immer im Vordergrund. Fast jeder Vietnamese kennt das eine entscheidende Ziel. Schnell reich werden ist wichtiger als alles andere. Das scheint für weite Teile Asiens zu gelten. Denn wenn sich China und Vietnam auch in vielen Bereichen nicht gut riechen können, sich in schönster Regelmäßigkeit gegenseitig die Köpfe einschlugen und die Vietnamesen bei der erstbesten Gelegenheit das gesprochene Chinesisch latinisiert haben, in einem sind sich Chinesen und Vietnamesen immer noch sehr einig. Reichtum und Glück werden ähnlich buchstabiert.

»Die gefährlichste aller Weltanschauungen ist die Weltanschauung der Leute, welche die Welt nicht angeschaut haben.«

Alexander von Humboldt (1769-1859)

LIEBESBRIEFE UND BUNTE MARKEN

UJUNG PANDANG / INDONESIEN

28. Dezember

Statt eines Nachwortes.

Die Erkenntnis, den asiatischen Kontinent nicht mit ein paar kleinen Geschichten über Schlangenfresser und Melonenfahrer erklären zu können, mündet automatisch in den Versuch, wenigstens ein paar erhellende Ratschläge darüber zu formulieren, wie man als Reisender doch möglichst viele asiatische Momente erhaschen kann und dabei vielleicht den einen oder anderen ganz neuen Aspekt dieses immer noch mystischen und unerklärbaren Kontinents erlebt und begreift.

Eigentlich ist es ganz einfach. Man wirft sich hinein in einen Alltag, der uns Europäern zutiefst fremd ist, und riskiert Irrtümer, Missverständnisse und Sackgassen. Die berühmten Fettnäpfe stehen in jedem Land des asiatischen Kontinents in ausreichender Zahl, Form und Größe bereit, man braucht nicht lange zu suchen und steckt schon mittendrin in einer zähen Schmiere aus Peinlichkeiten, Fragezeichen und richtig vielen ziemlich unüberschaubaren Situationen. Und das Unangenehme daran soll durchaus nicht verschwiegen werden. Kulturelle Gegensätze irgendwo in der doch sehr unverständlichen Welt Asiens am eigenen Leib zu erfahren, ist leider meistens gar nicht lustig, manchmal ganz schön lästig und tut oft sogar richtig weh, aber es gehört unabdingbar zum Abenteuer des Reisens, die Dinge selbst zu erfahren. Erst, wenn man wirklich fremd ist, erst, wenn das Unverständnis schier grenzenlos wird, erst, wenn die am gebuchten Luxushotel festgemachten Rettungsanker gekappt sind, erst in den dunklen Tiefen der oben genannten Fettnäpfe liegen die wirklich wertvollen Schatztruhen einer Reise, findet man den Sinn des eigenen Aufbruchs, bekommt man erschöpfende Antworten auf die immer wiederkehrende Frage, wieso man eigentlich nach Saigon, Shanghai, Delhi oder sonst wohin in Asien gereist ist und sich dem so radikal Fremden ausgesetzt und irgendwie auch ein bisschen ausgeliefert hat. Warum nur tut man sich das an? Weil uns das Reisen in einen anderen Alltag aus dem Trott der gewohnten Lebensroutine entführt. Das allein ist jeden Aufwand wert.

Man muss das Abenteuer gar nicht suchen, es kommt von ganz allein, aber man muss es zulassen. Die Welt ist voll von kleinen Freuden, die Kunst besteht nur darin, sie zu sehen und wahrzunehmen. Eine alte chinesische Weisheit. Sehen allein ist nicht genug. Fühlen, Tasten, Riechen, Schmecken, Hören, Berühren und einmal alle Sinne auf Empfang stellen, das ist die große Chance beim Reisen. Nicht nur die Chinesen können mit Weisheiten aufwarten, auch in Mitteleuropa gab es äußerst kluge Menschen, die schon früh ihre gescheiten Gedanken zum Reisen niedergeschrieben haben und deren Worte heute noch Gültigkeit haben. Johann Wolfgang von Goethe (1749-1832) beschrieb das Besondere des Aufbruchs auf seine ganz eigene Art: »Das ist das Angenehme auf Reisen, dass auch das Gewöhnliche durch Neuheit und Überraschung das Ansehen eines Abenteuers gewinnt.« War er jemals in Asien? Es scheint fast so.

Man lernt beim Reisen in einer ganz besonderen Weise zu sehen, zu beobachten, zu schauen, zu entdecken, zu erforschen und, wenn alles gut läuft, auch zuzuhören, zu verstehen und zu akzeptieren. Und wenn es richtig gut läuft, das Fremde zu mögen und zu respektieren, es vielleicht später zu Hause sogar zu vermissen. Ein guter Grund für das Reisen ist eben auch, das »fremd sein« und das »nicht verstehen« zu erleben, es durchzuhalten, Spaß daran zu finden und es eben auch zu genießen. Rafik Schami, der große syrische Erzähler im deutschen Exil, hat die unverstandene Fremde einmal in einem Zeitungsessay schlicht als Bestie bezeichnet. Das Reisen macht aus dieser gefürchteten Bestie einen knuddeligen Schoßhund. Man muss dafür nur eines tun. Aufbrechen und rausgehen.

Nun ist der Urlaub auf einem luxuriösen Kreuzfahrtschiff zugegebenermaßen nicht gerade die Form des Reisens, die man auch nur im Entferntesten mit Abenteuer und dem Aufbruch in die Fremde in Verbindung bringen sollte. Und trotzdem ist auch bei dieser Form des fast schon dekadenten Reisens das Abenteuer möglich. Aber man muss es schon wollen, und wenn man es will, muss man natürlich runter vom Schiff, weg von heimeligen Kabinen und erschlagenden, aber auch langweiligen Buffets. Und weg von grausam organisierten Landausflügen, die alles zeigen, nur nicht die Wirklichkeit und die Seele eines fremden Landes.

Obwohl dies wiederum Kreuzfahrern richtig schwerfällt, mag vielleicht die Geschichte meiner Postamtssuche in Sulawesi den einen oder anderen Schiffsreisenden doch zum eigenen Aufbruch anregen. Es war im Dezember, es war unglaublich heiß, wie immer in der Nähe des Äquators, und das berühmte Traumschiff lag in einem kleinen unbedeutenden Hafen ohne jegliche touristische Infrastruktur. Irgendwo in der riesigen indonesischen Inselwelt. Keine Neckermänner weit und breit. Ein Eldorado für alle Reisenden auf der Suche nach den Abenteuern des asiatischen Alltags.

Ich habe – wie eigentlich immer – auch hier in Ujung Pandang oder Makassar, wie es früher hieß, einen Brief an meine Frau zur Hauptpost gebracht. Nun werden sich viele Menschen fragen, wieso man im Jahr 2007 noch Briefe schreibt und nicht zu den so beliebten modernen Kommunikationsformen des Simsens und Mailens greift? Nun könnte ich behaupten, dass es auf Sulawesi noch keine Computer gibt und die dortige Telefongesellschaft noch kein Roaming-Abkommen mit der Deutschen Telekom getroffen hat, aber dies würde einfach nicht mehr den modernen Tatsachen entsprechen. Es gibt auch in Makassar schon einige Internetcafés, und alle Reisekameraden um mich herum telefonierten mit ihren Handys munter drauf los, sodass ich den Verdacht nicht abschütteln konnte, dass entweder Mobilfunk in Indonesien umsonst ist oder dass sich einige Naivlinge zu Hause beim Anblick ihrer Telefonrechnung ganz schön verzweifelt auf den Hintern setzen werden. Liebesgeflüster zwischen Ujung Pandang und Fuhlsbüttel kann und darf einfach nicht billig sein.

SMS wäre wohl die preiswertere Alternative zum Telefongesäusel. Ich habe den Polizisten in Martin Scorseses Thriller »Departed – Unter Feinden« bewundert, der blind in der Hosentasche Nachrichten in sein Mobiltelefon tippt. Viele sollen dies in der Zwischenzeit können, ich kann es nicht. Um eine schlichte Botschaft per Tastendruck zu fixieren, brauche ich Ewigkeiten. Allein schon die Langsamkeit der Finger verhindert meine Teilhabe an diesen modernen Arten der Informationsübermittlung. Bei den jungen Kollegen auf dem Schiff ist das im Regelfall ganz anders, dort ist die jeweils neueste Generation des iPhones von Apple sehr begehrt, eine zeitgeistgemäße Ballung aus Prestige und Kult. Mit glänzenden Pupillen, weltentrückt, wie Kinder, die in ihrem Nintendo versinken, sitzen ihre Benutzer über dem neuen Wunderapparat und scrollen Mails hin und her, gucken wohl auch Fotos oder Videos und versuchen sich an tausend Applikationen, die kein normaler Mensch jemals braucht, schon gar nicht auf Sulawesi. Ich bin dafür anscheinend eh zu blöde, vielleicht will ich es aber einfach auch nicht und bleibe bewusst unzeitgemäß und konservativ.

Es ist eigentlich ganz einfach. Ich will Briefe auf Papier schreiben, ich will das Geschriebene falten und in Umschläge stecken, Briefmarken kaufen und stempeln lassen, ich will vielleicht nicht einmal ganz sicher sein, ob die Briefe auch wirklich ankommen. Wie hat unser gescheiter Altkanzler Helmut Schmidt schon einmal gesagt: »Das ist der ganze Jammer. Die Dummen sind so sicher und die Gescheiten so voller Zweifel.« Ich will zu den Gescheiten gehören. So viele Zweifel, so viele Fragen. Werden die Briefe jemals ihr Ziel erreichen? Wenn die Briefe denn doch ankommen, wie lange werden sie gebraucht haben? Durch wie viele Hände werden sie gehen? Werden sie per Schiff reisen oder mit dem Flugzeug? Bringt der Briefträger sie mit dem Fahrrad oder zu Fuß? Der Brief allein wird eine Reisegeschichte zu erzählen haben, wenn er denn irgendwann doch einmal ankommt. Er wird wohl auch gezeichnet sein von der langen Reise, das macht ihn besonders und einzigartig. Deswegen schreibe ich Briefe! Vielleicht kann man bald gar keine Briefe mehr schreiben, weil es keine Briefträger mehr gibt und auch keine Postämter. Nur noch iPhones am Ohr und Satelliten am Himmel. Wer weiß das schon so genau? Die Welt wird moderner, aber auch ärmer sein.

Man kann natürlich auf einem Traumschiff Briefe auch einfach an der Rezeption abgeben, die netten Empfangsdamen machen dann alles Weitere und kümmern sich um die Verschickung. Man plaudert ein wenig, schaut gelangweilt auf das Animationsprogramm des nächsten Seetages, plant einen weiteren unnotwendigen Friseurtermin bei Udo Walz oder eine Fangopackung in der Verschönerungsabteilung und verplempert so sinnlos die Zeit bis zum abendlichen Essen an Bord. Abenteuerlos, um nicht zu sagen ereignislos vergeht die Zeit. Man entgeht mit dieser Methode auch einer weiteren schwierigen Frage, die das Briefeschreiben aufwirft. Wo in aller Welt ist das hiesige Postamt und wie komme ich da hin? Aber auch dieser Frage will ich mich stellen. Wenn man Briefe einfach an der Rezeption eines Luxusschiffes abgibt, dann entgeht einem die Entdeckungsreise zum Postamt und man verliert ein aufregendes Suchabenteuer nach dem berühmten Schlitz, in dem der Brief am Anfang seiner langen Reise verschwinden soll. Der Weg zur Hauptpost von Makassar kann schon das Ziel eines Reisetages in Ujung Pandang sein, und deswegen ist dieser Weg auch das Thema der folgenden Zeilen. Langweilig? Könnte man vielleicht meinen, aber von wegen!

Ich bin mit einer der hier üblichen Rikschas gefahren. Die Fahrzeuge sind für Leute gemacht, die ungefähr eine Körpergröße von 1,35 m haben und unterscheiden sich von chinesischen Rikschas dadurch, dass der ortsfremde Passagier vorne sitzt und der einheimische Fahrer hinten. Dies ist gut für den Fahrgast und auch gut für den tretenden Piloten. Die Vorteile liegen auf der Hand. Dem Passagier kommt das lokale Leben förmlich entgegen, der Alltag springt ihm geradezu ins Gesicht oder auch mal auf den Schoß, wenn das Huhn nicht mehr ausweichen konnte. Ich glaube, von hier kommt der Ausspruch »das pralle Leben«, man prallt als Rikschapassagier einfach hinein. Man kann auf jeden Fall tolle Bilder machen, bevor man im schlimmsten Fall das Zeitliche segnet. Wenn man einmal nicht fotografiert und gerade die Hände frei hat, sollte man beten, das könnte helfen.

Der Fahrer hat nämlich den nicht zu unterschätzenden Vorteil, dass sein Fahrgast quasi als lebender Airbag dient. Oder sollten wir es etwas genauer formulieren? Wenn man bedenkt, dass der Mensch bekanntermaßen zu einem großen Teil aus Wasser besteht, dann handelt es sich ja mehr um einen Waterbag oder ganz präzise um einen Meatbag, der Schutzeffekt für den Fahrer ist abhängig vom Volumen des Passagiers. Die Passagiere von Traumschiffen gehören sicherlich im Regelfall fleischtaschentechnisch gesehen in die höchste Sulawesi-TÜV-Sicherheitsstufe und werden deswegen besonders gerne durch diese entlegenen Gebiete Indonesiens gekarrt. Es ist ein unsinniges und falsches Gerücht, dass Rikschafahrer dicke Passagiere nicht mögen, keiner bietet dem Fahrer mehr Sicherheit als ein fetter Kunde aus fernen Landen. Man braucht also überhaupt kein schlechtes Gewissen zu haben. Rikschafahrer leben wie Taxifahrer von Passagieren, die sie benutzen und dafür bezahlen. Aus irgendwelchen ethischen Erwägungen heraus bereitstehende Rikschas einfach arbeits- und einkommenslos stehen zu lassen und daran vorbei zu rennen, entzieht den Fahrern ihre Lebensgrundlage. Also immer rein ins abenteuerverheißende Dreirad.

Apropos heiß. Das Sonnenschutzdach meiner ehrwürdigen Rikscha musste nach hinten weggeklappt werden, da ich einfach zu groß war. Es war Mittagszeit in Makassar und kein noch so kleines Wölkchen trübte den strahlend blauen Himmel. Ein Brathähnchen über dem Grill hätte sich nicht schlechter fühlen können und hätte wahrscheinlich sogar den kühlenden Vorteil, dass es ab und zu gedreht wird. Ich saß wie festbetoniert in diesem viel zu schmalen Dreirad, mein Hintern zerschmolz förmlich auf einem glühenden Kunstledersitz und mein Gesicht verbrannte langsam in der stechenden Sonne. Meine Sonnencreme mit dem tollen Schutzfaktor lag günstigerweise im Schatten einer Schublade meiner luxuriösen Schiffskabine.

Dass der Rikschafahrer durch das hochgeklappte Sonnendach nur kleinere Ausschnitte der Straße vor sich sieht, bemerkt man erst, wenn man einmal die Rollen vertauscht und sich selbst auf den Sattel setzt. Der Pilot hat eigentlich nur den weiteren Horizont vor sich, die ersten zehn Meter vor seinem zappelnden Airbag scheinen ihn überhaupt nicht zu interessieren. Jedenfalls sieht er nicht, was unmittelbar vor seinem Fahrzeug geschieht. Vielleicht fuhr mein Rikschachauffeur gerade deswegen besonders gerne auf der falschen Straßenseite. So kam mir das pralle indonesische Leben noch intensiver entgegen. Was ich in dreißig Jahren Auto fahren in Deutschland nicht geschafft habe, gelang mir in Makassar im indonesischen Sulawesi nach einer Viertelstunde: auf einer vierspurigen Stadtautobahn als Geisterfahrer in die falsche Richtung zu fahren. Und wie es sich für abgebrühte Falschfahrer gehört, machte mein Pedaleur auch keinerlei Anstalten, den Richtungsfehler zu korrigieren. Er hatte ja seinen Traumschiff-Airbag. Bei wem Achterbahn fahren nicht mehr zu ausreichender Adrenalinausschüttung führt, dem sei Rikscha fahren in Makassar empfohlen. Ich nahm mir vor, entspannt zu bleiben und dachte an eine weitere alte chinesische Weisheit: Ein Augenblick Gelassenheit kann viel Unglück verhindern! Ich war mir leider nur nicht sicher, ob Konfuzius und seine anderen Weisheitsgenossen von damals die Verkehrsverhältnisse auf der Stadtautobahn von Makassar schon kannten.

Während wir also mit zunehmender Gelassenheit meistens in die falsche Richtung fuhren und ich auch langsam meine Zuversicht verlor, dass dies der Weg zum Postamt sein könnte, ergoss sich mir von hinten rechts oben ein gewaltiger Wortschwall in meine eigentlich fremdsprachengeübten Ohren. Dass ich bereits viele Sprachen gelernt oder wenigstens einmal gehört habe, nutzte mir hier in Ujung Pandang überhaupt nichts. Mein Fahrer überschüttete mich mit einem Kauderwelsch aus Englisch, Indonesisch, Buginesisch, Sulawesisch, Makassarisch, Kalimantanesisch, Torajanisch – und irgendwo in diesem babylonischen Wortbrei versteckte sich wahrscheinlich sogar ein unverdauter Brocken Deutsch. Auch mein kurzer schwäbischer Einwurf »jetzt halt doch dei Gosch und fahr mi oifach bloß zur Poscht« brachte den unverständlichen Sprachenmix nicht zum Erliegen. Ich bin mir ganz sicher, dass weder Indonesier noch habilitierte Sprachforscher dieses Dauergebrabbel hätten verstehen können. Die einzige Information, die ich glaubte, diesem wunderbar überwürzten Spracheneintopf entnehmen zu können, war die Vermutung, dass einmal ein Herrmann aus Süddeutschland in Makassar gewesen sein muss. Aber sicher war ich mir da auch nicht.

Im Sumpf dieses phänomenalen und bestimmt sehr gastfreundlich gemeinten Wortquarks überlebte ich ungefähr vierzig Beinah-Frontal-Zusammenstöße, machte eine umfassende Stadtrundfahrt durch Makassar, wurde in Hunderten von Schlaglöchern durchgerüttelt und fast auch aus der Rikscha herausgeschüttelt, was nur deswegen nicht gelang, weil mein Hintern in der Zwischenzeit vollständig mit dem Kunstledersitz verlötet war. Mit zunehmender Fahrtdauer verhärtete sich zwar mein Pogewebe, meine mentale Verkrampfung gegenüber den ziemlich unüberschaubaren Verkehrssituationen aber löste sich nach und nach, ich wurde lockerer und winkte ständig hoheitsvoll begeisterten Passanten zu, die wohl wegen meiner lächerlich wirkenden Figur in dieser viel zu kleinen Rikscha außerordentlich amüsiert schienen. Und ich kam schließlich überraschenderweise tatsächlich doch noch bei der Hauptpost von Ujung Pandang an. Wie meistens bei Postämtern nicht gerade ein avantgardistisches Meisterwerk zeitgenössischer Architektur. Beim Anblick des Postgebäudes von Makassar weiß man schlagartig, dass die Postmoderne absolut nichts mit der Post zu tun hat.

An den meisten Schaltern kilometerlange Menschenschlangen, aber glücklicherweise gab es so etwas Ähnliches wie einen Sonderschalter für Briefe von Makassar auf Sulawesi nach

Leonberg in Baden-Württemberg. Jedenfalls führte man mich sofort zu einem leeren Schalter, der bestimmt für die sulawesisch-baden-württembergische Länderpartnerschaft reserviert war. Der Schalter hatte einen roten Teppich, was aber noch lange nicht das Beste war. Die Krönung meines Ausflugs erwartete mich hinter dem Schalter. Der Postminister von Sulawesi erschien persönlich. Nicht, dass ich mir sicher gewesen wäre, dass es wirklich der indonesische Postminister war, aber die Person hinter dem Schalter vor mir sah hundertprozentig so aus, wie ich mir den Postminister von Sulawesi eben vorgestellt habe. Gut gekleidet mit einem Batikhemd über dem ministeriellen Kugelbauch, dicke Goldringe über fleischigen Fingern, gepflegte Frisur mit schwarzen Haaren und einem kräftigen Schuss Pomade und über der Nase ein Kassengestell der AOK. Dunkles Hirschhornimitat, unzerbrechlich und mit zeitlosem Design, unabhängig von allen hysterischen Modeentwicklungen der Brillenindustrie. Mit einem strahlenden Lächeln wurde ich von ihm und seinen schätzungsweise fünfzig Staatssekretärinnen persönlich auf dem Postamt von Ujung Pandang willkommen geheißen und auf das Herzlichste begrüßt. Es fehlte eigentlich nur das gemeinsame Abschreiten der sulawesischen Ehrenkompanie.

Dabei wollte ich doch nur einen Brief aufgeben. Dazu fragte mich der Herr Minister ernst und mit sonorer Baritonstimme: »Luftpost oder normal?«

Während ich angestrengt darüber nachdachte, was man in Ujung Pandang unter einem Normalbrief nach Leonberg versteht und wie lange der wohl unterwegs sein würde, formierte sich vor mir die gesamte islamische Jungfrauenschar des Postamts. Alle schauten mich mit leuchtenden Augen erwartungsvoll an, als ich mich dann langweiligerweise doch für einen Luftpostbrief entschied.

Der Postminister oder der, den ich dafür hielt, beglückwünschte mich zu meiner äußerst weisen Entscheidung und gab die entsprechenden ministeriellen Anweisungen. Dadurch kam Bewegung ins Personal. Eine Dame kümmerte sich um den blauen Luftpostaufkleber, eine andere zeigte mir die notwendigen Briefmarken und ich musste erschreckt feststellen, dass ich wohl unsere Adresse sehr viel kleiner hätte schreiben sollen, dass auch alle benötigten Briefmarken auf den Umschlag passen. Sieben bunte und sehr große Marken, einen imposanten Luftpostaufkleber und eine Adresse auf einem kleinen Briefumschlag unterzubringen ist nämlich gar nicht so einfach. Ob ich persönlich anfeuchten möchte oder ob man diesen Service für mich übernehmen soll, wurde ich gefragt. Diese Dienstleistung wäre selbstverständlich kostenfrei, jedenfalls für Baden-Württemberger. Da mich die Sonnenbankfahrt auf der Rikscha vollkommen ausgedörrt hatte, war ich mir sicher, dass meine Spucke niemals für sieben Briefmarken der Größe XXL reichen würde, und entschied mich zur Freude des immer größer werdenden Publikums für »Fullservice«.

Während sich drei Frauen um ein ausreichendes Befeuchten der Briefmarken kümmerten, sorgten vier weitere Damen dafür, dass der Brief in die korrekte Briefmarken-Aufklebestellung gebracht wurde. Unter den gütigen Augen des vermeintlichen Postministers klopften entschlossene Mädchenfäuste die Marken auf den Brief, die restliche Jungmädchenschar schien derweil für eine gute Reise des Briefes zu beten. Ich bezahlte und durfte sehen, wie die restlichen Kopftuchträgerinnen unter dem glucksenden Gelächter der gesamten Damenriege den dadaistisch chaotisch beklebten Brief an meine Frau in einem großen braunen Sack versenkten, der hoffentlich für ein Flugzeug nach Jakarta bestimmt war. Ganz genau wusste ich es nicht, aber, wie schon erwähnt, der Zweifel gehört den Gescheiten. Und hoffen darf man immer. Hoffnung ist eine wichtige Sache im Leben eines Weltreisenden.

Ich habe nur einen Brief zur Post gebracht, wurde aber wie ein gefeierter Popstar verabschiedet. Schade nur, dass ich meine Autogrammkarten vergessen hatte.

Der Brief ist übrigens sicher in Leonberg angekommen und ich damals ebenso sicher und wohlbehalten wieder auf dem Schiff. Wenn ich es richtig verstanden habe, hatte mir der Postminister für die Fahrt zum Hafen noch seine persönliche Polizeieskorte angeboten, die ich dann aber doch abgelehnt habe. Wir wollen ja nicht übertreiben. Darüber hinaus hatte mein Kopf durch die intensive Sonneneinstrahlung in der Zwischenzeit eine so leuchtend rote Signalfarbe angenommen, dass ich nur noch tatü-tata hätte machen müssen, um als Ambulanzrikscha im Noteinsatz durchzugehen. Auf dem Schiff nannten sie mich wegen meiner roten Haut drei Tage lang Sulawesi-Winnetou, doch damit kann man leben. Ohne das Abenteuer einer Postamtsuche in Ujung Pandang aber nicht! Finde ich jedenfalls.

»Wir lernen die Menschen nicht kennen, wenn sie zu uns kommen. Wir müssen zu ihnen gehen, um zu erfahren, wie es mit ihnen steht.

Johann Wolfgang von Goethe (1749 – 1832)

DOCH EIN NACHWORT

OBERSTDORF / DEUTSCHLAND

Januar 2010

Auch das abschließende Kapitel dieses Buches über einige besondere asiatische Momente entsteht wie das Vorwort komischerweise in der Mitte Europas. So ungefähr in der Mitte jedenfalls. Wieder Berge um mich herum. Nur dieses Mal verschneit und kalt. Ski fahren mit der ganzen Familie steht auf dem Programm. Wir wohnen alle im Parkhotel Frank. Schön ist es und sehr gepflegt. Die Kaminecke strahlt Wärme aus. Herzlichkeit und die Liebe zum Detail werden großgeschrieben bei unseren Gastgebern.

Unser Sommelier heißt Erich Stadlhofer. Das passt vom Namen her gut zum »Grüß Gott«, und mit jedem Gruß bekommt man wunderbare Weine, die den lieben Gott vielleicht wirklich näher zum Menschen bringen könnten. Vinologisch kompetent dirigiert macht das Abendmahl sogar einem Gotteszweifler wie mir so richtig Spaß. Herr Stadlhofer hat jedenfalls für jedes Essen den richtigen Wein und die passende Geschichte. Auch für jede Gemütslage. Es ist heimelig im Hotel, man soll sich wohl und auch ein bisschen wie zu Hause fühlen. Mit dem einzigen Unterschied, dass im Gegensatz zum heimischen Herd im luxuriösen Hotel mit den fünf Sternen über Oberstdorf für alles gesorgt wird. Dafür ist es aber auch ein bisschen teurer als daheim. Geht leider nicht anders. Wenigstens eine Gemeinsamkeit zwischen Asien und Oberstdorf. Gute Hotels sind teurer.

Wieder ist es der Abstand, der zum Nachdenken über Asien anregt. Dort ist man als Europäer wohl nie ganz zu Hause. Asien ist uns fremd. Der Kontinent ist einfach ganz anders, manchmal unheimlich, immer spannend und ganz schön aufregend. Asien kann wunderschön sein, aber auch in schlimmster Weise hässlich und schmutzig. Die Umwelt gilt oft nichts in diesem Teil der Welt. Von Umweltverschmutzung zu sprechen, ist hier manchmal fast ein Euphemismus. In manchen Teilen Asiens wird das natürliche Ökosystem systematisch zerstört. Ein Tuk-tuk-Fahrer in Delhi kümmert sich eben nicht um Treibhausgase und Ozonlöcher, er will nur satt werden und im besten Fall ein Bett und einen Fernseher haben. Dem armen Dreiradchauffeur aus Indien kann und darf man aber keinen Vorwurf machen. Wohl aber den steinreichen Organisatoren von verheerenden Abholzereien, von Menschenhandel und Drogenschmuggel, die skrupellos Millionen mit ihrem schmutzigen Handwerk verdienen. Asien hat viele Probleme. Große Probleme. Keine Frage.

Asien ist an vielen Stellen sehr, sehr traditionell und dann wieder ohne jeglichen Puffer geradezu ultramodern. Auf der einen Seite der monotone Gesang buddhistischer Mönche und stille Meditation, auf der anderen Seite schriller Kantonpop und pfeilschneller Transrapid. Asien bewegt seine Bewohner und damit auch die Welt. Man muss Gegensätze aushalten können auf diesem Kontinent der riesigen Diskrepanzen. Alt und neu, arm und reich, hässlich und schön liegen so eng beieinander wie sonst nirgendwo auf der Welt. Damit muss man zurechtkommen. Wer Heimat sucht, wird sie als Europäer in Asien wohl nicht finden. Hatte ich wohl schon gesagt. Wer es heimelig will, geht besser ins Parkhotel nach Oberstdorf. Dort ist der Hubschrauberflug über die Berge mit dem Chef des Hauses als Pilot der wahrscheinlich einzige Nervenkitzel. Ob der wirklich fliegen kann? Wer weiß? Der Rest des Urlaubs ist Geborgenheit, Routine und gute Luft. Schlimmstenfalls gibt es beim Abendessen noch die Angst, dass man irgendwann einmal platzt. Ansonsten ist Ruhe im Karton. Über die berühmten Schanzen springen bekanntlich nur die Spezialisten. Der Urlauber schaut halt zu.

Asien für sich ist dagegen schon das pure Abenteuer. Der Alltag allein ist dort eine echte Herausforderung für den

Europäer. Nur Zuschauen reicht hier nicht. Hineinspringen sollte man in das Leben dort. Denn wer Asien nicht kennt, versteht die Welt in ihrer Gesamtheit nicht mehr und damit auch nicht die nachgelagerten und unumgänglichen Veränderungen in der eigenen Heimat. Die Globalisierung beginnt in Asien, aber die Auswirkungen der immer weiter fortschreitenden weltweiten Vernetzungen spürt man auch in Brandenburg, im tiefen Schwarzwald oder in Oberstdorf. Gerade dort könnte man in diesen Tagen ein paar wohlhabende asiatische Gäste gebrauchen. Sind Oberstdorf oder das Allgäu auf den großen asiatischen Reisemessen mit passenden Angeboten vertreten? Ich will es einmal bezweifeln. Dann wäre schon wieder eine Chance vertan. In Asien liegt nicht nur der Schlüssel zum Verständnis der gesamten modernen Welt, dort gibt es auch einmalige Möglichkeiten für wirtschaftlichen Erfolg. Aber dafür sollte man den Kontinent kennen.

Wer Asien nicht erlebt hat, ist ein Stück weit ärmer. Wer glaubt, der Sonyfernseher im Wohnzimmer, das kitschige Chinarestaurant im Städtchen, Miss Saigon im Musical, Buddhas bei Bayern München, der Lexus in der Garage oder die Sushibar um die Ecke seien schon alles, was Asien zu bieten hat, der kann ruhig zu Hause bleiben. Wer dies aber zu Recht bezweifelt, sollte nach Asien reisen und einfach unvoreingenommen schauen. Wer die Globalisierung verstehen will, muss Asien gesehen und erlebt haben. Dort steht die Werkstatt für Welttempo, nicht umsonst fährt der Transrapid bis jetzt nur in Shanghai. Wer Asien nicht kennt und beobachtet, steht vielleicht bald schon in einem Bahnhof, wo alle Züge Richtung Zukunft bereits abgefahren sind. Egal, ob einem diese Zukunft gefällt oder nicht, es ist nicht schlecht, die Perspektiven für die vor uns liegende Zeit zu kennen.

Genau deswegen lohnt es sich, den Kontinent gerade auch in seiner komplizierten Gesamtheit zu betrachten. Oder es wenigstens zu versuchen. Scheitern ist ausdrücklich erlaubt. Es fällt unsagbar schwer, Gemeinsamkeiten zu finden, die Unterschiede zwischen den einzelnen Ländern springen wesentlich deutlicher ins Auge als die Gleichheiten. Aber Asien hat einen tief liegenden gemeinsamen Kern, den man freilegen kann. Es gibt so etwas wie einen asiatischen Gegenentwurf zu den amerikanischen und europäischen Sichtweisen. Die Unterschiede zu den anderen Kontinenten dieser Welt verbinden die Asiaten mehr als die eigentlich bescheidene Anzahl an grundsätzlichen Gemeinsamkeiten.

Können kleine Geschichten und persönliche Erzählungen die asiatische Realität auch nur annähernd beschreiben? Sind Witwentröster und lila Pudel die Quintessenz Asiens? Wohl kaum! Trotzdem ist es den Versuch wert, mit kleinen, ganz subjektiven Anekdoten die asiatische Seele zu beleuchten. Ob mir dies wenigstens ansatzweise gelungen ist, mögen die Leser entscheiden. Wie heißt es so schön? Es ist besser, ein kleines Licht anzuzünden, als die Dunkelheit zu verfluchen. Dass man sich dabei auch die Finger verbrennen kann, sollte man in Kauf nehmen.

Wie aber versteht man so fremde Gesellschaften wie die asiatischen? Es gibt die östliche Antwort: Eine Blume verstehen, heißt, zur Blume werden. Im Westen folgen die vermeintlichen Weltversteher einem anderen, in Europa sehr bekannten Ratschlag: Wenn Du in Rom bist, tu es, wie es die Römer tun. Ist dies jetzt ein Widerspruch oder das Gleiche nur mit anderen Worten ausgedrückt? Wie auch immer, beide Ansätze sind vereinbar und gute Vorgaben für Entdeckungen und Erkenntnisse beim Reisen durch die asiatische Welt.

Und noch etwas. Das Abenteuer und das verstehende Erleben, all die besonderen Reize einer Reise liegen im Suchen und noch mehr im Irren. Erzählen wir zu Hause von der auf Anhieb gefundenen blitzblanken, hygienisch einwandfreien und auch tadellos funktionierenden Toilette oder doch eher vom Gegenteil? Ist dieses Gegenteil aber wirklich die weitverbreitete Realität oder doch nur eine gern erzählte Skurrilität? Wir müssen sehr aufpassen beim Bericht erstatten. Wir dürfen nicht im Zoten verkünden erstarren. Nur, weil es toll und lustig klingt, muss es nicht richtig sein. Die Wirklichkeit ist oftmals nicht so spektakulär, wie sie der Berichtende gerne hätte. Und trotzdem ist diese Wirklichkeit allemal interessant und spannend. Eines sollte klar bleiben. Freuen sie sich über jede Sackgasse, in die sie fälschlicherweise hineinlaufen und in der sie wieder unverrichteter Dinge umkehren müssen. Nun wer irrt, wird danach verstehen. Nur wer falsch läuft, wird danach richtig laufen, und nur wer sucht, wird danach auch finden. Dies gilt für Asien ganz besonders.

Asien ist auch der Kontinent der permanenten und schnellen Veränderungen. Die Dinge hier kollabieren schneller. Aber es wird sofort wieder aufgebaut, verändert, vergrößert – schließlich wachsen ja bekanntlich alle Pflanzen in der tropischen Luft Asiens zügiger. Und Beton scheint hier eben auch eine Pflanze zu sein. Er gedeiht prächtig, er wuchert, wächst nach oben, schreit nach Wasser, wird manchmal krank, stirbt ab, verrottet, gibt Nahrung und Raum für andere, wird ausgerissen und kommt dann an einer anderen Stelle wieder zum Vorschein. Beton ist in Asien gedünkte Kulturpflanze, wild wachsende Würgefeige und unausrottbares Unkraut in einem. Und bei kaum einer anderen Pflanze findet man eine solche Artenvielfalt wie beim asiatischen Beton.

Der Kontinent entwickelt eine unglaubliche Dynamik, deren Sprengkraft nur schwer einzuschätzen ist. Wo wird Asien hingehen, wie wird sich der Kontinent entwickeln? Keiner kann es wissen, die berühmte Glaskugel versagt hier definitiv ihren Dienst. Es wird spannend bleiben. Nur eines ist ganz sicher. Es gibt auch in der Zukunft noch viele Geschichten zu erzählen. Und die werden nicht langweilig sein. Überhaupt nicht. Wie die von Herrn Stadlhofer. Prost.

DANKSAGUNG

LEONBERG / DEUTSCHLAND

Juni 2010

Wohin du auch gehst, geh mit ganzem Herzen, soll Konfuzius vor vielen Jahren gesagt haben. Das gilt wohl auch für das Schreiben. Das Herz begleitet den Verstand. Was dabei herauskommt, ist immer subjektiv, aber deswegen hoffentlich nicht falsch. Wenn doch, ist es ganz allein meine Schuld.

Mit Brunnenfröschen kann man nicht über den Ozean sprechen. Wer das gesagt hat, weiß ich nicht, aber es stimmt wohl auch. Versuchen kann man es trotzdem, mancher Frosch quakt heller, nachdem er vom Ozean gehört hat. Und bläst sich nicht mehr so auf.

Ich danke allen, die mich bei diesem Buch unterstützt haben. Wie auch immer. Mit Aufmunterung, mit Kommentaren, mit Berichtigungen, mit Schmunzeln, mit Empörung, mit Kopfschütteln, mit Begeisterung, mit Ignorieren, mit Zuspruch, mit Wegdrehen, mit Essen, mit Verständnis, mit Unverständnis, mit Finanzierung, mit Beurteilung, mit Verurteilung, mit Trinken, mit Mittrinken, mit Ruhe, mit Sex, mit Einsamkeit, mit Ratschlag, mit Technik, mit Papier, mit Zuhören, mit Zeit, mit Geduld, mit Ordnung, mit Bügeln, mit Kinderbetreuung, mit Freiheit, mit Ideen, mit Stirnrunzeln, mit Medikamenten, mit Lust, mit Kreativität, mit Toleranz, mit Freude, mit Freundschaft, mit Klavier, mit Geige, mit Dasein, mit Lachen, mit Kraft, mit Fantasie, mit Überzeugung, mit Zweifel, mit Meinung, mit Wissen, mit Niveau, mit Zuneigung, mit Stil, mit Kaffee, mit Sauna, mit Stille, mit Enthusiasmus, mit Weglaufen, mit Dableiben, mit Reden, mit Schweigen, mit Lesen, mit Streicheln, mit Streichen, mit Vorschlägen. Mit »Wenn Du meinst«, mit »Mach doch«, mit »Auf jeden Fall«, mit »Das wird toll« und mit »Versuch es doch einfach«.

Und vor allem mit ganz viel Liebe.

Den Menschen Asiens gehören mein Respekt und meine Zuneigung. Ohne die Liebe zu Asien wäre dieses Buch nie entstanden. Was habe ich in den vorangegangenen Seiten geschrieben? Europäer können in Asien keine Heimat finden? Dummes Zeug! Asien ist meine zweite Heimat.

Holger Hommel

LITERATURHINWEISE

LEONBERG / DEUTSCHLAND

Juni 2010

Lesen gehört zum Reisen wie ein paar gute und bequeme Schuhe zum Gehen, Laufen oder Spazieren. Wer hat denn das jetzt schon wieder gesagt? Ich glaube, das kommt von mir und ist gar nicht so falsch. Ob es jemals eines meiner Worte in die »Zitatensammlung der deutschen Sprache« schafft? Ich glaube wohl eher nicht, und das ist schade. Man ist schon längst tot und hängt als Tagesspruch in irgendeinem Großraumbüro. Das hat schon was.

Wie auch immer. Zu einer gelungenen Bahnfahrt gehören

hart gekochte Eier, zum richtigen Langstreckenflug Tomatensaft aus dem Plastikbecher und Baileys mit Eis. Eine stramme Wanderung geht nur mit stabilem Rucksack und eben guten und bequemen Schuhen.

Aber jede Form des Reisens ist auch geistige Bewegung und bedarf der begleitenden Bücher, die einen auf die voraus liegenden Kilometer einstimmen. Und die bereits beschrittene Wegstrecke nachbetrachten helfen. Die das eigene Bild des Gesehenen kritisch unter die Lupe nehmen. Bücher, die mit einem sprechen. Bücher, die einem widersprechen. Bücher, die Lust auf Nachdenken machen.

Gute Bücher. Schlechte Bücher machen krank und sind unnötiger Ballast. Gute Bücher machen gescheiter, erfreuen das Gemüt, erschließen das Unerschlossene, beleuchten das, was für den Fremden im Dunkeln liegt. Gute Bücher schleppt man gerne mit sich herum, zuerst in der Tasche, dann im Kopf und im Herzen. Gute Bücher können gar nicht zu schwer sein. Was wiegen ein paar Zeitschriften? Auf jeden Fall viel zu viel. Mit guten Büchern reist es sich sogar leichter. Ganz bestimmt.

Sonnenuntergänge in Afrika sind grandios. Essen in Asien ist eine sinnliche Erfahrung. Landschaften in Australien sind endlos. Die Freiheit in Amerika soll grenzenlos sein. Das mag alles stimmen oder nicht, erst das Lesen macht uns zu Begreifenden. Orientierung verschaffen nicht so sehr die klassischen Reiseführer. Eher schon die Literatur der allgemeinen Art. Romane, Gedichte, Erzählungen, Berichte, Geschichten und Reportagen erhellen das Gesehene. Lesen beruhigt und motiviert, das Schmökern in einem guten Buch lässt uns lange Flüge gelassen überstehen. Die besten Begleiter zu den Regionen meiner Geschichten habe ich unten aufgelistet, aber nicht weiter geordnet oder kommentiert. Am besten, man liest sie alle, dann macht man bestimmt nichts falsch.

Ein Buch muss die Axt sein für das gefrorene Meer in uns. Hat Franz Kafka gesagt. Er hat diese Axt am frühen Ende seines Lebens wohl verloren. Für den Reisenden ist ein Buch die Axt für das gefrorene Meer vor uns. Wohl dem, der sie auch dabei hat. Können wir Menschen ohne Bücher sein? Ich denke nicht. Gute Schuhe sind wichtig beim Reisen, aber lieber reise ich barfuß, als auf Bücher zu verzichten. Noch besser mit Schuhen und Büchern. Der lesende Mensch sieht einfach mehr! Wenn ihm die Füße nicht zu sehr weh tun.

Shanghai

Miriam Collee: In China essen sie den Mond. 2009
Qiu Xiaolong: Tod einer roten Heldin. 2000
Jan-Philipp Sendker: Risse in der großen Mauer. 2000/akt. 2007
Sonja Piontek: China, die türkise Couch und ich. 2009

Delhi

Andreas Altmann: Notbremse nicht zu früh ziehen. 2003
Tor Farovik: Indien und seine tausend Gesichter. 2006
William Sutcliffe: Meine Freundin, der Guru und ich. 1999
Vikas Swarup: Rupien, Rupien. 2005 (Das Buch zum Film: »Slumdog Millionaire«)

Rohinton Mistry: Das Gleichgewicht der Welt. 1998
Helge Timmerberg: Shiva Moon. 2006
V. S. Naipaul: Indien – Ein Land in Aufruhr. 1997
Andrea Glaubacker: Indien... Von Buddha bis Bollywood. 2009

Taipeh

Ilka Schneider: Abenteuer Alltag in Taiwan. 2008
Susanne Selder: Taifune, Tempel und Tintenfischmäulchen. 2009

Bali

Vicky Baum: Liebe und Tod auf Bali. 1937
Milda Drüke: Ratu Pedanda – Reise ins Licht. 2006
Adrian Vickers: Bali – Ein Paradies wird erfunden. 1996
Lucien Leitess (Hrsg): Reise nach Bali. 2007

Dubai

Helge Sobik: Tausendundeine Nacht im Übermorgenland – Luftschlösser in Dubai. 2006
Michael Schindhelm: Dubai Speed. Eine Erfahrung. 2009
Gaby Barton: Grüße aus Dubai 1. Kleines Buch von großen Visionen. 2008
Rafik Schami: Der Fliegenmelker. 1989, Erzähler der Nacht. 1994
Abdalrachman Munif: Salzstädte 1984

Saigon

Tor Farovik: In Buddhas Gärten. 2007
Andreas Altmann: Der Preis der Leichtigkeit. 2009

Maccietto della Rossa: Frühlingsrollen auf dem Ahnenaltar. Vietnamesische Aufbrüche. 2006

Susanne Flohr: Drei Jahre Alltag in Vietnam. Unser Kampf mit den Stäbchen. 2008

LITERATUR

Charmant-ironische Episoden über und quer durch die neuseeländische Gesellschaft.

Allen Falls
DER GERUPFTE KIWI - NEUSEELAND. FAST WIE IM RICHTIGEN PARADIES

ISBN 978-3-934918-49-8

DER GERUPFTE KIWI - NEUSEELAND. FAST WIE IM RICHTIGEN PARADIES. Aotearoa, wie der maoriphile Weltreisende Neuseeland fachmännisch gerne nennt, ist ein unbestritten schönes Land, das auf den ersten Blick tatsächlich wirklich einzigartig aussieht. Doch hält das Flair des kleinen Musterlandes am anderen Ende der Welt auch einer spontanen Nagelprobe stand? Was fördert wohl ein verschämter Blick unter den neuseeländischen Rasenteppich zutage?

Der lemmingartigen Begeisterung für das Land der Kiwis leicht überdrüssig, wagt Allen Falls einen kritischen, ironischen und sehr unterhaltsamen Blick auf Land und Leute, fördert dunkle Geheimnisse zutage und führt den Lesern eine Gesellschaft vor Augen, die viele unserer mühsam erarbeiteten wertdeutschen Errungenschaften so ganz und gar nicht nachvollziehen kann.

»Der gerupfte Kiwi« versteht sich als Episodenerzählung mit in sich weitgehend abgeschlossenen Kapiteln, die absichtlich immer wieder Fragen offen lassen und in locker er Folge diverse Auffälligkeiten des neuseeländischen Lebens beschreiben.

Soviel sei an dieser Stelle schon verraten: Genaugenommen ist auf dieser Doppelinsel alles eine einzige große Auffälligkeit.

CONBOOK VERLAG
www.conbook-verlag.de